Aurelia Louise Jones

Telos

Buch 3

R. Lippert-Verlag

Übersetzung: Evelyn Kümmerle
Überarbeitung: Renate Lippert
Titelbild: Rudolf Lippert
Gestaltung: Renate und Rudolf Lippert

Deutsche Erstausgabe April 2008
    by R. Lippert Verlag, Hartgass 9, D-88639 Wald.
    Tel.: 07578-2229, Fax: 07578-933194
    www.lippert-verlag.de
    e-mail: service@lippert-verlag.de
In Deutschland gedruckt
ISBN 978-3-933470-15-7

Wir, die Meister des Lichtes, geben euch durch die einfachen Lehren in diesem Buch alle Schlüssel, die ihr jemals brauchen werdet, um den Weg zu eurem Aufstieg in Leichtigkeit, Gnade und auf wundersame Weise zu gehen.

Es liegt jetzt bei euch, zu entscheiden, wie ihr damit umgeht. Werdet ihr es nur ein oder zwei Mal lesen und dann sagen: „Das ist interessant", und vielleicht mit einigen Freunden darüber reden, aber es ablehnen, diese wundersame Weisheit wirklich in euer Leben zu integrieren, mit der ihr euch doch gerade in diesem Moment eurer Inkarnation als göttliches Selbst gewahr werden könntet?

Oder werdet ihr dieses Wissen in eurem Herzen aufnehmen und ernsthaft, gründlich und diszipliniert die einfachen magischen Schlüssel studieren, die euer Bewusstsein in das eines 5-dimensionalen Wesens umwandeln werden? Werdet ihr dies so lange tun, bis ihr uns von Angesicht zu Angesicht seht und in die „Hallen des Aufstiegs" eingeladen werdet?

Es liegt bei euch, geliebte Kinder unseres Herzens; nun habt ihr all die erforderlichen Schlüssel dazu! Während ihr diese einfachen, aber dennoch kostbaren Schlüssel der Weisheit in euren Herzen enthüllt, warten wir auf der anderen Seite auf euch, um euch in den Armen der Liebe zu empfangen!

Adama, Ahnahmar und die lemurianische Göttin

Inhalt

Widmung 9

Anerkennung 10

Vorwort - *Ahnahmar und Adama* 11

Einleitung und Willkommensgruß von Adama 13

Teil 1

Übungen und Aufzeichnungen zur Entwicklung eines 5-dimensionalen Bewusstseins

1. **Erwachen zu einem 5-dimensionalen Bewusstsein**
   Adama und der Rat der Älteren in Telos 21
2. **Das Herz von Lemuria**
   Teil eins - *Ceslestia* 47
   Teil zwei - *Ahnahmar* 56
   Teil drei - *Adama* 66
3. **Weisung von Adama an Aurelia - *Sananda*** 75
4. **Die dunkle Nacht des Herzens**
   Die letzten Schritte der Einweihung, um Zugang
   zur 5. Dimension zu erlangen - *Adama und Ahnahmar* 89

Teil 2
Verschiedene Channelings

5. **Das große Schiff von Mu und Lemuria -** *Adama* 133
6. **Die Magie, die ihr einst gekannt habt! -** *Antharus* 147
7. **Botschaft aus Posid -** *Galatril* 161
8. **Die innerirdische Stadt von Machu Picchu -** *Cusco* 171
9. **Über die Auswirkungen und die Nutzung des weiter-** 181
   entwickelten planetaren kristallinen Gitternetzwerks - *Adama*
10. **Die Quelle ewiger Jugend und Unsterblichkeit -** *Adama* 191
11. **Die Einschätzung eures Besteuerungssystems -** *Adama* ... 197

Teil 3
Die heiligen Flammen und ihre Tempel

12. **Die sieben Flammen Gottes für die sieben Tage -** *Adama* 207
13. **Die Erleuchtungsflamme, eine Aktivität des zweiten**
    Strahls - *mit Meister Lanto* 213
    Meditation - Die Reise zum Tempel der Erleuchtung 229
    Anrufung der Goldenen Flamme der Erleuchtung 235
14. **Die Flamme der kosmischen Liebe, eine Aktivität des**
    dritten Strahles - *Adama und Paul der Venezianer* 237
    Verhaltensregeln für einen Schüler des Heiligen Geistes .. 252
    Meditation - Die Reise zum Tempel der kristallrosafarbenen
    Flamme der Liebe 254
15. **Die Aufstiegsflamme der Reinigung und Transformation,**
    eine Aktivität des vierten Strahles - *Adama mit Serapis Bey*
    und Saint Germain 263

Meditation - Die Reise in den Aufstiegstempel von Telos ... 279

Der atomare Beschleuniger / Aufstiegssitz 285

Die Wohltaten und die Kraft der Impulsgebung 288

Wie ihr eure Zeremonie gestalten könnt 291

16. **Die Flamme der Auferstehung, eine Aktivität des sechsten Strahles** - Adama mit Sananda und Lady Nada 299

Meditation - Die Reise in den Tempel der Auferstehung in der 5. Dimension 329

17. **Die Flamme der Harmonie - Zohar** 337

Hinweis von Aurelia Louise Jones 343

Die Telos Weltstiftung 344

Widmung

Mit tiefer Liebe und Ehrerbietung widme ich dieses Werk Gott, dem Schöpfer von allem was ist, und der Erde, der planetaren Göttin, um auf meine eigene Weise zu der umfassenden Ausdehnung des Lichts beizutragen, die hier zur Evolution der Menschheit stattfinden muss, damit sie sich vorwärts in ein 5-dimensionales Bewusstsein bewegen kann.

Ich widme dieses Buch auch meiner spirituellen Familie in Telos, Adama, Ahnahmar und meiner Tochter Eliah und meinem Sohn Variel, meinen beiden Kindern in Telos, die noch immer dort sind und die Flamme der Liebe aus den Zeiten von Lemuria aufrechterhalten. Ich widme dieses Buch auch der Spirituellen Hierarchie dieses Planeten und Lord Maitreya, dem Planetaren Christus.

Ich lade euch alle, die dieses Buch lesen, ein, es sich wirklich ernsthaft zu Herzen zu nehmen und die grundlegenden Veränderungen zuzulassen, die in jedem von uns stattfinden müssen, um das Bewusstsein der 5. Dimension zu erlangen und um das gesamte Potenzial unserer Göttlichkeit geradewegs hier auf Erden zu verkörpern. Stellt euch nur vor, wie es sein wird, wenn wir alle hier auf Erden in der gesamten Kraft unserer göttlichen Essenz leben und mit der Unbegrenztheit der Aufgestiegenen Meister einhergehen!

Anerkennung

Ich möchte meine tiefe Dankbarkeit gegenüber allen meinen Freunden auf der ganzen Welt ausdrücken, welche die Verbreitung der lemurianischen Mission unterstützt haben, und all denen, die diese wichtige Arbeit in ihren Landessprachen veröffentlicht haben.

Ich möchte besonders allen Mitgliedern der Telos-Weltstiftung in Montreal danken, die unermüdlich alle Strukturen geschaffen haben, die zur Vorbereitung der großen Erweiterung des menschlichen Bewusstseins nötig sind, die erwartungsgemäß um das Jahr 2008 herum stattfinden wird. Ich danke speziell Line Quellet, der Präsidentin der Stiftung, welche die letzten drei Jahre über viele Stunden in der Woche freiwillig gearbeitet hat, um den Erfolg und den Weiterbestand der Mission der Telos Weltstiftung zu sichern.

Ich möchte auch Gaston Tempelmann danken, dem Präsidenten von Telos Frankreich, der ebenfalls inständig arbeitet, um die Verbreitung der lemurianischen Mission in Frankreich und Europa in den kommenden Jahren vorzubereiten und zu gewährleisten.

Ohne euch alle könnten die nun durch die Rückverbindung mit unserer telosianischen Familie stattfindenden Wunder der Liebe und die Vorbereitung für ihr Erscheinen unter uns sich nicht auf die wundersame Weise manifestieren, in der dies jetzt geschieht. Wir alle fühlen nun immer inniger ihre Liebe und beständige Unterstützung. Euch allen gegenüber bringe ich meine tiefste Dankbarkeit und ewige Freundschaft zum Ausdruck.

Vorwort

Ahnahmar und Adama

In der Liebe und im Licht unseres Schöpfers grüße ich euch heute. Ich bin Ahnahmar, der Geliebte von Aurelia und ein Mitglied des Ältestenrates von Telos. Neben mir steht Adama, der Hohepriester von Telos, und die treibende Kraft unserer Mission zur Wiedervereinigung aller mit den Energien von Lemuria. Es ist nun meine Stimme, die ihr hört, denn ich möchte, dass alle die Frequenz der göttlichen Vereinigung erkennen, die ich mit meiner Aurelia habe.

Adama und ich bieten all denjenigen unendliche Segnungen an, deren Augen auf diesen Seiten ruhen und allen, die an dieser Energie teilhaben werden. Die Freude ist heute bei unserer geliebten Aurelia, da wir ihre eigene Reise der Evolution und Entdeckung bezeugen. Alle Weisheit, die sie für sich selbst entdeckt, bereitet sie in ihrem eigenen Herzen auf und übergibt sie dann der Welt. Dafür ehren wir sie zutiefst.

Gemeinsam erschaffen unsere Energien einen Ausdruck von Trinität, denn wir alle sind Aspekte der selben Seele. Wir alle haben viele Lebenszeiten im Herzen von Mount Shasta verbracht. Unsere Seelen sind in einer Lichtmission miteinander verbunden, um allen auf unserer Mutter Erde die Lehren, und insbesondere die Schwingung des Herzens von Lemuria, zugänglich zu machen. Adama und ich tun dies von der einen Seite des Schleiers und Aurelia von der anderen Seite.

Ihr Beispiel ist eines, das jeder von euch in seinem eigenen Herzen wieder erkennen mag. Über Jahre hat sie den Herzschmerz und die Schreie der Menschheit gehört und ihre Unterstützung und Weisheit angeboten. Alle von euch befinden sich nun an der Durchgangspforte, um anderen zu helfen und wir bieten euch dabei mit großer Liebe und Mitgefühl unsere Weisheit und Unterstützung an. Aurelias Pfad in dieser Lebenszeit ist der gleiche wie eurer. Sie strebt danach, im Übergang des Physischen von der 3- in die 5-dimensionale Schwingung, die Wahrheiten von Liebe und Brüderlichkeit zu verkörpern, die sie im Innersten ihres Herzens trägt. Ihre Wahrheiten sind auch unsere Wahrheiten und ebenso die euren, denn wir alle sind eins.

Mit großem Einfühlungsvermögen erkennen wir die Intensität der Gefühle, die in eurer Dimension existiert. Die Weisheit, die wir in diesem Buch mit euch teilen, ist eine einfache Wahrheit - die Lebenswahrheit, die wir an jedem einzelnen Tag in unserer Dimension leben. Unsere Seelen sind mit euren Seelen im Aufstieg der Erde und all ihrer Reiche vereint, die auf und in ihr residieren. Wir halten euch zärtlich in unseren Armen, um euren Weg diese Reise über leichter zu gestalten und wieder alles in Balance zu bringen, was dieser großen Anhebung im Wege steht. Wir bitten euch, mit unserer Aurelia die Wahrheit und die Liebe eurer Herzen zu teilen, wenn sie um den Planeten reist und für Lemuria arbeitet. Sie ist eine einzigartige und freudvolle Seele, deren Hingabe ein leuchtender Spiegel für uns alle ist. Ruft uns, wann immer ihr wünscht oder es notwendig ist. Wir sind nur einen Atemzug entfernt. Mit großer Liebe und Dankbarkeit! *(Gechannelt von Beth Iris, die in Telos als Celestia, Adamas Schwester, inkarniert ist.)*

Einleitung und Willkommensgruß

von Adama

Mit großer Liebe und viel Unterstützung aus den vielen Lichtreichen von Telos und darüber hinaus präsentieren wir euch den dritten Band der Telos-Serie in dieser Zeit großer Erdveränderungen. Ich bin sicher, dass ihr bereits wahrgenommen habt, dass diese Veränderungen mit dem Ziel der Reinigung und Transformation eures Planeten zu seiner glorreichen Bestimmung hin schon begonnen haben. Erlaubt diese Erdreinigung, denn sie ist für die „Mutter" äußerst wichtig, damit sie ihren derart entweihten Körper erneuern kann.

Dieses Buch ist dazu gedacht, eure Herzen und Sinne weiter auf eine neue Ebene des Christusbewusstseins und der Meisterschaft auszudehnen. Wenn ihr euch dafür entscheidet, mit der Bestimmung der Erde mitzugehen und euer Bewusstsein zu entwickeln, um dann in der Lage zu sein, in einer Welt aus reiner Liebe und reinem Licht zu leben, ist es nun bedeutsamer als je zuvor, dass ihr zu den Wahrnehmungen eurer reinen Göttlichkeit erwacht und sie zur Priorität und zum wichtigsten Ziel eures Lebens macht. Ihr müsst das volle Verständnis dessen erlangen, was es bedeutet, ein Aufgestiegener Meister hinsichtlich des Bewusstseins und der Verantwortung, die dieser Status mit sich bringt, zu werden. Ihr habt schon viel zu lange das Karma- und Trennungsspiel gespielt. Viele von euch tragen immer noch zu viel Illusion in sich, was das Bewusstsein anbelangt, das ihr annehmen müsst, um vollständig eure göttliche Inkarnation zu verkörpern und um die Sehnsucht eures Herzens nach dieser großartigen Alchemie der Seele zu stillen, die der Aufstieg mit sich bringt.

Ihr müsst den Garten eures Herzens vorbereiten, um bewusste und verantwortungsvolle galaktische Bürger zu werden, die sich als gleich gestellt unter eure Brüder und Schwestern von den Sternen mischen können. Dieser Garten muss fleißig und beständig ausgejätet werden und das, was weniger als perfekte und transformierte göttliche Liebe ist, muss entfernt werden, um vollständig zu dem Bewusstsein eurer wahren Natur als göttliches Wesen zu erwachen. Ihr werdet euch mit eurer Quelle, mit dem Schöpfer von allem was ist, mit dem Herzen reiner Liebe und reinen Lichtes, wieder verbinden müssen – in vollständiger Einheit und Überantwortung. Das ist es, was euch letztendlich befreien wird, ihr Lieben. Alle von uns, die zu diesem dritten Buch Informationen gechannelt haben, befinden sich bereits auf dieser Liebesebene; und mit großem Mitgefühl und großer Demut streben wir danach, euch den Weg zu zeigen, auf dem ihr diese Ebene auch für euch selbst erreichen könnt.

Unsere geliebte Aurelia konnte dieses Buch so lange nicht channeln, bis sie in der Lage war, im Garten ihres eigenen Herzens einen Großteil des Verstehens auf der Ebene von Liebe und Überantwortung herzustellen, das notwendig ist, um die Welt der „Einheit" zu betreten. Sie hat zugestimmt, in diesem Buch einige ihrer mit uns geführten Dialoge zu veröffentlichen, die von ihren eigenen Schwierigkeiten und Frustrationen handeln, die sie auf dem Weg hin zu dem Stand erfuhr, den sie jetzt erreicht hat. Sie hat sich einverstanden erklärt, dies zu tun und ihre eigenen

Arbeiten zu eurem Nutzen zu offenbaren. Auf diesem Wege soll euch gezeigt werden, dass das, was jemand erreichen kann, auch für alle anderen erreichbar ist.

Grundsätzlich stammen alle eure Probleme und Schwierigkeiten – auch wenn sie sich alle auf unterschiedliche Weisen manifestieren – aus den gleichen Kernthemen. Die in jedem von euch vorhandene Göttlichkeit, die noch nicht vollständig erwacht ist, repräsentiert eine Zelle reiner Liebe aus dem Herzen des Schöpfers. Eure Verbindung zu ihm ist niemals unterbrochen worden. Wir sind unserem Channel sehr dankbar für die Bemühungen, mit denen sie den Garten ihres eigenen Herzens und ihrer eigenen Seele gejätet hat, um darüber schreiben zu können und auf diese Weise euch allen bei einem weiteren Schritt auf eurem eigenen Weg hin zur „Sonne eurer Göttlichkeit" helfen zu können.

Ihr werdet im dritten Buch auch mehrere hilfreiche Werkzeuge finden, die ihr nutzen könnt, wie beispielsweise Meditationen in ätherischen Tempeln und Aktivierungen. Ihr werdet auch Aufzeichnungen und ethische Schlüssel finden, die ihr im Herzen annehmen müsst, wenn ihr letztlich zur großen „Halle des Aufstiegs" Zugang erlangen wollt. Dieses Buch offeriert euch die nächsten Schritte, die ihr gehen müsst, wenn ihr euch bewusst zu uns gesellen möchtet. Und es enthält noch mehr...

Wisset, ihr Lieben, während ihr dieses Buch lest, sind wir bei euch, um euch bei eurem Prozess zu unterstützen. Unsere Herzen sehnen sich ebenso wie eure danach, wieder in der Glorie der

Bruderschaft des Lichts vereint zu sein. Wir bitten euch jetzt inständig, den ganzen Weg „nach Hause" zum Herzen der Liebe zu gehen – durch die vollkommene Überantwortung an euren einzigartigen Weg und den Willen des heiligen Vater/Mutter-Gottes, von allem was ist.

Lasst mich diese Einleitung mit einem Angebot beschließen, das direkt aus dem Herzen des Schöpfers kommt.

„Sowie ihr wieder Christuswesen werdet, ist alles, was ihr erfahren werdet, die reinste Liebe. Ich bitte euch, in euer Herz zu gehen und zu fühlen, wie sehr ich euch persönlich liebe und ebenso jedes andere menschliche Wesen. Jeder ist so kostbar, so schön, so erstaunlich und einzigartig! Mein Herz strebt nur danach, euch dies zu zeigen und euch die Liebe zu geben, die euer Erbe ist. Überantwortet euch in Liebe, Kinder meines Herzens! Das ist das Christusbewusstsein. Denn was bedeutet Christus? Meine lebendige Liebe! Und was seid ihr? Die Vehikel der Liebe!

Die Wahrheit der Liebe, die ICH BIN, ist ein Netz des Lebens, das so stark und vollkommen ist, so perfekt in seiner holographischen Natur, dass sich alles miteinander im Zustand der Liebe befindet. Dort führe ich euch zurück zum Tor des ewigen „Jetzt". Erst wenn euer Geist eins, euer Herz vollständig geöffnet ist und ihr in eurem Herzen nur Licht seht, werdet ihr „Zuhause" sein. Eure Gedanken und eure Liebe sind die beiden Zutaten des Wandels, der auf der Energie eures Willens reitet. Lasst es zu, dass sich mein Wille vollständig in euch manifestiert, und euer Nachhause kommen wird sich auf freudvolle und sanfte Weise vollziehen.

Die „Haltung der Dankbarkeit" wird der Motor sein, der euch mit sehr viel Gnade dorthin bringen wird! Seid gesegnet, geliebte Kinder meines Herzens. Ich rufe euch nun zurück nach „Hause", an mein Herz, wo ihr niemals mehr Sorgen oder Mangel in irgendeiner Form kennen werdet und wo ihr euch alle maßlos gesegnet fühlen werdet. Ich werde euch die Schätze des Himmels zu Füßen legen. Dies ist mein Wille für euch. Dies sind die Gaben, und ich sehne mich danach, euch alle mit ihnen zu beschenken."

Adama
Hohepriester von Telos

Teil 1

Übungen und Aufzeichnungen zur Entwicklung eines 5-dimensionalen Bewusstseins

Das Herz, das in eurem Körper schlägt,

ist dasselbe, wie das Herz von Lemuria.

Hört darauf und achtet es.

Ihr seid nicht unzulänglich und

ihr seid nicht unfähig,

dieses Herz mit eurem gesamten Wesen

zu verkörpern

und in dieser Frequenz zu schwingen,

die euer gesamtes Sein durchdringt.

Adama

1. Kapitel

Erwachen zu einem 5-dimensionalen Bewusstsein

Adama und der Rat der Älteren in Telos

Seid gesegnet, ihr alle, die ihr dieses Buch lest. Ich bin Adama, der Hohepriester von Telos.

Ich grüße euch aus meinem Herzen heraus und bitte euch darum, euch bewusst einer Zusammenkunft mit dem Rat der Älteren von Telos anzuschließen. Auf diese Weise wird das aus unserer Erfahrung gesammelte Wissen und die Frequenz der durch unser aller Seelen gewonnenen Weisheit an die größere Gesellschaft in unserer lemurianischen Kultur weitergegeben. So wie heute versammeln wir uns regelmäßig und unterrichten auch auf diese Weise, aber wir ziehen es vor, dies einen "Austausch" zu nennen. Ein jedes Treffen dauert gemäß eurer Zeitrechnung 4-6 Stunden. Zu Beginn eines solchen Treffens wird die Absicht bekundet, die miteinander geteilte Energie an alle in unserer Gemeinschaft zu übermitteln.

Wir versammeln uns als Brüder und Schwestern und als Mentoren und Studenten, denn auf diese Weise teilen wir miteinander alle Tiefen unserer individuellen Essenz. Durch diesen Austausch führen wir die Evolution und die Ausdehnung unseres Gruppenbewusstseins in Einheit und Liebe weiter.

Heute möchten wir zu euch über die Aufzeichnungen der 5-dimensionalen Schwingung sprechen, die ihr jetzt verstehen möchtet, um in die Lage zu kommen, sie für euch in eurer täglichen Realität zu erreichen. Es wurde die Frage gestellt: *„Was müssen wir tun, um in die 5. Dimension aufzusteigen?"* Versteht, dass da sehr wohl Vorbereitungen im Bewusstsein getroffen werden müssen und Reinigungen stattzufinden haben. Doch grundsätzlich ist die neue Realität, die derzeit auf der Oberfläche des Planeten eingerichtet wird kein Ort, an den ihr hingehen werdet, sondern eher ein von euch künftig erreichter Seinszustand, der die 5. Dimension fortwährend in eure gegenwärtige Welt einbringt.

Die 5. Dimension ist eine Schwingung, oder vielmehr eine Verbindung aus Schwingungen, die durch die Energien von Liebe, Vertrauen, Mitgefühl, Redlichkeit, Gnade und Dankbarkeit repräsentiert wird, welche für Frequenzen in reinster Form stehen.

Die Strukturen und die Organisation unserer Gesellschaften in der 5. Dimension können organisch fließen, indem diese Energien durch die hier lebenden Individuen integriert werden. Unsere lemurianische Gesellschaft in Telos spiegelt unsere 5-dimensionale Erfahrung durch einen Ausdruck an Manifestation und Verkörperung dieser Qualitäten in inniger Vereinigung mit allem, was uns umgibt.

Wir haben diese Meisterschaft und dieses in unserem Sein präsente Bewusstsein nicht aus dem Mutterleib mitgebracht, ebenso wenig wie ihr. Selbst die neuen Generationen von Kindern, die jeden Tag in eurer sich umwandelnden Dimension ankommen, sind nicht völlig in ihrer Meisterschaft, obwohl sie viel erwachter sind als ihr dies zum Zeitpunkt eurer Ankunft wart. Wir entwickeln uns durch die Freude und durch diese Erfahrungsreise auf der Erde. Durch die Gnade dieses Planeten ist und war die Evolution ein Teil der Erfahrung jeder Seele, die hier inkarniert ist. Die Gnade eurer gegenwärtigen Zeit besteht darin, dass ihr nun vollkommen zu eurer Meisterschaft erwachen dürft und dieses Bewusstsein für die Anwartschaft eurer Seelenevolution zurückerhalten könnt, um aufzusteigen und in dieser Inkarnation zu bleiben und hier oder anderswo weitere Inkarnationszyklen zu erfahren.

Wir möchten euch Übungen geben, welche dem Kernbereich unserer spirituellen Entwicklung angehören. Wir führen diese Übungen immer noch bis zum heutigen Tag durch, auch mit unseren Kindern. Diese Übungen bilden eine Grundlage für unsere sich ständig fortsetzende Reise durch die Schöpferquelle hindurch und zu ihr hin. Sie basieren auf dem Prinzip, dass wir alle für unsere eigene Energie verantwortlich sind. Bevor das Bewusstsein der Einheit 5-dimensionaler Schwingung weltweit völlig integriert werden kann, muss diese Arbeit auf individueller Ebene von jedem von euch getan werden. Dies ist die Reise, die jede Person bis zum Ende unternehmen muss und die kein anderer für euch durchführen kann.

Das Wichtigste bei diesen Übungen ist das Empfinden von Mitgefühl und eine friedfertige Kommunikation in Bezug auf Gedanken, Worte, Taten und Gefühle. Tatsächlich bildet das Mitgefühl für sich selbst den Eckpfeiler des spirituellen Erwachens, und dieser ist notwendig, wenn man dabei ist, diese 5-dimensionale Schwingung zu erkennen und zu integrieren. Diese Schwingung existiert bereits die ganze Zeit um euch herum. So, wie die Frequenz des Planeten selbst mehr und mehr verfeinert wird, ist es die Verantwortlichkeit unserer menschlichen Erfahrung, dass sich jeder selbst reinigt und seine eigene Schwingung verfeinert.

Wir führen dies zur Entwicklung unserer göttlichen Essenz und zum höchsten Besten aller Reiche, die auf und innerhalb dieses glorreichen Planeten leben, den wir „Mutter" nennen, durch. Es ist eine ernsthafte und göttliche Verantwortung, die auf euren Schultern nicht leicht wiegt, und doch verleiht sie euch eine Gnade, die in der Erdgeschichte ihresgleichen nicht findet.

Ihr könnt euch nun selbst als Meister und Mentoren bewegen, selbst wenn eure menschliche Form mit Erinnerungen an andere Zeiten und Orte, an denen es Grenzenlosigkeit und unendliche Möglichkeiten gab, nicht damit übereinstimmen mag.

Wir sagen euch mit der gesamten Wahrheit, die unsere Herzen mitzuteilen fähig sind, dass das Jetzt, dieser gegenwärtige Moment der Erdgeschichte, eine Zeit ungeahnter Möglichkeiten ist. Dies ist die magische Zeit der Schöpfung von der höchsten göttlichen

Quelle bis zu der größten Dichte eurer physischen Realität. Wir wissen und fühlen, dass eure Herzen die unseren in dieser Wahrheit grüßen, obwohl euer Verstand mitunter noch strauchelt, wenn es um das Erfassen des gesamten Ausmaß dessen geht, was wir euch erzählen. Euer Verstand verlangt noch immer Riten und Regeln und den unwiderlegbaren Beweis, bevor ihr bereit sein werdet, einen Fuß auf diesen Pfad zu setzen. Also werden wir heute mit Übungen arbeiten, die euch, wenn ihr es zulassen könnt, zurück in die Frequenz der Aufrichtigkeit und des Vertrauens bringen können, ohne Zweifel und Ablehnung.

Viele Meister haben diese Wahrheiten durch Äonen der Evolution hindurch, die dieser Planet bereits erfahren hat, verkündet. Aber es ist eure Erfahrung *in dieser Lebenszeit*, die am Wichtigsten ist. Heute habt ihr Gelegenheit, diese Worte erneut in fortgeschrittenem Entwicklungsstand zu hören und sie auf der Herzensebene wieder zu erkennen, die viel tiefer geht als sie es jemals zuvor in eurer physischen Dimension getan hat. Heute habt ihr die Gelegenheit, mit der Unterstützung der gesamten Schöpfung daran zu arbeiten, diese Wahrheiten in die physische Manifestation zu bringen. In Wahrheit ist es *das*, wozu ihr hier seid und aus diesem Grund wurde euch die Gelegenheit gegeben, in dieser Zeit zu inkarnieren.

Wie eure respektierten eingeborenen Vorfahren bereits zu euch gesagt haben: „Ihr seid die, auf die ihr gewartet habt."

Wir werden mit Übungen beginnen, die euch möglicherweise schon bekannt sind. Wenn ihr sie in der Vergangenheit bereits durchgeführt habt, ist es jetzt an der Zeit, sie aus einer neuen Perspektive heraus anzugehen. Die Arbeit, die jetzt in eurer Dimension getan werden muss, ist tatsächlich ziemlich einfach. Jedoch sind die Feinheiten, die ihr bezeugen werdet, enorm. Innerhalb jeder einzelnen Schwingungsebene, die ihr erlangt und integriert *„wird die Aktivität einfacher"*, doch die Resultate werden immer größer.

Wir werden Übungen durchführen, die in uns allen die Göttlichkeit, zu deren Ausdruck wir bestimmt sind, erwecken werden. Zudem werden wir die Illusionen enthüllen, die den ursprünglichen Geist verschleiern und das Herz gefrieren lassen. Wir werden euch Methoden zugänglich machen, mit denen euer Bewusstsein erneut erwachen kann, die zu innerer Freiheit führen und zum Verständnis der wahren Macht der Liebe. Der 1. Schritt dieser Übung bezieht sich auf die Entwicklung des Selbst.

1. Schritt: Lernt, euch selbst zu fragen, wer ihr seid
und welches Glaubenssystem ihr habt.
*Fragt euch dies jedoch nicht aus der **Unsicherheit***
des Egos oder des niederen Verstandes.

Stellt stattdessen die Frage, die aus den tiefsten Bereichen eures Herzens kommt und richtet sie an euer gesamtes göttliches Selbst. Lauscht dann auf den Teil in euch, der wach genug ist, um die Antwort zu hören. Wartet nicht auf eine Zeit in der nahen oder fernen Zukunft, in der ihr fühlt, dass ihr ein bestimmtes Stadium der Erleuchtung erreicht haben werdet. Wartet nicht auf eine spätere weiter entwickelte Vision von euch, von der ihr denken mögt, sie könnte besser ausgestattet sein, um die Antwort zu empfangen.

Ihr seid jetzt soweit, und dem Teil von euch, der für diese Antwort offen ist, muss jetzt die Gelegenheit gegeben werden, sie zu hören. Nur wenn die Frage ernsthaft und innig ist, werdet ihr die Antwort empfangen. Wenn die Frage nicht aus reiner spirflueller Absicht gestellt wird, werden das Universum und euer eigenes Höheres Selbst sie für reine Neugierde oder eine Fantasie eures Ego halten.

Wenn ihr die Frage stellt, tretet zurück in euer wahres Selbst und lasst alles los, was ihr über euch selbst zu wissen „glaubt". In diesem ersten Schritt geht es um die Transformation, die durch „Unwissen" möglich wird. Diese Übung befasst sich mit den unendlichen Möglichkeiten, die im „Unwissen" liegen. In Wahrheit seid ihr sowohl physische Manifestationen als auch Seelenessenz, und gerade habt ihr eure Quelle zum Großteil vergessen. Indem ihr euch selbst hinterfragt, werdet ihr sowohl mit der Essenz als auch mit der Manifestation konfrontiert und beginnt, den heiligen Widerspruch zu verstehen, der darin liegt.

Nur wenn ihr diesen Widerspruch annehmt, werdet ihr im ersten Stadium des Erweckens eurer Meisterschaft ankommen.

Bei dieser Meisterschaft geht es nicht um metaphysische Fähigkeiten und Phänomene. Diese erste Ebene der Meisterschaft ist die innerhalb eures eigenen Herzens gemachte Erfahrung, im selben Atemzug bei eurer göttlichen Essenz präsent zu sein und ebenso auf den Wegen, auf denen ihr sie manifestiert. Sie ist die in jedem einzelnen Moment erlangte Erkenntnis, dass diese Göttlichkeit selbst in einer physischen Manifestation präsent ist, die scheinbar nur der Illusion dient.

So lange bis ihr fähig seid, Mitgefühl für euch selbst in diesem scheinbaren Widerspruch zu empfinden und aus dem Bewusstsein heraus zu leben, dass ihr beides zusammen – den Geist *und* die Manifestation – in dieser oder irgendeiner anderen Dimension haltet, lasst ihr die Energie nicht zu, die das erste Werkzeug eurer Meisterschaft ist. Ein Meister zu werden bedeutet, sich an euer wahres Selbst zu erinnern und dies auch im Tempel eurer physischen Manifestation zu tun, in dieser Zeit und an diesem Ort. Aufstieg ist nichts anderes, als das Erwachen zu der Wahrheit eures göttlichen Selbst innerhalb dieser Dimension oder einer anderen, in diesem Körper oder in einem anderen.

Wie kann jemand ohne Mitgefühl für sich selbst all die scheinbaren Widersprüche akzeptieren, welche die Wahrheit eurer Welt ausmachen? Wie kann jemand ohne Mitgefühl für sich selbst sowohl die Essenz dessen, wer er ist als auch die äußere Manifestation dessen, was scheinbar die Essenz begrenzt im selben Herzen und am selben Ort der grenzenlosen Liebe aufrecht-erhalten?

Es ist das Zulassen des Mitgefühls für sich selbst, das euch in die Schwingung der Gnade rückt. Es ist die Fusion der physischen Erde mit den ätherischen Reichen, das Verschmelzen einer erweckten Wahrheit mit der Macht der Liebe, die euch in eure Meisterschaft bringt. Ein Meister ist jemand, der die Wahrheit und Gnade erkennt, die überall um ihn herum vorhanden ist – im Physischen und im Unsichtbaren.

Ein Meister ist jemand, der in seinem Herzen aus einer Frequenz der Dankbarkeit versteht, dass die einzig existente Dualität die ist, die zwischen dem Zustand des Wachseins und dem fortgesetzten Erleben einer Illusion besteht.

Wenn wir von Liebe, Vertrauen, Redlichkeit, Mitgefühl, Gnade und Dankbarkeit sprechen, meinen wir damit nicht die intellektuellen Konzepte. Mitgefühl ist keine Idee, deren Zeit plötzlich gekommen ist. Mitgefühl ist eine Energie, die große Schwingungen in der Struktur eures Universums erzeugt. Gnade ist kein Begriff oder Versprechen der Religion, sie ist eine fühlbare Energie, die in der Welt um euch herum bezeugt und genutzt werden kann. Redlichkeit und Vertrauen sind keine gegebenen Versprechen oder Handelsverträge, die eingehalten werden müssen. Es sind die Frequenzen, die jeden einzelnen von euch im Physischen genommenen Atemzug mit Kraft versehen. Mit jedem Einatmen und Ausatmen erhält eure Seele Zugang zur Göttlichkeit. Dankbarkeit ist keine Höflichkeitsbekundung, die man euch als Kinder gelehrt hat. Sie ist eine energetische Rückbestätigung ans Universum, dass ihr euch in Ausrichtung auf die Quelle befindet. Und Liebe ist keine romantische oder religiöse Botschaft. Liebe ist einfach *die Energie*, welche die gesamte Schöpfung erhält.

Für die meisten von euch wird es eine stetige Verpflichtung sein, diese Frequenzen wahrhaftig zu erkennen und anzunehmen. Es wird eine tägliche, bewusste Entscheidung benötigen, wach zu bleiben und euch selbst und die gesamte Schöpfung zu ehren, indem ihr in der Integrität dieser Energien lebt. Aber auch dies wiederum bedeutet die Verantwortlichkeit für das Selbst, von der wir sprechen. Ihr habt tausende von Lebenszeiten damit verbracht, euch in Myriaden von Lebensweisen zu üben. Ihr habt Rituale und Einweihungen als Durchgangsriten zu den höheren Reichen des Seins durchgeführt. Nun sagen wir euch, dass diese Riten und Rituale, die Regeln und Mysterienschulen, die Codes und die Geheimnisse verschwunden sind. Die Antworten, nach denen ihr sucht, liegen in euch. Die einzige spirituelle Übung, die jetzt noch für euch Sinn ergibt, ist eine, die euch zu dieser Wahrheit hin führt.

In Telos und in allen lemurianischen Gemeinschaften dieser Dimension müssen wir alle täglich über Affirmationen unsere Entscheidung bekunden, wach und in Kommunikation mit der Quelle zu sein. Es ist diese Entscheidung, die unser Paradies manifestiert. Unsere Welt ist so, wie wir sie erschaffen, Augenblick um Augenblick.

2. Schritt: Das Wiedererkennen und Enthüllen
eurer Glaubensmuster bezüglich allem,
was ihr bis zu diesem Punkt „zu wissen glaubt".
Dieser Schritt ist tatsächlich ein Sprung in das Vertrauen.

Bitte seid in euren Herzen gewiss, dass wir hier sind, um euch an der Hand zu halten, während ihr diesen Sprung vollzieht. Wir können diesen Sprung weder für euch durchführen noch können wir euch eine Technik geben, die für jeden Einzelnen von euch geeignet ist. Jedoch können wir euch an einen Ort führen, an dem der Sprung sich nicht so schwierig und die Angst davor sich nicht so überwältigend anfühlt. Wir halten in unseren Herzen all das Mitgefühl, das ihr brauchen werdet, solange bis ihr es selbst für euch halten könnt.

Wir können euch nicht zeigen, wie man Mitgefühl mit sich selbst haben kann, aber wie ihr dahin gelangen könnt, Mitgefühl mit euch selbst haben „zu wollen". Denn dieser „Wunsch" an sich ist die einzig wahre Bitte, zu deren Beantwortung das gesamte Universum seine Unterstützung anbietet. Dieser „Wunsch", bzw. dieses „Bestreben", selbst ist eine Kraft, ein Werkzeug der Meisterschaft und ein Werkzeug des erweckten menschlichen Wesens. Dieser „Wunsch" ist die Stimme eines menschlichen Herzens, das nach vielen dunklen Nächten der Seele erkennt, dass es auf liebende Weise um alles bitten kann, was es jemals gewusst hat.

Dieser Wunsch wird nicht durch ein Bedürfnis ausgelöst und es handelt sich nicht um einen Wunsch nach etwas, das fehlt. Stattdessen ist es eine Gewissheit im Herzen darüber, dass alles bereits da ist, und dass man dem nur noch eine Gestalt verleihen muss. Es ist das Mitgefühl, das all die anderen Möglichkeiten der Schöpfung zulassen kann, die der menschliche Verstand noch nicht erschlossen hat.

Wir stehen auf der anderen Seite dieses tiefen dahin eilenden Stroms, der für alles steht, was ihr über euch zu wissen „glaubt" und wir rufen euch aus unseren Herzen heraus mit einem lieblichen Lied an, in einer lieblichen Frequenz. Wir bieten unsere Liebe an, um euch dabei zu helfen, in euch die Energie zu erwecken, mit der ihr ohne großartig nachzudenken über diese aufgewühlten Wasser springen könnt. Und wir werden da sein, um euch auf der anderen Seite aufzufangen – wenn ihr am Ufer der „Ungewissheit" strandet.

Das Universum wird eure Ankunft mit Engelstrompeten ankündigen. In diesem „Wollen" und „Unwissen" ist alles angemessen und ausgerichtet auf die letztendliche Gnade, die der göttliche Plan beinhaltet und auf das höchste Wohl aller.

Es ist für euch alle unmöglich, diese große Wahrheit zu erfahren und diese Wahrheit dann nicht zu werden. Aber zuerst müsst ihr bereit sein, die Arbeit durchzuführen, um alle diese angehäuften Schichten der Illusion abzutragen, die das wahre Selbst vor euch verstecken. Indem ihr dies tut, werdet ihr menschlicher werden und einen im Körper lebenden Geist beherbergen. Wenn ihr diese Wahrheit in eurem Herzen annehmt – in Mitgefühl für alles, was das Sein in einem Körper repräsentiert – fügt ihr eurem Bewusstsein das Licht hinzu, das ihr in eurer Gesamtheit seid.

Diese Erfahrung des Aufstiegs in einem physischen Körper ist den meisten von euch neu, ebenso wie es für die meisten von uns war. Dies ist die Gnade, die dieser Planet in diesem Zeit- und Raumgefüge anbietet. Dies ist die Gelegenheit, wieder unschuldig zu werden und sich dem Leben erneut anzunähern – nicht mit der Priorität der Erfahrung oder des Wissens, sondern mit Vertrauen. Stärkt euer Vertrauen, dass der durchdringende Geist jegliche Manifestation ermöglicht. Entwickelt Selbstvertrauen und erkennt, dass ihr ein Meister seid, der fähig ist, gemeinsam mit dem Universum alles zu manifestieren.

In der Kindheit durchläuft die Seele Phasen des Wandels. Von Geburt an beginnt ihr zu lernen, dass ihr an einem Ort der Begrenzung, der Verwirrung und der Trennung von eurem Herzen und von eurer Seele seid. Ihr lernt durch euren Verstand und in einem spezifischen Zeitrahmen zu begreifen. Folglich wird das Leben zur Isolation – so lange, bis ihr „alles" erkennt, was die Quelle eurer selbst und des Universums ausmacht. Euer wahres Selbst ist zeitlos und unbegrenzt.

Meisterschaft bedeutet nicht, alles zu wissen, wie manche von euch glauben mögen. Das Leben ist ein sich fortwährender Entwicklungsprozess. Der Schöpfer existiert, wie auch ihr, in einem unaufhörlichen Stadium des Erschaffens. Wahre Meisterschaft ist das Verständnis über den Umgang dessen, was sowohl innerhalb als auch außerhalb von euch selbst liegt. Wahre Meisterschaft bezieht nur das für den Moment angemessene „Wissen" ein.

Der 3. Schritt ist ein heiliger Schritt.
Er beinhaltet die Erfahrung der Gemeinschaft
mit eurer Seele als Portal zu eurem göttlichen Selbst.

Eure Seele enthält alle jemals von euch erfahrenen Gefühle und steht damit im Jetzt in Resonanz. Während ihr an der Auflösung der Glaubenssysteme seid, die euch im Schlafzustand und in der Illusion verharren ließen, ist es wichtig, diese Übung nicht leichtfertig oder ungeduldig anzugehen.

Fertigt eine Liste von Glaubenssystemen an, die euch begrenzen. Es kann sich dabei um Glaubenssätze handeln, die andere über euch haben oder um unangenehme Glaubenssätze, die ihr von euch selbst habt. Es können Glaubenssätze sein, die ihr über die Welt um euch herum oder hinsichtlich eurer spirituellen Reise hegt. Sie alle sollten ohne irgendeine Bewertung hinsichtlich ihres "Gut- oder Schlechtseins" aufgelistet werden.

Grabt tief nach diesen subtilen Glaubenssystemen und legt die Schichten eine nach der anderen frei. Seid unerbittlich wie auch mitfühlend ehrlich, denn nichts wird in der Schwingung der 5. Dimension verborgen bleiben. Führt diese Liste stets mit euch und vervollständigt sie so lange, bis ihr fühlt, dass sie komplett ist.

Ihr mögt vielleicht diese Glaubenssätze, die ihr zu eurem Schutz so sorgsam um euch herumgelegt habt, nicht anschauen wollen. Allerdings trägt jeder dieser Glaubenssätze ein Stück eurer Energie, eurer Gotteskraft, die für euer vollständiges Erwachen benötigt wird. Und daher ist jetzt der Augenblick gekommen, die Wahrheit darüber, wer ihr seid, zurückzufordern – nicht intellektuell sondern energetisch.

Und wieder ist das Mitgefühl mit euch selbst die Energie, die hier benötigt wird, wenn es darum geht, euch bedingungslos jedem Glaubenssystem und allen darin eingebetteten Emotionen lange genug zu überantworten, um daraus Weisheit zu ziehen.

Bevor ihr euch für immer von dem Glaubenssatz löst,
müsst ihr zuerst eure Energie daraus zurückfordern,
ansonsten wird ein Teil von euch weiterhin
in Trennung vom Selbst leben.

Eure Seele ist tatsächlich das Portal zur Erweckung eures wahren Selbst, denn sie wirkt sowohl im Bewusstsein der Trennung als auch im Bewusstsein des Göttlichen. Sie ist ein „Mechanismus", der die Ganzheit des Selbst zulässt und alles beinhaltet, was ihr in eurer Wahrnehmung und Erfahrung als positiv und negativ bewertet. Und sie tut dies neutral und mit bedingungslosem Mitgefühl.

Eure Seele bewahrt die Erfahrung und die Gefühle aller Entscheidungen, die ihr jemals in diesem Leben oder in jeglicher anderen Inkarnation eurer Evolution getroffen habt. Sie bewahrt das Verständnis der Entscheidung, die ihr zu der Zeit getroffen habt, in der das entsprechende Glaubenssystem dem Ego eingeprägt wurde. Das Ego kreiert die Glaubensmuster nicht aus böser Absicht oder Wertung, doch durch Äonen der Trennung hindurch hat es die Rolle des Hüters übernommen. Das Ego ist zum Hüter der Individualisierung eines Planeten und einer menschlichen Rasse geworden, die diese Erfahrung gewählt hat. Doch jetzt ist es an der Zeit für das Einheitsbewusstsein. Ihr seid aufgerufen, all das zu heilen, was euch von der Einheit abhält. Wir empfehlen euch, eine weitere Liste über das anzufertigen, was ihr in der Tiefe eures Herzens tatsächlich über euch selbst wisst. Seid ehrlich und ohne Wertung dabei. Erforscht den Unterschied zwischen dem, was ihr bereits in eurem Verstand zu wissen glaubt und dem wahren Wissen, das aus der Einheit mit eurer göttlichen Essenz kommt. Um diese Liste zu erstellen, müsst ihr wiederum an den Schichten der Begrenzung graben und alte Lehren und Paradigmen des Seins beiseite räumen. Lauscht mit den reinsten Absichten.

Diese Liste wird nicht den Worten eures Verstandes entspringen, wie dies bei der ersten Liste der Fall war, sondern sie entsteht schwingungsmäßig aus dem Herzen heraus. Diese Schwingung wird stärker und klarer werden, bis ihr einen Ton einer derart unmissverständlichen Wahrheit erfahrt, dass ihr fühlen könnt, wie sich die Gesamtheit eures Wesens ausdehnt. Erst dann könnt ihr eurer Liste einen weiteren Punkt hinzufügen, denn erst dann werdet ihr wirklich „wissen".

Diese Liste wird sich von jetzt an beständig vervollständigen, da im Zuge eures Erwachens weitere Punkte hinzukommen werden. Die von dieser Liste ausgehenden Energiewellen werden durch Zeit und Raum aller Dimensionen reisen, die zu eurer Seelenevolution gehören. Diese Liste wird speziell eure Energie tragen. Ihr werdet beginnen, in solcher Integrität zu leben, dass niemand in der gesamten Schöpfung jemals ihre Wahrheit bestreiten kann. Sie wird ein gesegnetes Werkzeug für eure Meisterschaft werden.

Die Erfahrung der Negativität durch euer Ego wird mit dieser Übung ziemlich in den Vordergrund rücken. Was ist Negativität anderes als eine perfekte Reflexion begrenzten Glaubens? Was ist Negativität, wenn nicht eine Wertung, die das Ego als Selbstschutz getroffen hat? Also muss jetzt wieder das Mitgefühl mit euch selbst euer liebender Begleiter werden, der euch mit sanfter Stimme fragt: „Ist dies tatsächlich die Wahrheit darüber, wer ich bin?"

Mit dieser Stimme werdet ihr eine dritte Liste erstellen mit Bewertungen, die ihr noch über euch selbst habt. Diese nächste Ebene des Erwachens enthält die Gelegenheit für viel Heilung. Gestattet eurer offenen und unschuldigen Seele jetzt, euch zu führen. Diese dritte Liste ist keine Last. Durch die Gnade dieser Liste wird das hier gewonnene Wissen, die Erfahrung der Einheit mit dem Selbst, augenblicklich verfügbar. In der Realität kann das Überreichen dieses Geschenks an euch selbst in Wahrheit und Liebe eine ekstatische Erfahrung sein.

Die Transformation und die Freiheit, die sich manifestieren, wenn Bewertungen geheilt werden, können zu einer großen Beschleunigung eurer Reise des Erwachens werden und zu einem Geschenk, das seinesgleichen sucht. Habt Geduld mit diesen Bewertungen und mit allem, was noch unerlöst in euren Herzen ruht. Ihr werdet den Prozess selbst lieben lernen. Ihr werdet diese Bewertungen in Form von Spiegeln erkennen, die sich euch durch eure Bewertungen der Welt um euch herum zeigen. Arbeitet im Rahmen des Mitgefühls und gestattet dem Strom der Gnade euch einzuhüllen. Und dann erlaubt der Transformation der Bewertung, sich zu entfalten.

Wie könnt ihr die Reinheit der Liebe in physischer Weise verkörpern, wenn ihr euch selbst in Bewertung von allem verharren lasst? Wie könnt ihr die heilige Vision eures wahren Selbst bewahren - das Saatgut der gesamten Schöpfung – wenn ihr richtet? Selbst wenn ihr über das Richten urteilt, bewegt ihr euch aus der Schwingung heraus, die eure Wahrheit ist. Selbst wenn die Bewertung an sich in euren Augen positiv erscheinen mag, trägt sie dennoch eine Energie, die eure Erfahrung begrenzt. Ohne Bewertung werdet ihr bald in euch selbst das Licht erkennen, mit dem das gesamte Universum eurem Wunsch entsprechend strahlen soll.

In Telos „wissen" wir keineswegs alles aus unserem Verstand, doch wir lassen zu, dass jede Erfahrung durch das Herz aus einer neuen Perspektive heraus bezeugt wird, ohne Wertung oder Erwartung. Wir fühlen die Wahrheit jeder Erfahrung, wie sie sich aus einem tief greifenderen Ort heraus entfaltet, während wir uns ausdehnen, um die Energie zu berühren, die überall um uns herum ist. Wir sind ebenso im Übergang befindlich wie ihr und wir entwickeln uns geradeso weiter, wie ihr und der Planet es tut.

Wir haben durch Lebenszeiten des Übens hindurch die Energie des Vertrauens erlangt, so dass die Erfahrungen, die wir von diesen Quellenergien besitzen, sich fortwährend vertiefen. Wir haben durch unsere geduldige und mitfühlende Arbeit mit uns selbst und mit unseren Kindern gelernt, dass es ein beständig tiefer gehendes Verständnis und Bewusstsein zu erlangen gibt. Wir begrenzen uns selbst nicht durch die Glaubenssätze des Egos und deshalb sind wir jederzeit von der Unendlichkeit der Quelle umgeben.

In unserer Evolution haben wir viel über das Herzzentrum gelernt und darüber, wie es im Physischen funktioniert. Wir haben viel über die tatsächliche Wirkungsweise des Unterbewusstseins gelernt und wie man *damit* arbeiten kann anstatt *dafür* zu arbeiten. Wir haben unter praktischen Bedingungen gelernt, dass der Verstand ein Haus voller Fragen ist und das Herz eine Bibliothek der Antworten. Wir haben gelernt, unsere Fragen zu lieben und die Antworten zu schätzen, die das Herz in jeder Frage erkennt.

Wir haben durch viel Übung gelernt, alles aus einer Perspektive des Mitgefühls und des Vertrauens heraus zu betrachten, denn dies sind die wahrhaftigen Energien, die uns ermächtigen. Wir haben durch wertfreies Verhalten gelernt, all die Energien des Selbst anzunehmen, sie zu lieben und der Zweifel und der Ängste bewusst zu bleiben, wenn sie aufkommen. Wir haben gelernt, dass Ehrlichkeit gleichbedeutend damit ist, nicht zu werten und dass diese Ehrlichkeit beim Selbst beginnen muss, und dass die größte Quelle der Weisheit in unseren Herzen wohnt. Wir haben diese Lehren integriert und verinnerlicht, weil wir sie fortwährend angewandt haben.

Wir haben jeden Tag auf diese Weise gearbeitet; so lange, bis dies zum integrierten Teil unseres Bewusstseins geworden ist. Wir bringen dies jeden Tag in unseren bewussten Interaktionen mit anderen ins Spiel. Wenn wir merken, dass wir selbst in Gedanken oder Taten eine Haltung oder einen Glaubenssatz ausdrücken, der etwas anderes darstellt, als das wahrhaftige Wissen unserer Herzen, gehen wir sofort zu entgegengesetzten Handlungen oder Gedanken über.

Der Meister bringt alle Lebenszeiten und Seelenerfahrungen in seinen Pfad ein. Auf dem Evolutionsstand, auf dem der Planet und ihr euch gegenwärtig befindet, geschieht diese Abkapselung von Erfahrung und die Erkenntnis von Weisheit daraus augenblicklich. Alle eure Lebenszeiten sind dieser gegenwärtigen hinzugefügt und durch diese Übungen habt ihr auf alle diese Lebenszeiten Zugriff. Sie sind jetzt für euch zugänglich als Quelle für euer Erwachen. Alles, was in eurem Leben und in der Welt um euch herum stattfindet, selbst das, was ihr als Illusion betrachtet, ist eine Gabe für euer sich entwickelndes Bewusstsein.

Ihr seid der Spiegel für eure Dimension. Geradeso wie wir, wenn wir eine bewusste Entscheidung getroffen haben, den kompletten Spiegel für den Aufstieg in unseren Reichen, in unserer Gesellschaft und in uns selbst zur Anwendung zu bringen, müsst ihr nun euren verantwortlichen Beitrag zum Aufstiegsprozess eures Planeten leisten. Ihr müsst nun zu der göttlichen Liebe und Wahrheit, die ihr seid, erwachen *wollen*. Ihr müsst alle Hindernisse und Begrenzungen des Selbst aus dem Weg räumen *wollen*, die euch davon abhalten mögen, diese Wahrheit zu dieser Zeit in die physische Manifestation zu bringen. Ihr müsst in den Tiefen eures Herzens ein Teil des von euch erschaffenen menschlichen Spiegels sein *wollen*, denn auf Ebenen jenseits eures Verständnisses repräsentiert ihr das größte kollektive Verständnis an Gotteskraft, dass es auf der physischen Erdenebene jemals gegeben hat.

Ihr bereitet eure Herzen darauf vor, ein heiliger Boden zu sein, auf dem sich bald die Massen bewegen werden. Zuerst jedoch müsst ihr euren eigenen Weg zurück nach Hause gehen, bevor ihr ihn anderen zeigen könnt. Ihr müsst erst zu eurer eigenen Wahrheit erwachen und einen Schritt zurücktreten und durch die Schichten der Selbstbewertung und Trennung hindurchgehen. Fordert nun die Teile von euch zurück, die von der reinen Schwingung der Liebe und des Vertrauens ausgeschlossen waren.

Jede evolutionäre Entscheidung auf diesem Planeten hat mit dem Selbst zu tun. Der Verstand kann diese Veränderungen nicht erfassen, aber das Herz kann es. Wer ihr seid und als was ihr euch wieder erkennt wird sich nach und nach und mit einer Gnade und Macht ändern, die ihr nicht voraussagen könnt, wenn ihr diese Wahrheiten erkennt. Diese neuen Perspektiven werden dann die Stränge eurer DNS durchlichten, die sich bis dahin im Schlafzustand befanden und auf diese Zeit gewartet haben. Jeder Strang der menschlichen DNS wurde dazu entworfen, den physischen Körper auf der Basis von Bewusstseinsanhebungen sehr schnell weiterzuentwickeln. Dies ist der Grund, warum sich die Energieübermittlungen an diesen Planeten mit jedem Tag intensivieren. Euer Immunsystem und eure Organe lernen, jede Schwingung und jegliches Bewusstsein abzulehnen, das nicht die Wahrheit dessen erkennt, wer ihr seid.

In diesem Moment seid ihr – geradeso wie wir – fähig, euch von Krankheiten zu befreien, doch nur, wenn euer Bewusstsein auf diese Freiheit ausgerichtet ist. In diesem Moment seid ihr in der Lage, mit den multiplen Dimensionen zu interagieren, welche die Matrix eures Universums darstellen, doch nur, wenn ihr wach für eure eigene Energiematrix seid. Wir sprechen jetzt zu all denen unter euch, die auf Ebenen der Ermüdung und mangelnder Übereinstimmung mit dieser Wahrheit herumstraucheln.

Diese Ermüdung entstammt nicht dem Körper, auch wenn der Körper lernen wird, sie zu spiegeln, wenn sie lange genug erfahren wurde. Diese Ermüdung ist ein Leerwerden von Quellenenergie, resultierend aus einer mangelnden Ausrichtung mit dem Selbst. Es erschöpft euch, wenn ihr euer tägliches Leben nicht in Liebe, Vertrauen, Mitgefühl, Dankbarkeit und Gnade lebt. Wenn ihr euch für eine tägliche spirituelle Übung entscheidet, die begrenzende Glaubenssätze und Bewertungen auflöst, die euch von diesen göttlichen Energien fernhalten, wird sich eure physische Lebensenergie nicht weiter reduzieren. Vielmehr werdet ihr dadurch neu belebt werden. Diese Entscheidung wird euer System neu ausrichten, vergleichbar mit den Abflussrohren in eurem Küchenausguss, so dass die von euch gewünschte Energie wieder leicht fließen kann.

Der 4. Schritt in dieser Übung ist dreiteilig.

Jeden Morgen beim Aufstehen: Nehmt euch etwas Zeit für euch selbst, um über euren Seinszustand zu reflektieren; ehrlich und ohne Bewertung. Bittet eure geistigen Führer und Unterstützer-Teams (wie zum Beispiel uns) und euer Höheres Selbst, euch zu helfen, alte Glaubenssätze und Begrenzungen loszulassen, die euch nicht länger dienen. Bittet das Universum jeden Morgen, euch eine neue Perspektive zu geben und erlaubt euch selbst, in dem Zustand zu verweilen, verstandesmäßig nicht zu wissen und aus dem Herzen heraus zu leben.

Bittet das Universum, euch dort mit einfachen und gnadenvollen Spiegeln zu versehen, wo ihr sie zur vollständigen Erweckung eures Bewusstseins braucht. Und bittet darum, dass den Tag über eure physische Energie gemäß der bewussten Arbeit wächst, die ihr an euch selbst leistet.

Während des Tages: Arbeitet regelmäßig mit den Energien der Liebe, des Vertrauens, der Redlichkeit, des Mitgefühls, der Gnade und der Dankbarkeit. Ruft die reinste Schwingung dieser Energien an und bittet sie in euren physischen Körper, in eure Zellen und in eure DNS. Auf diese Weise baut ihr in eurem Körper eine Energie-Signatur auf. Und tatsächlich überschreibt ihr so gleichzeitig die euch bisher begrenzenden alten Frequenzen und Glaubenssätze mit dem vollen Potenzial dessen, wer ihr wirklich seid.

Seid euch, während ihr durch den Tag geht,
der Schwingung bewusst, dievon jedem einzelnen
Gedanken, Wort oder von jeglicher Tat erzeugt wird.
Lernt, zu erkennen, was eure Energie verstärkt und was sie schwächt.

Jeden Abend: Erkennt, was ihr euch selbst während des gesamten Tages gegeben habt und nehmt dies anerkennend wahr. Ihr habt der gesamten Schöpfung etwas gegeben, indem ihr euch selbst etwas gegeben habt. Dann bekräftigt, dass ihr, während ihr schlaft, weiterhin all die neue, während des Tages erkannte Weisheit, durch das Herz integrieren möchtet. Bittet darum, dass die Zellen eures physischen Herzens und die Stränge eurer physischen DNS sich in eure neue Schwingung ausdehnen und dass diese Evolution in allen Zeiten, in jeglichem Raum und in allen Dimensionen stattfinden möge. Auf diese Weise werdet ihr alte Muster und Einprägungen ersetzen, die nicht länger die Wahrheit dessen darstellen, wer ihr wirklich seid. Wer ihr seid, wird sich täglich verändern und eure neue Frequenz wird in der Kommunikation mit all denen um euch herum sowie durch dieses Universum und durch alle anderen Universen hindurch bis zurück zur großen Zentralsonne und der Schöpferenergie selbst gefühlt werden. Und wir bitten euch mit Mitgefühl zu erkennen, dass die Anwendung dieser Übungen nicht bedeutet, dass ihr euch selbst in ein anderes Bewusstsein hineinzwingen sollt. Übung bedeutet, euch selbst die Öffnung zu jenen Potenzialen zu gestatten, die bereits in jedem von euch existieren.

Diese Übungen sind nicht dazu bestimmt, in Sequenzen gemacht zu werden, sondern gleichzeitig. Wenn ihr zu Beginn jeder Übung einen einzelnen Tag gewidmet habt, führt in den folgenden Tagen alle zusammen aus. Lobt euch für die geleistete Arbeit und achtet eure erweckte Wahrheit, die euer wahres Selbst und die neue Welt beinhaltet, die euch umgibt.

In unserer nächsten Zusammenkunft werden wir uns mit der zweiten Ebene des Erwachens befassen, die wir in Telos hervorgebracht haben. Das menschliche Herz trägt mehr Liebe in sich, als es jemals verströmen kann. Es umfasst das unbegrenzte Potenzial des Göttlichen. Stellt euch die Veränderungen vor, die in eurer Welt stattfinden können, wenn jedes einzelne eurer Herzen ohne Begrenzung in liebender Übung alles annimmt, was euch umgibt. Das Einheitsbewusstsein kann in der Schwingung der 5. Dimension nur von Herzen verkörpert werden, die alle Menschen lieben und die Herzen können einander nur dann lieben, wenn sie zuerst sich selbst lieben. Aus diesem Grund verbringen wir heute so viel Zeit mit euch und teilen mit euch so viel Energie. Wenn ihr die Arbeit mit dem Unterbewusstsein und dem Ego durchführt, werdet ihr spirituell viel lebendiger werden. Nur in einer Welt, in der ihr durch bewusste Absicht jeden Gedanken, jedes Wort und jede Tat zulassen könnt, um bedingungslos in euch wohnende Liebe, Gnade, Redlichkeit, Dankbarkeit und ebensolches Mitgefühl und Vertrauen zu manifestieren, werdet ihr Zugang zur 5. Dimension finden.

Wir warten hier geduldig auf euch. Es ist nun an euch, euer Licht hinausstrahlen zu lassen. **Die Übung zur Entwicklung des Selbst**

Erweckte Meisterschaft der Energien der Liebe,
der Gnade und Dankbarkeit sowie des Vertrauens,
der Redlichkeit und des Mitgefühls

Zusammenfassung

Diese Übungen sollten miteinander und nicht in Sequenzen durchgeführt werden. Zu Beginn soll jeder einzelnen Übung ein ganzer Tag gewidmet werden, in den folgenden Tagen sollen sie dann alle miteinander ausgeführt werden.

1. Schritt – Lerne, dich selbst zu hinterfragen.
- Lass alles los, was du über dich selbst zu wissen „glaubst".
- Stelle die Frage, die aus den tiefsten Schichten deines Herzens entspringt.
- Lausche mit dem Teil von dir, der wach genug ist, um die Antwort hören zu können.

2. Schritt – Erkenne deine Glaubenssysteme und enthülle sie.

- Sei bereit, alle angesammelten Schichten der Illusion abzutragen, die dein wahres Selbst vor dir verstecken.
- Lasse mitfühlend all die anderen Möglichkeiten des Erschaffens zu, für die dein menschlicher Verstand noch nicht aufgeschlossen ist.
- Entwickle Selbstvertrauen und erkenne, dass du ein Meister bist und gemeinsam mit dem Universum alles Erwünschte erschaffen kannst.

3. Schritt – Erfahre eine heilige Gemeinschaft mit deiner Seele als Portal zu deinem göttlichen Selbst.

- Erstelle eine Liste der Glaubenssysteme, die dich begrenzen und fordere deine Energie von ihnen zurück.
- Erstelle eine weitere Liste darüber, was du in den Tiefen deines Herzens tatsächlich über dich selbst weißt.
- Erstelle eine Liste mit den Bewertungen, die du dir selbst gegenüber noch hast.

4. Schritt dieser Übung - dreiteilig.

- Jeden Morgen beim Aufstehen: Nimm dir etwas Zeit für dich selbst, um über deinen Seinszustand ehrlich und wertungsfrei zu reflektieren.
- Während des Tages: Arbeite regelmäßig mit den Energien von Liebe, Vertrauen, Redlichkeit, Mitgefühl, Gnade und Dankbarkeit.
- Jeden Abend: Erkenne und verinnerliche in grundlegender Anerkennung alles, was du dir selber an diesem Tag gegeben hast.

2. Kapitel

Das Herz von Lemuria

Teil eins — Celestia

Unser Segen ergeht an alle, die sich heute hier versammelt haben!

Wir grüßen euch aus einer Energie, die sich momentan außerhalb der Reichweite von einigen, jedoch in den Herzen aller befindet. Mit Liebe und Respekt, Ehrerbietung und göttlicher Gnade gesellen wir uns heute zu euch, um ein Thema zu besprechen, das unsere Kernphilosophie in Telos ist.

Unsere Schwester Aurelia hat uns gebeten, euch ein Verständnis des Begriffs „Herz von Lemuria" zu vermitteln und darüber, was diese Energien euch in Zeit und Raum der Gegenwart – worin ihr euch befindet – geben können. Viel ist bereits über die Energie von Lemuria gesagt worden und viel Wissen wurde euch über die Vergangenheit mitgeteilt. Heute steht die Zeit, die wir mit euch verbringen, für eine Reise in die reinste Energie Lemurias, die auf der heutigen Erdoberfläche vorzufinden ist – in die Energie, die euer Herz erfüllt.

Das „Herz von Lemuria" kann auf viele Weisen beschrieben und beleuchtet werden. In dem Maße, in dem ihr die selben Attribute in eurem Bewusstsein tragt, werdet ihr mit dieser Wahrheit in Resonanz sein. Unser Bruder Ahnahmar wird zu euch über die Energien des Herzens sprechen, die inspirieren und Passion für die von euch beabsichtigten Schöpfungen erzeugen, und unser geliebter Adama wird euch etwas über die Christusenergien des Herzens erzählen, über die Energien, die uns mit der göttlichen Quelle von allem was ist verbinden.

Am Anfang steht wie immer die Geburt einer neuen Wahrheit oder eines neuen Verständnisses. Ich werde zu euch von den „weiblichen" Energien des Herzens sprechen. Alle fühlenden Wesen erfahren das Leben innerhalb des Rahmenwerks dieser „großen Mutter", die wir Erde nennen und in diesem Rahmengebilde gibt es einen Lebensrhythmus. Dieser drückt sich durch eine Schwingung oder Frequenz aus, die uns führt, wenn wir dafür empfänglich sind.

Auf der Erdoberfläche ist immer viel Aufhebens um die Verstandesqualitäten gemacht worden. Die reine Herzenergie ist vergessen und durch eine aktive Ausdehnung des „Intellektes" in Bezug auf alle Dinge ersetzt worden. Der Verstand ist in eurer Evolution zu einer aktiven Kraft geworden, anstatt – wie es ursprünglich gedacht war - eine passive Struktur und ein

Werkzeug zu sein. Der ursprüngliche Sinn des Verstandes lag darin, seine Fähigkeiten im Dienste des Herzens einzubringen und nicht umgekehrt.

In eurer Evolution haben die meisten von euch die Impulse des Herzens ignoriert und ihr habt eure früheren Fähigkeiten zur Erkenntnis verloren, dass das Herz die großartige Intelligenz der Seele ist. Das Herz weiß *alles*, wird euch stets die beste und höchste Führung anbieten und euch immer den Weg zu eurem höchsten Besten weisen. Eine sehr lange Zeit über habt ihr eurem menschlichen Verstand erlaubt, sich in den Dienst des Ego zu stellen, anstatt in den Dienst des Herzens. Der vom sich verändernden Ego kontrollierte Verstand ist mit Ängsten, Werturteilen und irrigen Konzepten derart verwirrt worden und diese steuern jetzt euer internes Programm.

Dadurch konnte es geschehen, dass ihr - seit ihr vor langer Zeit eure Herzensenergie verstoßen und dem Verstand die Priorität gegeben habt - Lebenszeit um Lebenszeit eine Serie schmerzvoller Erfahrungen, Armut und Miseren erzeugt habt. Der menschliche Verstand besitzt nicht die Weisheit des Herzens und ist unfähig, euch die Weisheit aus Gottes Geist anzubieten. Nur das Herz allein besitzt diesen magischen Schlüssel. Ursprünglich war der Verstand dazu ausgelegt, im Dienst des Herzens ein Empfänger zu sein. Es war immer das Herz, das genau wusste, was mit dieser Information zu tun war.

Die Übung des „Herzens von Lemuria" beginnt mit der Rückkehr zum Ursprung eures Bewusstseins, in dem sich der passive

Verstand dem vertrauenden Herzen überantwortet. Bei seiner Erschaffung drückte sich das menschliche Bewusstsein durch ein Ego beziehungsweise durch einen Verstand aus, der direkt durch den Logos beziehungsweise durch das Herz des Göttlichen informiert wurde. Der Verstand selbst war ein wundersames Werkzeug und er wurde genutzt, um die Myriaden von Sinneseindrücken zu lernen und zu analysieren, die der sich entwickelnde Mensch erfuhr. Jedoch war es das Herz, das die Fähigkeit besaß, die Entscheidung der richtigen Handlung zu treffen und sich darin einzubringen. Wir sagen dies nochmals mit viel Nachdruck.

Es ist die Rolle des Verstandes, zu lernen und zu analysieren.
Es ist die Rolle des Herzens, zu entscheiden und zu handeln.
Herzen verbinden, während der Verstand trennt.

Dies ist keine Bewertung der Rolle des Verstandes, sondern eher die Wahrheit über seinen Zweck. Um zu analysieren muss man differenzieren. Um lernen zu können und intellektuelles Wissen zu gewinnen, muss man eine Realität zur Zeit beobachten und sie dann quantifizieren oder qualifizieren.

Das Herz jedoch hält die Frequenz, die für alle Möglichkeiten aufgeschlossen und empfänglich ist. Es verbindet uns mit allem was ist und stellt diese Verbindung weder in Frage, noch analysiert es sie. Das Herz vertraut. Es nimmt alles auf, was als kontinuierlicher Fluss verfügbar ist und schlägt mit Freude und Wunder in diesem Lebensrhythmus. Und aus diesem Vertrauen heraus werden Akzeptanz und Mitgefühl geboren. Um zu verstehen, wer wir sind, müssen wir akzeptieren, was wir tun. Um zu verstehen, was andere sind, müssen wir akzeptieren, was sie tun. Wenn wir andere wahrhaftig verstehen, wie können sie dann *nicht* ebenso vollständig lieben, wie sie sich selbst lieben? Wie können wir ihnen dann *nicht* ebenso vertrauen, wie wir uns selbst vertrauen?

Das Herz hält eine Frequenz, die offen und empfänglich für alle Möglichkeiten ist. Wir können das nicht genug betonen: Das Herz vertraut. Diese Frequenz wohnt jedem Einzelnen von euch inne; egal, ob ihr euch entscheidet, sie zu erkennen oder nicht. Sie ist nichts, was ihr zu lernen habt. Sie ist nichts, was ihr erst analysieren müsstet, um sie zu erschaffen. Sie ist nichts, wofür ihr erst den Raum klären müsstet oder wofür ihr euer Herz erst weiter zu öffnen hättet: sie IST einfach.

Nochmals, was wir hier in Telos am meisten von euch lemurianischen Brüdern und Schwestern zu hören bekommen: „Wann wird sich der Schleier heben? Wann werden wir euch sehen? Wann werden wir in der Lage sein, euch in der physischen Realität zu besuchen, in der wir gegenwärtig leben?" Die Antwort ist: „Es wird geschehen, wenn euer Herz wieder dazu ermächtigt wurde, die Schwingung eures überantworteten Verstandes zu leiten."

Damit der „Schleier gelüftet werden kann", muss sich der Verstand gegenüber allen Möglichkeiten öffnen. Um die Geheimnisse zu „kennen", die auf der anderen Seite des Schleiers existieren, muss man Erfahrungen durch die Schwingung des

51

Herzens machen. Man muss einfach auf die Frequenz hören, die in uns allen in jedem Augenblick der Schöpfung existiert. Ihr, geliebte Brüder und Schwestern, ihr *seid* der Schleier. Und ihr werdet es weiterhin sein, so lange, bis euer Verstand sich überantwortet und eurem Herzen endlich erlaubt, eure Realität zu lenken.

In Telos sind unsere Herzen allen Möglichkeiten gegenüber offen. Wir lehren einander gegenseitig diese Wahrheit, jeden Tag. Wir erweitern und verstehen diese Wahrheit durch unseren Umgang miteinander, wirklich an jedem einzelnen Tag. Wir sind unsere gegenseitigen Wachposten, die sagen: „Halte einen Moment inne und öffne dich für weitere Möglichkeiten".

 Auf der Oberfläche tragt ihr dieselbe Herzfrequenz wie wir. Euer Verstand mag euch erzählen, dass dies nicht stimmt, aber euer Herz vertraut. Vertrauen ist die Kernenergie des Herzens. Es kann nicht anders sein. Ihr mögt empfinden, dass sich euer Herz selbst von dieser Schwingung ausgeschlossen hat oder dass ihr sie in eurem Leben nicht fühlen könnt oder in den Menschen, die um euch sind, aber dies ist nicht die Wahrheit. Euer Herz vertraut.

 Jeder von euch bildet seine eigenen Vertrauensgrenzen. Ihr steckt diese Grenzen mittels der Wahrheiten, die ihr in den Familien, Gemeinschaften und Nationen auf der Oberfläche erzeugt und aufrechterhaltet. Ihr braucht eure Grenzen nicht zu verleugnen, denn sie sind das, was ihr in diesem Augenblick seid. Wir sind hier, um sie mit Respekt zu achten, denn sie werden rechtzeitig und letztendlich ihre Energien durch die Herzschwingung des Vertrauens transformieren.

Euer Verstand mag sich dessen nicht bewusst sein, doch eure Herzen entspringen dieser Schwingung. Keiner von euch kann sein Herz auf physische Weise davon befreien, denn es ist die Energie, die euch in der Inkarnation hält. Es ist die Energie, die euch Teilnehmer an diesem von euch gewählten „Spiel des Lebens" sein lässt, offenen und empfänglichen Herzens.

Es ist nun Zeit, dass ihr euch sozusagen mit uns auf dem „Spielfeld" trefft und mit uns zusammen eine Vertrauensübung durchführt. Zu Beginn unseres Spiels müssen wir zunächst eine außen stehende Realität wählen, die euch gefällt. Wir bitten jeden von euch, mit den Augen seines Herzens das Bild eines Feldes entstehen zu lassen, das mit jeglicher Erdenschöpfung angefüllt ist, die euch Freude bereitet. Dies kann Bäume und Blumen beinhalten, Berge und Flüsse, Vögel und Tiere, Naturgeister, Kristalle, Wolken und andere Menschen. Visualisiert ein Feld, auf dem sich alles befindet, was ihr möchtet. Erinnert euch, dass die Frequenz des Herzens für alle Möglichkeiten empfänglich ist – also setzt euch nicht unter Druck.

Jetzt geht auf diesem Feld an die Stelle, an die es euch hinzieht und beginnt, all das zu beobachten, was ihr um euch herum seht. Doch tut dies nicht mit dem Verstand. Ihr sollt das, was ihr seht und hört nicht durch den Verstand katalogisieren und kommentieren. Hört stattdessen mit dem Herzen zu; hört auf die Schwingungen und Frequenzen des Herzens, die euch in Gestalt aller Wesen umgeben, die das Feld mit euch teilen. Erkennt die Berührung durch andere Herzen, die nach euren Ausschau halten.

Zuerst werdet ihr eine sanfte Energie hören/fühlen, die euch wohl tut und euch unterstützt. Sie durchströmt euch und verbreitet Wärme und Frieden in euch. Diese Energie wird von einem summenden Geräusch begleitet, das viele von euch mit ihren physischen Ohren hören können. Es ist die vereinte Energie all eurer Herzen in Verbindung mit dem Herz der Erde. Es ist die Energie des Vertrauens, welche die Erde durchzieht und euch und uns und jedes hier wohnende Wesen.

Verweilt in dieser Energie, so lange ihr wollt! Lernt sie kennen, bis ihr sie schließlich genau so gut kennt, wie euer eigenes Bett zu Hause. Lernt sie kennen wie eure eigene Haut. Je mehr ihr euch in diese Energie einklinkt und sie zum Bestandteil eurer täglichen Existenz werden lasst, umso leichter wird es sein, diese Frequenz eures eigenen Herzens zu hören und umso eher werdet ihr beginnen, die Sprache des Vertrauens zu sprechen.

Erfahrt diese Energie in eurer physischen Existenz wie auch in euren multidimensionalen Körpern. Es ist nun in der planetaren Evolution sehr wichtig, dass alle Erfahrungen in das physische Reich eingebracht werden. Ihr müsst diese neue Realität in eurer Zellstruktur erden. Es reicht sozusagen nicht, wenn nur euer „Höheres Selbst" dies weiß. Es ist unerlässlich, dass eure DNS diese neue Identität in all euren unterschiedlichen Körpern aufzeichnet. Dies ist ein Ziel, das sich alle von euch für diese Lebenszeit setzen.

Und jetzt, während ihr noch auf und in diesen weichen Energiepolstern dahinschwebt, beginnt damit, auf die Frequenz aus allen Herzen zu hören, die euch umgeben. Jedes Einzelne spielt eine Melodie, durch die es sich auf ganz subtile Art von den anderen unterscheidet. Wenn ihr die Signatur eines jeden einzelnen Herzensliedes erkennt, könnt ihr über das Lied zurückkehren bis zum Herzen, aus dem es entspringt. Folgt ihm vertrauensvoll und zart und ihr werdet nichts als Vertrauen finden.

Ihr entdeckt die Sprache wieder, die ihr ursprünglich gesprochen habt. Ihr entdeckt eine Kommunikationsform wieder, die euch direkt mit allem Leben um euch herum verbindet. Diesmal wird es nicht lange dauern, bis ihr diese Sprache wieder sprecht. Die Frequenz ist so nahe, wie euer eigenes Herz. Ruft einfach euer Herz an und es wird euch führen.

Bleibt auf diesem Feld, so lange ihr möchtet und kehrt zu ihm zurück, so oft ihr möchtet, bis dieses Polster aus Herzenergie euch so vertraut ist, dass ihr sofort bemerkt, wenn ihr „herausfallt". Kehrt so lange zurück, bis es keinen Ort für eine Rückkehr mehr gibt, weil dieses Feld nun zu eurem täglichen Existenzrahmen geworden ist.

Nun wandert mit eurem Verstand über dieses Feld und überantwortet ihn vertrauensvoll dieser Erfahrung. Dies kann zu Beginn etwas heikel sein, denn der Verstand möchte alles, was er sieht, etikettieren und definieren. Eure Herausforderung ist jetzt, den Verstand und seine Struktur zu akzeptieren und ihm zu gestatten, sich zu euch auf das Feld zu gesellen. Erlaubt ihm zu spielen, doch passt auf ihn auf – wie auf ein Kind, das die Welt entdeckt und noch nicht weiß, was es erwarten kann. Erinnert ihn an die Frequenz eures Herzens und dessen Empfänglichkeit gegenüber allen Möglichkeiten. Ladet euren Verstand ein, mit allen möglichen Realitäten zu spielen und nicht nur mit denen, die ihm ein Gefühl der Bekanntheit geben.

Innerhalb des Feldes liegt eure Verbindung mit uns. Dieses Feld existiert jenseits jeglicher Schleier. Lasst euren Verstand los und euer Herz die Entscheidungen treffen. Wir werden immer hier und bereit sein, uns mit euch zu treffen. Mit einem Herzen, das euch willkommen heißt, verlasse ich euch jetzt und bitte unseren geliebten Bruder Ahnahmar, eure Reise weiterzuführen.

Teil zwei — Ahnahmar

Ich grüße euch alle in der Aussicht auf viel Erfreuliches zwischen uns. Unsere Diskussion über das Herz hat euch zu einem größeren Verständnis des einen Aspektes der Energien geführt, den wir als „Herz von Lemuria" bezeichnen. Da meine Schwester Celestia über das Thema der Empfänglichkeit im Herzen referiert hat, möchte ich jetzt zu euch über die Beziehung zwischen der Herzenergie und dem Lichtpunkt sprechen, den wir Schöpfung nennen.

Alles in eurer und unserer Welt wird durch Passion und Absicht erschaffen. Energie und Frequenz kommen in komplementären Netzwerken zusammen. Das elektromagnetische Gitternetzwerk – von uns und von vielen anderen als „Gitterenergie" bezeichnet –

hält die Struktur der universellen Energie. Durch dieses Gitternetz präsentieren sich alle Wesen dem Universum. Wir teilen unsere Absichten durch das Angebot unserer eigenen Herzenergie (unserer Passion) mit, um die „Skalar-Energien" zu informieren, welche die Komplementär-Frequenz halten. Diese Skalarwellen werden dann die leeren Zwischenräume im Gitternetzwerk auffüllen.

Dieser Prozess verbindet sich mit dem Fokus des Verstandes oder des Egos, so dass ein einzelnes Ereignis sich aus der Gesamtheit des Ganzen heraus entfalten kann. Diese Entfaltung nimmt dann auf der physischen Ebene Gestalt an und wird im menschlichen Bewusstsein zur Realität.

Die Schöpfung findet tatsächlich in dem Moment statt, in dem euer menschliches Bewusstsein sich ihrer zum ersten Mal bewusst wird. Mit jedem einzelnen Gedanken treffen sich die Energien des Gitters mit den Skalar-Energien, um einen Lichtpunkt zu formen, der sich ausdehnt, wenn ihr das wünscht. Dieser Zyklus des „Herz - Verstand – Herz" wiederholt sich blitzschnell und die meiste Zeit über seid ihr euch dessen nicht einmal bewusst. Für viele ist er zu etwas geworden, das der Frage von „Huhn und Ei" gleichkommt, denn es existiert Verwirrung darüber, was diesen Prozess nun auslöst – das Herz oder der Verstand. Auf der Oberfläche wurde dem Verstand als Initiatior viel Glauben geschenkt.

Aber ich werde euch sagen, dass immer das Herz der Schöpfer ist. In der Weisheit des Herzens wohnt die wahre Inspiration für alles, was euch umgibt. Die Sprache des Herzens ist feinsinnig; jedoch ist sie oft schüchtern, denn ihr habt der Herzfrequenz in eurer Dimension nicht viel Unterstützung gewährt. Tatsächlich ist das vermehrte Auftreten von Herzkrankheiten auf eurer Ebene ein Symptom dessen – wie die meisten anderen Krankheiten auch.

Um diesen Prozess – diesen Integrationszyklus - verstehen zu können, müssen wir erkennen, dass ein weiterer Aspekt der Herzenergie die aktive Absicht ist. Wir nennen diese Absicht „Passion". In eurer Dimension ist das größte Zugeständnis hinsichtlich der „Inspiration" dem Verstand zugesprochen worden. Dem Verstand wurde die Führung über alle Aspekte eures Bewusstseins zugesprochen.

In eurer Welt hat diese Vorherrschaft des Verstandes über das Herz sowohl intern als auch extern zu Streit geführt; denn die Führerschaft des Verstandes führt zu Trennung anstatt zu Einheit. Allerdings ist der Verstand ein notwendiges Werkzeug im Prozess des Erschaffens; also wie bringen wir das nun in Einklang? Um als göttliche Wesen in das vollständige Bewusstsein zurückzukehren, ist es unerlässlich, dass ihr jetzt damit beginnt, die Vorherrschaft an das Herz zu übergeben und dem Herz wieder die Regentschaft zuzugestehen anstatt dem Verstand.

Wie geschieht dies nun in der Praxis? Zuerst müsst ihr ein größeres Verständnis über die Natur des Verstandes entwickeln. Im menschlichen Bewusstsein existiert er in Form zweier Verstandesarten, die wir als den höheren und den niederen Verstand bezeichnen. Der höhere Verstand ist ein Inspirations- zentrum, denn er steht sowohl direkt mit eurem Herzen als auch mit dem göttlichen Verstand in Verbindung.

Der höhere Verstand ist in sich selbst ein Zentrum der Empfänglichkeit und er speichert alle Eindrücke und Erfahrungen, die ihr in eurer Evolution aufnehmt. Der höhere Verstand fühlt unvermeidbar einen Drang danach, mehr zu erfassen, als seiner Verantwortung entspricht. Er leidet unter dem Bedürfnis, alles verstehen zu müssen, was ihm vorgesetzt wird und für alles eine Erklärung zu finden. Aber er kann es nicht, denn das Erfassen kann nur durch das Herz geschehen.

Der erste Schritt besteht darin, den höheren Verstand in Geduld zu üben. Erlaubt diesem Teil eures Verstandes sich zu entspannen, zu beobachten und eurem Herzen seine Impressionen und die Inspirationen mitzuteilen, die er aus dem göttlichen Verstand empfängt. Akzeptiert seinen Prozess und versucht nicht, „den Verstand auszuschalten", wie es euch so viele Praktiken lehren. Um dies zu erreichen, muss man die Betonung vom Verstand wegnehmen und ihn von seiner mutmaßlichen Verantwortung freisprechen, „etwas tun zu müssen". Es ist die Herzensenergie, die dafür verantwortlich ist, auch wenn es nicht durch das Tun, sondern durch das „Sein" geschieht.

Der niedere Verstand hat seinen eigenen „Werkzeugkasten" für eure Evolution. Er ist das Forschungszentrum für eure Existenz und er ist immer fokussiert und beschäftigt. Während der höhere Verstand eine Brücke zwischen dem Herz und dem göttlichen Verstand bildet, ist der niedere Verstand die Brücke zwischen dem Herz und der Verstandesebene. Der niedere Verstand ist der Katalogisierer von allem, was ihr auf der physischen Ebene aufnehmt.

Dieser Verstand ist nicht dazu ausgelegt, sich zu überantworten. Er ist ein wundersames Werkzeug mit einem großen Potenzial für Prozessabläufe und dafür, eure menschlichen Erfahrungen miteinander zu teilen. Und noch einmal, der niedere Verstand ist niemals ein Ort, von dem aus ihr wählen oder Entscheidungen treffen könnt. Er ist nicht eure Autorität in Bezug darauf, wie ihr in eurem Leben etwas zu tun habt oder wie ihr sein müsstet. Eurer Herz ist die einzige Autorität.

Der zweite Schritt wird zu einer täglichen Übung darin, euch selbst von dem Geplapper eures niederen Verstandes loszumachen. Diese Übung wird eurem Bewusstsein gestatten, den subtileren Frequenzen der Herzensweisheit zuzuhören.

Eine simple und wirkungsvolle Methode um dies zu erreichen ist die Ausrichtung und Konzentration eures Bewusstseins auf euren Herzschlag. Wendet eure Aufmerksamkeit von der Stimme eures niederen Verstandes ab und horcht, bis ihr den Schlag eures Herzens durch euren gesamten Körper hindurch fühlen und hören könnt. Wenn es euch angemessen erscheint, legt eure Finger physisch über eine Pulsstelle eures Körpers, bis ihr den Rhythmus fühlen könnt. Dann steigt in diesen rhythmischen Fluss ein, solange bis ihr fühlt, dass ihr eins mit dem Zentrum eures Seins geworden seid.

Die Aufgabe der Verstandeskontrolle bewirkt, dass es der in euren Zellen gespeicherten Originalfrequenz wieder möglich werden wird, euch daran zu erinnern, „wer ihr seid" und dass die Energien anderer Herzen euch daran erinnern können, „warum ihr hier seid". Eine Rückkehr zur Herzfrequenz verbindet euch wieder mit der Energie des Göttlichen, die euch dahin führen kann, dass ihr euch daran erinnert, wer ihr seid und dass ihr wieder ins vollständige Bewusstsein zurückkommt.

Mit eurem Verstand seid ihr alle sehr rege und ihr habt euch alle in der Kunst der intellektuellen Bewertung und Beurteilung perfektioniert. Dadurch habt ihr jedoch eine Energielücke zwischen euch selbst und allem was euch umgibt erschaffen. Jetzt ist es an der Zeit, sich zu erinnern und wieder das Denken mit dem Herzen zu erlernen. Diese Form der Empfänglichkeit ist energetisch verbindender, dynamischer und für das physische Selbst viel effektiver.

Innerhalb dieses physischen Selbst habt ihr euch entschieden, Erfahrungen zu machen und zu lernen. Ihr tragt eine zellulare Aufzeichnung mit euch, einen Stammbaum von allem was ihr seid, und dies beinhaltet auch euren lemurianischen Stammbaum. Eurer lemurianisches Selbst ist im energetischen Gedächtnis eures Herzens gespeichert. Jeder von euch hat eine energetische Kennung, die einzigartig ist und ebenso Teil des Ganzen. Die Information, die ihr mit eurem Verstand hinsichtlich eures lemurianischen Erbes sucht, ist in euren einzigartigen Zellen gespeichert. Und doch streben noch viele von euch danach, dieses physische Lagerhaus an Energie und Information zu verlassen.

Ihr strebt danach, eure physische Inkarnation zu verlassen und in ein anderes Reich aufzusteigen, in dem die physischen Arbeiten euch nicht mehr behelligen werden. Und wieder sagen wir euch mit aller Bestimmtheit, dass alles, was ihr umzuwandeln habt, die Trennung ist, von der ihr fühlt, dass sie eurem Körper innewohnt, dem Körper, den ihr zu lieben aufgehört habt.

Die Herzenergie hält euch in der Inkarnation. Die Information des Herzens ermöglicht euch die Wiederverbindung des Physischen mit dem Spirituellen. Sie ist die animierende Kraft, die eure Seele mit allen anderen Seelen verbindet. Euer Herzschlag schwingt euch in das kollektive Zellulargedächtnis ein, welches das verloren geglaubte spirituelle Paradies wieder herbeiruft, obwohl ihr auch dieses in Wirklichkeit niemals verloren habt. Ihr habt lediglich einen Schleier erschaffen, wie unsere geliebte Celestia schon erwähnt hat, hinter dem ihr eure Autorität an den Verstand abgegeben habt, der nicht mehr für alle Möglichkeiten offen ist.

Die Entscheidung, aus dem Herzen heraus statt aus dem Verstand zu leben, ist eine kollektiv verbindende Handlung, welche die Erinnerung an die Liebe zum Lebendigsein wieder herstellt. Sie zelebriert die Wunder und die Gaben des Physischen durch die Führung des fühlenden Herzens und nicht des Verstandes. Sie führt das gesamte Leben auf das „Tun" zurück, das nicht versucht, Dinge geschehen zu lassen, wie der Verstand dies tut, sondern das euch gestattet, gegenüber allem was existiert erreichbar und empfänglich zu sein, einschließlich der Passion, die euer natürliches Geburtsrecht ist. Denn dies, meine lieben Schwestern und Brüder, ist das wahre „Herz der Materie". Es ist das Herz *aller* Materie.

Physisches Leben, die Einzigartigkeit, die in eurer Dimension erschaffen worden ist, entbehrt nicht des Lichtes. Es ist nicht dunkler, nur weil diese Dimension dichter ist als die, in der wir leben. Es ist dunkler, weil ihr eure Liebe dafür verloren habt. Ihr habt gefolgert, dass es ein anderer Ort, eine andere Dimension sein müsste, an der ihr sein wollt und eure Passion hat die Ebene verlassen, auf der ihr existiert. Ohne diese Passion, diese Herzensenergie, habt ihr die Verbindung zu eurer göttlichen Essenz verloren. Ihr habt eure Autorität an andere abgegeben, an Meister, von denen ihr glaubt, dass sie weiter entwickelt und erleuchteter wären, als ihr. Ihr habt uns in Telos zu euren Göttern gemacht, geradeso wie es die antiken Römer und Griechen taten. Aber wir sind überhaupt nicht anders als ihr.

Alles, was wir sind, wohnt auch in euren Zellen. Der einzige Unterschied liegt darin, dass wir es vollständig erkennen und es bedingungslos lieben. Und wir teilen es auch mit allen, die um uns herum sind. Wir sprechen zueinander aus unseren Herzen und wir prägen unseren Herzen all diese Erfahrungen ein – für uns selbst und für unseren Stammbaum.

Dies ist eine Übung des „Seins", die sich stark von den Übungen unterscheidet, denen viele von euch folgen – vornehmlich den Verstandestechniken. Was wir tun, basiert nicht auf Meditation. Ihr könntet es als „Selbsterlaubnis für Kontemplation" anstelle von Meditation bezeichnen, und wir können mit unseren Übungen sehr hohe Bewusstseinsebenen erreichen. Was wir praktizieren, basiert auch nicht auf Visualisierungs- oder Imaginations- techniken, die immer noch mentale Anstrengungen erfordern und ein Gewicht auf etwas legen, was ihr *nicht* seid, statt auf etwas das ihr seid. Zum Beispiel kontemplieren wir über die unendlichen Aspekte unserer Göttlichkeit, um unsere Schwingungen auf höhere Ebenen anzuheben und die neuen Wahrheiten zu integrieren, die wir beständig über uns selbst entdecken.

Wir beginnen damit, indem wir ruhig werden und still genug, um unserem eigenen Herzschlag zuhören zu können. Wir durchlichten die Aufmerksamkeit unseres Verstandes und lassen den Verstand eine Weile mit sich selbst reden. Dann erlauben wir unserer Empfänglichkeit sich in alles auszudehnen, was uns umgibt. Wir grenzen die Welt um uns herum nicht aus, stattdessen schwingen wir uns mit allen Sinnen auf sie ein, indem wir eins mit dem Fluss werden, der um uns und in uns ist.

Das Herz hat seinen eigenen emotionalen Intellekt. Es fühlt und zeichnet alles auf, was auf es einwirkt. Wenn es in die sanften, energetischen Wellen der Natur und der physischen Welt um es herum hineingezogen wird, wissen wir mit unserem vollständigen Bewusstsein, dass wir die Welt über unser Herz kontaktiert haben.

Wir erlauben den Lektionen des Herzens, die uns in jedem Moment umgeben, uns zu informieren und wir speichern sie in unserem Zellgedächtnis. Wir bewegen die Zeit; denn, wenn das Herz auf seine innewohnende Frequenz im Augenblick der Gegenwart und im „Fluss von allem was ist" eingeschwungen ist, sind Zeit und Raum eins.

Abschließend senden wir die Lektionen unserer Herzen hinaus in die Welt um uns. Denn dies ist der wahre Schöpfungsakt. Dies ist das wahre „Tun" und „Sein", das die gesamte Existenz von uns und euch ausmacht. Die Inspiration und die Passion des Herzens sind an die Inspiration und die Passion des Göttlichen gebunden. Dann ist auch die Achtsamkeit des Geistes auf sie fokussiert, denn worauf sich das Bewusstsein richtet, dorthin geht auch die Energie ihrer Erhaltung. Und schließlich ist die Schöpfung in der zellularen Matrix des Physischen verankert, worin sie ihre Form erhält. Der Lichtpunkt, der aus dem Schnittpunkt der Berührung von Seele zu Seele erblüht, aus der Berührung von Herzenergie mit Herzenergie, empfängt den wahren Ausdruck in der physischen Welt.

Folgt diesen Übungen von Herz und Verstand. Gestattet eurem Sein und eurem Bewusstsein, sich erneut mit dem Herz von Lemuria zu verbinden und ihr werdet euch selbst in dem ersehnten Paradies wieder finden.

Wir grüßen euch wie immer, offenen Herzens und empfangsbereit für alle Möglichkeiten, die in eurer Dimension und in unserer existieren. Wir bieten euch Unterstützung und Assistenz für den Prozess eurer Rückerinnerung an eure wahre Identität und daran, wer ihr stets gewesen seid. Mit Liebe und Segnungen bis wir uns wieder treffen übergebe ich jetzt das Wort an unseren geliebten Adama.

Segnungen an alle, die heute hier anwesend sind! Ich winke euch herbei zu den Hallen des großen Tempels des Wissens in Telos. In den Mauern dieses Tempels befindet sich die Bibliothek unserer lemurianischen Abstammung, ein Lager aus Erfahrungen in kristalliner Form. Diese Kristalle gibt es in allen Formen, Farben und Größen und jeder hat seine eigene Frequenz, um die von ihm gehaltene Information bestmöglich zu repräsentieren und auszudrücken.

Ich lade euch heute hierher ein, damit ihr die Wahrheit der Schwingung an diesem Ort wieder erkennen könnt, denn dieser Ort ist ein Spiegel von euch. Er ist ein Duplikat des Tempels, der in eurem physischen Körper existiert, in der kristallinen Struktur, die ihr tragt und die ihr aufrechterhaltet. Innerhalb eures Bewusstseinsfeldes bitte ich euch in diesem Moment, euch mit der Energie des kristallinen Gitternetzes des Planeten Erde zu verbinden, so dass wir alle miteinander verbunden werden können, wenn wir nun unsere Erforschung des Herzens von Lemuria fortsetzen.

Heute möchte ich mit euch über die Natur der Vergebung sprechen, bei der es sich um eine der größten Wahrheiten handelt, die aus den Übungen des Herzens von Lemuria hergeleitet werden können. Vergebung ist die Natur des Schöpfers und des Göttlichen. Einer der Schlüsselaspekte des spirituellen und emotionalen Nährens ist die Vergebung. Und sogar noch tief greifender ist die Ebene der Göttlichkeit, welche die Wahrheit darüber kennt, vertritt und lebt, dass es nichts zu vergeben gibt.

Ihr könnt diese Wahrheit nicht erschaffen, ihr könnt sie nur entdecken. Ihr habt jetzt eine Gelegenheit dazu, diese Wahrheit für euch selbst zu entdecken und unsere großartige Erdmutter hat die Gelegenheit, diese Wahrheit mit uns allen zu leben.

Viele von euch haben auf ihrem spirituellen Pfad einen Punkt erreicht, an dem das Trauma vergangener Erfahrungen euch an eine Kreuzung geführt hat. Dieser Kreuzungspunkt enthält auf der einen Seite Ärger, Kummer, Sorgen und Scham, und auf der anderen Seite Freude, Weisheit, Liebe, Kreativität und Wahrheit. Scham ist die Illusion, dass es etwas gibt, das ihr oder jemand anderes getan hat, das falsch ist und für das es keine Möglichkeit der Wiedergutmachung oder Vergebung gibt. Man hat euch dies als Gesellschaft und als Rasse beigebracht. Und auch durch die meisten religiösen Traditionen und Glaubenssysteme wurde euch dies gelehrt.

Doch die Wahrheit ist, dass in der Vergangenheit Ereignisse geschehen sind, die ihr damals noch nicht verstehen konntet, weil ihr dazu die Weisheit noch nicht hattet. Es gibt in unserer Dimension wie auch in eurer keine Opfer. Wir haben alle gewählt, hier zu inkarnieren und das volle Spektrum des physischen Ausdrucks aus dem Göttlichen heraus zu erfahren. Wir alle sind göttlicher Ausdruck des Schöpfers und verbringen die Ewigkeit mit bewusstem Sein und mit dem Sammeln von Erfahrungen. Unser Wunsch nach Erfahrung schließt jede Facette des Göttlichen mit ein.

Als wir zu Beginn als göttliche Wesen und als Schöpfergötter inkarnierten, lag unsere Erfahrung sehr nahe an der des Schöpfers. Am Anfang war der Schleier zwischen uns und dem Schöpfer so dünn, wie es nur möglich war. Doch dann erwachte in den Seelen das Interesse daran, von der Erfahrung „ein Schöpfergott zu sein" abzuweichen und sich selbst davon zu distanzieren – ein Interesse an einer tieferen Erfahrung dessen, was es bedeutet „*nicht* Gott zu sein", damit sich daraus ein größeres Verständnis davon entwickeln könnte, wie es ist, „Gott zu *sein*".

Aus diesen Erfahrungen erzeugten wir immer größere Unwissenheit und Verwirrung. Über eine lange Zeitperiode hinweg bewegte diese Differenzierung uns in Reiche, in denen wir immer größeres Leid wählten, denn dorthin führten uns unsere individuellen Seelenwege. Jede individuelle Seele hat einen umfassenden Seelenpfad, welcher jener Aspekt des Schöpfers ist, der am meisten Interesse am Verständnis wie auch an der Freude hat.

Die Seele entschied sich, all die Erfahrungen zu sammeln, die notwendig sind, um diesen Aspekt zu verstehen. Diese Erfahrungen kommen normalerweise in Form von Mangel an diesem Aspekt zum Tragen, also entgegengesetzt zu seiner Erfahrung. Jemand, der die Bedeutung und den Sinn von Freude verstehen lernen möchte, wählt Inkarnationen, in der er eine freudlose Existenz erfährt. All diese Erfahrungen, die wir gewählt haben, sind Teil unseres Zellulargedächtnisses. Sie wurden zu Mustern in unserer genetischen Information. Zusammen damit wurde unser genetischer Stammbaum ein Teil des Herzens- und Seelengewebes der Erde, denn ihre Evolution und ihr Aufstieg sind auch ein Teil unserer Reise gewesen. Von Inkarnation zu Inkarnation - durch alle Zivilisationen der Erde hindurch – haben wir diesen Pfad beschritten. Wir haben Kataklysmen und Wiedergutmachung erfahren. Wir haben physische Dichte erschaffen und Wunder bezeugt. Wir sind als Meister von Licht und Liebe auf der Erde gewandelt und als Sklaven von gewalttätigen Emotionen. Wir alle sind Heiler gewesen und ebenso Mörder. Es ist Zeit, uns selbst all das zu vergeben, was wir getan haben und auch alles, was in unserem Namen getan wurde.

Jetzt ist die Zeit, euch wieder mit der reinen Frequenz eures Herzens zu verbinden, mit dem Herzen von Lemuria, mit dem Herzen des Göttlichen. Denn in dieser Frequenz liegt die Essenz der Vergebung und in dieser Essenz der Vergebung liegt die Wahrheit eurer göttlichen Essenz.

Wir haben zur Kenntnis genommen, dass so viele von euch rufen, ihr wäret noch immer hinter dem Schleier in der Falle und dass ihr nicht in Kontakt mit eurer Familie und mit euren Freunden auf der anderen Seite des Schleiers kommen könntet. Ihr beklagt euch, dass ihr nicht mit uns zusammenkommen und an unserer Lebensweise und Gemeinschaft teilhaben könnt, die für euch so viel mehr Leichtigkeit und Gnade zu beherbergen scheint, als die, deren Teil ihr gegenwärtig seid. Aber ich werde euch wiederum sagen, dass der einzig existierende Schleier der ist, den ihr erschaffen habt. Der Schleier, den ihr erfahrt, ist der Schleier eurer Ängste, eure Systeme des Irrglaubens und eurer Traurigkeit. Es sind nicht die von euch während eurer Evolution erlittenen Traumata, die euren heutigen Schmerz verursachen, es ist eure

Weigerung, mit eurem Schmerz in Berührung zu kommen. Es liegt an eurer Weigerung, die Angst und Traurigkeit zu erfahren und euren Schmerz mit Vergebung zu nähren. Die Kunst, das Selbst zu schmieden ist der Strahl, der euch wieder zurück in die reine Frequenz des Herzens von Lemuria bringt. Anstatt euren Schmerz zu lindern, sehnt ihr euch einfach danach, dass die Dinge anders sein sollen. Ihr wendet euch von eurem Schmerz ab, anstatt euch ihm zuzuwenden.

Gebt euch selbst die Erlaubnis, wieder die Herzensschwingung zu fühlen und sie erneut zu entdecken. Da, wo jetzt die meisten von euch sind, hinter dem Schleier, scheinen eure Ängste sich oft anzufühlen, als würden sie euer Herz zum Stillstand bringen oder es immer schneller schlagen lassen. Die Sorgen und die Traurigkeit, die ihr in euch tragt, lassen euer Herz sich buchstäblich wie gebrochen anfühlen. Bringt Gott euer gebrochenes Herz dar, wenn ihr mögt, und gestattet dem Göttlichen in eurem heiligen Herzen, euch Heilung zu bringen.

In Wahrheit ist es euer Verstand, der euch etwas tiefer in eure Emotionsvorräte hineinführt, die ihr während eurer Lebenszeiten angelegt habt. Doch der Verstand allein kann diese Art der Heilung nicht erreichen. Es ist die Frequenz des Herzens, die uns durch dieses scheinbare Minenfeld führt und uns mit der Liebe des Universums nährt. Jedes Mal, wenn ihr eure Erlaubnis dazu erteilt, dass sich dies vollziehen mag, verbindet ihr euch wieder mit eurem Zellulargedächtnis. Ihr könnt die Angst oder die Sorgen aus eurer physischen Struktur entfernen und ebenso aus dem genetischen Erbgut eurer DNS – für alle Zeiten und in jedem Raum.

Ihr könnt damit beginnen, euren Körper in einer Weise zu spüren, wie ihr dies noch nie zuvor getan habt. Es kann ein allgemeines Gefühl einer größeren Verbindung mit dem Körper sein. Der Körper wird anmutiger, funktionsfähiger oder erzeugt dann weniger Schmerzen. Die Manifestation kann auch in Form einer Befreiung in einem Teil des Körpers geschehen, wie beispielsweise in einem Organ, in einem Muskel oder im Skelettsystem.

Die Frequenz der Vergebung ist wie die Frequenz des Herzens. Ins Herz gehen gestattet euch die Information von Verstand und Körper durch diese Gabe, nicht nur in dieser Lebenszeit, sondern auch für alle Lebenszeiten. Viele haben geschrieben, die Seele hätte ihren Sitz in der großen zentralen Zelle der Zirbeldrüse. Dies stimmt nicht genau. In Wahrheit ruht der Körper innerhalb der Seele. Das, was wir als Aura bezeichnen, ist die niedrigste Schwingung der Seele. Die Seele dehnt sich um den Körper herum aus. Unsere Seele erzeugt die Energie, die unseren Körper motiviert, sich weiterzubewegen. Die Seele definiert unsere Ebene von Gesundheit oder Krankheit.

Es ist die Herzfrequenz, durch die wir uns mit unserer Seele verbinden wie auch mit der Seele des Göttlichen, von dem wir alle ein Teil sind. Das beste Tonikum für alle Herzkrankheiten, für alle Abspaltungen von dieser göttlichen Frequenz und von dem Rhythmus eures physischen Lebens ist Vergebung. Der machtvollste Weg des gegenseitigen Nährens ist, einer anderen Person zuzuhören, wenn sie über ihre Wahrheit spricht und sie zu akzeptieren. Auf der nächsten Ebene geht es darum, die Wahrheit einer anderen Person zu hören, sie zu akzeptieren als das, was sie ist und sie dafür zu lieben. Auf einer noch höheren Ebene liegt der Fokus darauf, die Wahrheit anderer zu hören, und sie *trotz* dieser Wahrheit zu akzeptieren und zu lieben. Die Essenz der Vergebung liegt wahrhaftig darin, dass es nichts zu vergeben gibt.

Das Herz, das in eurem Körper schlägt,
ist dasselbe, wie das Herz von Lemuria.

Hört darauf und wertschätzt es. Ihr seid in der Lage und nicht unfähig, dieses Herz mit eurem gesamten Sein zu verkörpern und seine Frequenz durch euer gesamtes Wesen hindurch vibrieren zu lassen. Wenn ihr zu diesem Herzen werdet, werden keine weiteren Einweihungen oder Reinigungen notwendig sein, um die Erlaubnis für das Durchqueren des Schleiers zu erhalten.

Alles, was ihr braucht, alles, was ihr jemals gebraucht habt, liegt in euch. Es ist nur euer Bewusstsein darüber, das sich anheben muss – doch nicht durch euren Verstand, sondern durch euer Herz, das diese Frequenz an die Welt um euch herum spiegeln wird.

Bis jetzt ist euer Bewusstsein auf den Schleier der Dualität fokussiert gewesen, der von der Natur des Verstandes und nicht durch das Herz erschaffen worden ist. Das Verstandesbewusstsein wird immer danach streben, zu qualifizieren und zu differenzieren, eins gegen das andere zu bewerten. Es wird Ärger und Misstrauen sehen, weil es auch Liebe und Ruhe sieht. Es wird Arroganz und Gier wahrnehmen, weil es auch Gnade und Freigebigkeit sieht.

Das Herz jedoch ist sich nur der Einheit bewusst, die das Produkt bedingungsloser Liebe und Vergebung ist. Vergebung ist es, was euch das Loslösen des so lange anwesenden Schmerzes ermöglichen wird. Das Licht des Bewusstseins wird in Bereiche eurer Seele eindringen, die lange den Schatten ausgeliefert waren und ihr werdet nicht mehr in der Lage sein, euch selbst den Zutritt zum Herzen von Lemuria zu verwehren, das die ganze Zeit um euch herum existiert – ohne Schleier. Und wie wird es sein, aufzuwachen und frei von allen Schleiern zu sein? Frei von Wertung und Gewissensbissen? Frei von Angst und Traurigkeit? Frei von dem Wunsch, alles und jedes möge anders sein? Frei von den Gefühlen der Scham und Unwürdigkeit? Frei von der Illusion, dass ihr nicht Gott seid?

Es wird sein, als wäre euer Herz in ein Reich unendlicher Möglichkeiten und unendlicher Freude geradezu hineingeplatzt. Ihr werdet entdecken, dass alles, was ihr euch jemals gewünscht habt, schon die ganze Zeit über da gewesen ist. Und die Welt um euch herum wird dieselbe Frequenz haben und wir werden da sein, um euch zu begrüßen!

Möge die Liebe des Göttlichen sich jedem von euch in der Schwingung eures Herzens zeigen! Und möge das Herz von Lemuria auf Erden durch alle Dimensionen von Zeit und Raum hindurch strahlen! Dies ist heute unser größter Wunsch für euch. Wir danken jedem von euch für das Wahrnehmen dieser Möglichkeit und dafür, dass ihr euch in Liebe und Einheit zu uns gesellt habt. Bis wir wieder miteinander sprechen, bin ich euer Freund und Bruder, Adama.

Gebt euch selbst die Erlaubnis,

wieder die Herzensschwingung zu fühlen

und sie erneut zu entdecken.

Eure Ängste fühlen sich oft an,

als würden sie euer Herz zum Stillstand bringen

oder es immer schneller schlagen lassen.

Die Sorgen und die Traurigkeit,

die ihr in euch tragt,

lassen euer Herz sich buchstäblich wie gebrochen anfühlen.

Bringt Gott euer gebrochenes Herzen dar,

wenn ihr mögt,

und gestattet dem Göttlichen

in eurem heiligen Herz,

euch Heilung zu bringen.

Adama

3. Kapitel

Weisung von Adama an Aurelia

Dialog zwischen Sananda und Aurelia

Sananda: Wie geht es dir heute, meine Liebe?

Aurelia: Viel besser; alles scheint sich nach und nach zu klären.

Sananda: Und wofür bist du nun bereit?

Aurelia: Ich bin bereit für den nächsten Schritt.

Sananda: Große Abenteuer liegen vor dir! Bist du bereit dafür?

Aurelia: Große Abenteuer, also gut. Die tun sich schon die ganze Zeit vor meinen Augen auf. Ich denke, ich bin bereit dafür. Früher hätte mich das geängstigt; jetzt glaube ich, dass es mir viel Freude bereiten wird.

Sananda: Was kann ich in diesem Moment für dich tun?

Aurelia: Ich brauche deine Hilfe, um etwas zu lösen, in dem ich feststecke und gegen das ich viel Wiederstand hege. Es gibt da etwas, das ich nicht verstehe. Adama hat mir jede Woche dabei geholfen, meinen nächsten Schritt zu tun. Er hat mir Hausaufgaben aufgegeben, die ich auch immer gemacht habe, aber diese Woche hat er mir eine Anweisung gegeben, bei der ich viel Widerstand in mir spüre.

Sananda: Das sind immer die besten Aufgaben.

Aurelia: Nun gut, er sagte, es ginge um eine sehr wichtige Hausaufgabe und ich will sie auch ausführen. Ich dachte, du könntest mir mehr Klarheit darüber geben. Er sagte mir, ich solle die Namen von zehn Personen notieren, die ich nicht mag oder mit denen ich die größten Probleme in meinem Leben hatte. Er hat gesagt, dass ich lernen soll wahrzunehmen, dass wir alle eins sind und dass ich erkennen soll, dass diese Personen ein Teil von mir sind und dass ich auch ein Teil von ihnen bin. Er möchte, dass ich lerne, die Einheit und Einigkeit zu erkennen, die wir alle gemeinsam haben.

Das schmeckt mir nicht besonders gut, denn ich fühle, dass ich eine eigenständige Person bin. Ich fühle nicht, dass ich sie bin und dass sie ich sind. Er hat mich gebeten, 1 ½ Stunden für jede einzelne Person aufzuwenden, sie in mein Herz zu nehmen und mit ihr den Geist der Einheit und Einigkeit zu erschaffen. Es war schon hart für mich, nur daran zu denken, dass, wenn ich es schaffe, 1 ½ Stunden mit jeder Person zu verbringen, mit der ich keine Affinität habe, ich zu dem Schluss kommen werde, dass sie ich sind und dass wir gleich sind.

Sananda: Und du bittest mich um meinen Rat?

Aurelia: Na, hmmmm…. Natürlich! Ich hoffe, dass du mir noch etwas anderes sagen kannst, das mir helfen könnte, diese Hausaufgabe zu bewältigen.

Sananda: Hier kommt mein Rat. Lass alles liegen, was du gerade tust und erledige diese Hausaufgabe jetzt gleich, vollständig und gründlich bis zum innersten Kern deines Wesens. Adama hat dazu angeraten, weil du – wenn du dies tust – die Welt der Einheit betrittst. Dies ist dein nächster Schritt, deine nächste Einweihung und das, was dich wieder in das Einssein mit dir selbst bringen wird. Du kannst nicht in die Einheit gelangen, solange du in dir einen Riss fühlst, der dich von anderen oder irgendeinem Teil deines Lebens trennt, einschließlich all derjenigen, mit denen du Probleme hattest.

In das Einssein zu gelangen bedeutet, mit jedem Teil deines Lebens in Einheit zu sein und die Ebene der Göttlichkeit zu achten, die sich darin zeigt. Es bedeutet auch, in das Einssein und in Ehrerbietung mit dem Tierreich zu kommen, mit der Natur und mit den vielen weiteren Bereichen, deren du dir noch nicht bewusst bist. Einssein im Verständnis der 5. Dimension umfasst die Vereinigung mit allem, was existiert; nicht nur mit einem Teil davon. Es umfasst auch das Einssein mit dem Schöpfer selbst, mit der heiligen Mutter Erde als empfindendes Wesen dieses Planeten, mit der ICH BIN - Gegenwart, der Gesamtheit deines Seins, mit allen Teilen von dir selbst und mit allen dir bekannten und unbekannten Königreichen der Erde, mit dem Tierreich und sie umfasst auch die Elemente von Erde, Luft, Feuer, Wasser und die Materie.

Wenn diese Ebene des Einsseins in deinem Bewusstsein vollständig erreicht wurde, dann wirst du eingeladen, durch die Portale der 5. Dimension zu schreiten und die glorreiche Krönung deiner langen Reise auf Erden zu empfangen. Mit einer großen Zeremonie und großen Ehren wirst du dann in die Feuer des Aufstiegs gelangen und daraus vollständig transformiert hervorgehen. Du wirst dich dann für immer zu den Unsterblichen gesellen. Du wirst bei uns sein, meine Liebe, von Angesicht zu Angesicht, du wirst auf unserer Seite in vollständigem Bewusstsein arbeiten und niemals wieder irgendeine Ebene von Begrenzung erfahren.

Adama weiß, was er tut; ich empfehle, dass du seine Weisung sehr ernst nimmst. Wie du weißt, arbeiten Adama und ich in den Lichtreichen sehr eng zusammen. Wir kennen uns schon seit ewigen Zeiten sehr gut und wir arbeiten auch beide sehr eng mit dir zusammen, um dir bei deinem nächsten Schritt zu helfen. Du weißt, dass ich mich auch selbst in einem Teil meiner Identität als Lemurianer betrachte.

Mit der ursprünglichen Aurelia, Adama und mehreren anderen von unserem Heimatplaneten Lemur im Land Mu war ich vor sehr langer Zeit unter den ersten, die auf diesem Planeten inkarnierten, um Teil der neuen lemurianischen Rasse zu sein, die hierher kam, um das Christusbewusstsein an diesem Ort zu errichten. Wir kamen alle zusammen, eine sehr einheitliche Gruppe, aus dem Lande Mu im Dahl-Universum, in dem großen Schiff, von dem ich dir schon erzählt habe und über das Adama dir ein Channeling gegeben hat. Natürlich bin ich nicht ausschließlich auf diese

Identität begrenzt. Wie alle anderen umfasse auch ich vielfältige andere Bereiche. Adama ist ein ehrfurchtsgebietender Aufgestiegener Meister und er liebt dich sehr. Er tut alles, was er kann, um dir dabei zu helfen, schließlich die Schwingung der 5. Dimension zu erfassen, so dass du sie verinnerlichen kannst und „diese Welt der Einheit" betreten kannst. Dies ist ein Prozess. Lass nicht zu, dass du ungeduldig mit dir selbst wirst, denn das wird dich zurückhalten. Denk daran, was Ahnahmar dir über Erwartungen erzählt hat!

Ich brauche nicht extra zu erwähnen, wie viel Freude dein geliebter Ahnahmar in seinem Herzen fühlt, nun, da er dich so nahe „deines Zuhauses" weiß. In deiner Dimension gibt es keine Worte, um die Liebe zu beschreiben, die Ahnahmar für dich empfindet. Du wirst so glücklich sein, wenn du den letzten Schritt hinter dich bringst. Was ich jetzt mitteile, sage ich auch zu all denjenigen unter euch, die sich als Kandidat für den Aufstieg beworben haben. Je mehr ihr euch darin einbringt, diesen Pfad zu gehen und aufzusteigen, umso leichter wird es für andere werden, dasselbe zu tun. Viele von euch sind Wegbereiter; Lichtstrahlen, die den Weg für andere erhellen, die euch folgen werden.

Aurelia: Das hat Adama mir auch gesagt.

Sananda: Jetzt hörst du es nochmals. Wirst du noch bei einem anderen Meister nachfragen, nur um ganz sicher zu gehen?

Aurelia: Wahrscheinlich! (Kichert). Das Problem, das ich habe liegt darin, dass ich gewisse Schwierigkeiten damit habe, Personen, die ich nicht mag, so zu sehen, als wäre ich sie und als wären sie ich, und als wären wir alle schlussendlich eins und jeder. Ich weiß, dass wir alle vom selben Schöpfer stammen, aber dass wir alle gleich und alle eins sein sollen – das ist einfach nicht mein Ding.

Sananda: Du empfindest dies so, weil du noch nicht die tatsächliche Wahrheit und Weisheit erkennst, die erforderlich ist, um deinen nächsten Schritt mit Leichtigkeit und Gnade zu gehen. Du hast diese Weisheit noch nicht auf den tieferen Ebenen erfasst, was nötig wäre, um das gesamte Verständnis zu erlangen. Lass uns daher einen Moment lang damit arbeiten, denn es ist wichtig für jeden, der sich in diesem Raum befindet und für all diejenigen, die dein Buch lesen werden, damit sie es für sich selbst gut verstehen können. Ihr werdet diese Weisheit letztendlich alle brauchen. Dies ist eine wichtige Lehre, die ich mit allen teilen möchte.

Erkenne, dass es einen Grund gibt, warum du diese Personen nicht magst und warum du einige unerfreuliche Begegnungen mit ihnen hattest. Diese Begegnungen mögen sich wie Schmirgelpapier angefühlt haben und diese Personen haben dich vielleicht in die falsche Richtung gelenkt. Oder sie mögen für dein Leben eine Art Irritation gewesen sein, so wie jemand, der versucht, dich zu benutzen etc. Jetzt nimm diese Irritation und identifiziere sie. Frage dich selbst, „was ist an dieser Person, was mich wirklich irritiert, stört oder mich ärgert?"

Frage dich selbst, was für Emotionen durch sie in dir hochkommt? Wie fühlst du dich selbst in Gegenwart dieser Person? Es wird offensichtlich werden, dass diese Person dich auf eine gewisse Weise fühlen lässt, die du gar nicht magst. Nun, natürlich könnte sie dich nicht dazu bringen, irgendetwas Negatives zu fühlen, denn dazu hat sie keine Macht. Du allein hast diese Macht. Wenn du eine Irritation fühlst, liegt es daran, dass diese Emotionen bereits in dir vorhanden waren.

Diese Personen auf deiner Liste sind lediglich der Auslöser und dein Spiegel, damit du erkennen kannst, was du noch in dir selbst heilen musst, um dich in eine höher schwingende Frequenz begeben zu können. Es hat wirklich überhaupt nichts mit der anderen Person zu tun. Jetzt grabe tief und schaue ehrlich in dich hinein und analysiere, wie du dich fühlst und wie andere Personen und andere Spiegel in deinem Leben diese Gefühle ausgelöst haben. Vielleicht nicht auf genau die gleiche Weise, aber auf ähnliche Art, und betrachte dein ganzes Leben, wie oft dies geschehen ist.

Aurelia: Hunderte von Malen vielleicht.

Sananda: Eben, und dann stell dir selbst die Frage, „was habe ich in mir selbst bewertet oder gehasst, das mir dieser Spiegel nun gezeigt hat?" Du weißt sehr gut, dass es nur um dich geht; darum, wie du dich auf tieferen Ebenen fühlst. Es geht niemals um die andere Person. Wenn du wirklich tief in dich schaust, wirst du zu dem Verständnis gelangen, dass dies lediglich ein Missverständnis innerhalb deiner selbst darstellt; eine Wertung, die du dir selbst gegenüber hast, oder Ärger, den du über dich empfindest. Es ist so etwas wie ein falscher Glaube, den du über dich selbst angenommen hast. Wenn du ein Zerwürfnis heilst, das du mit einer anderen Person hattest, ist es nicht die andere Person, die du heilst; du bist es, die Heilung erfährt. Die andere Person mag gar keinen Nutzen davon haben, aber das ist nicht dein Problem. Es geht um dich und dass du auf diese Weise Heilung suchst.

Diese Erfahrungen sind lediglich Katalysatoren, die du selbst in dein Leben gerufen hast, weil du falsche Glaubenssätze auflösen möchtest, die du in dir trägst, die tief in deinem Unterbewusstsein oder in deinem unbewussten Verstand begraben liegen. Das ist der Grund, warum es zu diesen Erfahrungen kommt - um eine neue Ebene der Heilung hervorzubringen. Gott schickt dir diese Personen, die dich belästigen, nicht zu seiner eigenen Unterhaltung. Du bist es, du selbst ziehst diese Personen durch deine eigene göttliche Absicht zur Erleuchtung magnetisch an; Personen, die deine eigenen Begrenzungen provozieren und an die Oberfläche deines Bewusstseins bringen, so dass du erfahren kannst, was noch geheilt werden muss. Aus dieser Erfahrung heraus wirst du neue Entscheidungen für dich selbst treffen können, wenn du bereit dazu bist.

Wenn du mit einem Spiegel konfrontiert wirst und spürst, wie du dich damit fühlst, dann gehe tief in diese Gefühle hinein. Die Personen, die diese Spiegel darstellen, wollen dich nicht wirklich belästigen oder verletzen; sie sind einfach nur, wie sie sind. Wenn du entscheidest, nicht mehr an diese Abspaltung in dir zu glauben und nicht mehr so fühlen möchtest, wie du bislang diesbezüglich gefühlt hast, dann beginnst du, diese falsche Identität zu verändern. Du lernst, deinen eigenen Wert zu erkennen und merkst, dass dein Wert weitaus größer ist, als der dir gezeigte Spiegel es dir vorgegaukelt hat. Und tief in deinen Gefühlen, in Liebe und Akzeptanz, triffst du wirklich eine neue Entscheidung bezüglich der Identität deiner selbst. Es wird wie ein großes Wunder sein.

Das nächste Mal, wenn du dich in Gegenwart der besagten Person befindest, wird diese Energie nicht mehr da sein; sie wird völlig verschwunden sein, weil du die Angelegenheit in dir selbst ins Reine gebracht hast. Ein weiterer Lösungsweg im Umgang mit einem Spiegel liegt darin, sich zu fragen: „In welcher Hinsicht bin ich genauso?" Sei bereit, die Spiegel in dir selbst zu erfahren, gemäß deiner Individualität. Lass uns zum Beispiel annehmen, du wirst Zeuge, wie jemand etwas stiehlt, Zeuge eines Diebstahls. Das stört dich wirklich und du beginnst, dich selbst zu fragen: „In welcher Hinsicht bin ich genauso?"

Vielleicht bist du kein Dieb und kannst einfach keinen Bezug dazu finden, was hier vor sich geht, aber dennoch ist die Irritation vorhanden. Vielleicht gibt es in dir eine Art und Weise, mit der du auf ganz subtile Art etwas von dir selbst gestohlen hast. Der Dieb ist nur ein Auslöser. Es spiegelt sich nicht immer exakt, aber er steht stets in Bezug zum Selbst. Wie habe ich dies auch mir selbst zugefügt?

Aurelia: Ich habe ein echtes Thema, das mir Angst macht. Wenn ich Frieden schließen soll und diese Personen als „mich selbst" betrachten soll, die versucht haben, mich oder meine Mission anzugreifen oder die einfach nur versucht haben, mich zu kontrollieren – und du weißt gut,

83

um wen es hier geht – fürchte ich, dass sie erneut in mein Leben zurückkehren könnten, um mir wieder zuzusetzen und meine Angelegenheiten durcheinander zu bringen. Mein Leben ist jetzt friedvoll und ich möchte diese Personen nicht mehr in meinen Blickwinkel haben.

Sananda: Hast du mich sagen hören, du sollst mit ihnen Frieden schließen?

Aurelia: Nein.

Sananda: Wie ich dir schon gesagt habe, es geht nicht um sie, sondern um dich und um deine Beziehung mit dem Selbst. Du kannst diese innere Arbeit nur in deinem Inneren durchführen und Frieden mit dir selbst schließen. Du kannst schwerlich Frieden mit einer anderen Person im Spiel der Spiegel schließen, weil du herausfinden wirst, dass diese höchstwahrscheinlich alles ganz anders wahrnehmen wird, als du selbst. Du kannst nur dich selbst heilen, und auch die anderen können nur sich selbst heilen. Das liegt nicht in deiner Verantwortung.

Es spielt wirklich keine Rolle, ob du diese Menschen jemals wieder siehst oder nicht. Es geht nicht darum, zu ihnen hinzugehen und alles bei ihnen zu heilen, denn dieser Wunsch dazu könnte eine Projektion sein. Wenn sie sich selbst heilen möchten, können sie dies selbst tun. Das ist sowieso ihre Aufgabe. Deine Verantwortlichkeit ist es, dich selbst zu heilen und dich weiter in die Schwingung der Einheit zu bewegen.

Aurelia: Ok, das ist der Schlüssel, der mir gefehlt hat, jetzt verstehe ich es.

Sananda: Ja, ich sagte, wenn du dich änderst und das Gefühl in dir selbst heilst, wird das nächste Mal, wenn du der besagten Person begegnest, keine energetische Reaktion mehr durch sie ausgelöst. Das bedeutet nicht, dass du mit ihr Frieden schließen wirst und dass du wieder in ihre Energie einsteigen musst.

Aurelia: Manchmal muss man mit ihnen zusammenarbeiten und ihnen im täglichen Leben begegnen oder sie leben möglicherweise im gleichen Haus oder in der näheren Nachbarschaft.

Sananda: Nein, es geht niemals um die anderen, es geht um dich; sie sind nur der Auslöser oder der Spiegel. Und wenn du den Spiegel ablehnst, wird Gott dir sehr bald einen weiteren Spiegel schicken - einen viel intensiveren. Nicht, weil Adama dies geraten hätte, sondern weil es im Zeitplan deiner Evolution angemessen ist. Wenn du dich entscheidest, dies jetzt nicht durchzuziehen, könnten die Spiegel intensiver und unerfreulicher werden. Nicht, weil Adama dir etwas wie dies aufs Auge drücken will, sondern weil deine eigene göttliche Essenz dies zu dieser Zeit für dich möchte.

Aurelia: Der Grund, warum ich dich frage, ist, dass ich das, was Adama mir aufgetragen hat, schaffen will. Ich möchte einen durch und durch guten Job machen und ihn besser verstehen.

Sananda: Und du wirst merken, dass dies erhebend, freudvoll und sehr ermächtigend sein wird. Nun wird es also Momente geben, in denen du tatsächlich mit einer Person in Kontakt treten möchtest, die ein Auslöser für dich gewesen ist. Tue dies jedoch erst, wenn du dich selbst vollständig davon geheilt hast. Wenn du dich der Person vorher annäherst, könnte es katastrophal werden. Es gibt Zeiten, zu denen du dich der anderen Person annähern möchtest, insbesondere, wenn verletzte Gefühle im Spiel sind. Du möchtest dich vielleicht für etwas entschuldigen. Ich sage nicht, dass du dies tun solltest, denn dein Herz wird wissen, was du tun möchtest. Du wirst immer ein Gefühl und einen Sinn dafür haben, was richtig ist, was im Rahmen und angemessen ist.

Hauptsächlich dienen dir die Spiegelerfahrungen hinsichtlich deiner Beziehung zum Selbst. Jedes Mal, wenn du eine unstimmige oder störende Erfahrung machst, bringst du sie innerhalb deiner selbst in ein intensiveres Stadium der Erleuchtung; du bringst dich selbst der Einheit immer näher. Du beginnst, dein Einssein mit allen Dingen zu erfahren. Du nimmst deine Lebenserfahrungen oder deine Begegnungen nicht mehr so persönlich.

Du erkennst, dass du diese Erfahrung selbst hervorgerufen hast und wirst in der Lage sein, sie leichter anzunehmen. Wenn du mit einem sehr seltsamen, unangenehmen oder herausfordernden Spiegel in Form einer Person in deinem Leben konfrontiert bist, wirst du fähig sein, ihn geradewegs anzunehmen und zu sagen: „Ich habe dies hervorgerufen, ich habe diese Erfahrung in mein Leben gezogen. Ich weiß, dass ich dies selbst getan habe und sie bringt jetzt eine wichtige Heilung für mich, die ich in Gang setze."

Das ist alles bezüglich der Wiederherstellung deiner Würde, über das Auffinden deiner tief greifendsten Wahrheiten, um ermächtigter und klarer zu werden. Du wirst erkennen, wenn du so vorgehst, wirst du diese Spiegel nicht mehr anziehen. Die Spiegel, die du bekommst, werden dann ganz anders sein; sie werden deinen geheilten Zustand reflektieren. Spiegel sind nicht nur negativ, weißt du, sie repräsentieren das volle Spektrum, wie alles andere auch.

Aurelia: Das ist für mich sehr hilfreich. Du hast dies schon oft gesagt; es ist nicht das erste Mal, aber jetzt ist es mir viel klarer geworden. Danke, Sananda.

Sananda: Gern geschehen, meine Liebe, und Adama wird dir helfen. Dies ist eine grundlegende Entscheidung und ein ebensolcher Rat, den er zu deinem Fortschritt gegeben hat und er wird dir durch den gesamten Prozess hindurch helfen.

Wenn du einfach auf alles um dich herum schauen kannst, was in dieser Welt ist und innerhalb von dir selbst bestätigen und fühlen kannst, dass du auch ein Teil davon bist, wirst du wissen, wie es ist, Gott zu sein. Wenn du deinen Schöpfer triffst, wird er dir Folgendes sagen: „Ich bin du und du bist ich, wir sind gleich. Alles, was du getan hast, habe auch ich getan, denn ich habe es mit dir getan. Wir sind ein und dasselbe."

Anerkennung, meine Liebe, ist die größte aller Kräfte.
Anerkennung in Gleichheit mit dem Selbst
wird Wunder über Wunder in dein Leben bringen.

Aurelia: Ich werde dies gründlich angehen.

Sananda: So sei es. Du wirst für alle Zeiten sehr glücklich sein, dass du es getan hast. Dies ist eine weitere 5-dimensionale Aufzeichnung, ein Prozess, durch den jeder hindurchgehen muss. Jeder muss denselben Einweihungsprozess durchlaufen, dem du dich jetzt gerade gegenübersiehst, um in die Einheit zu gelangen.

Aurelia: Ich danke dir sehr. Ich bin dir sehr dankbar für deine heutige Unterstützung.

Sananda: Gern geschehen, meine Liebe.

4. Kapitel

Die dunkle Nacht des Herzens

Die letzten Schritte der Einweihung, um Zugang zur 5. Dimension zu erlangen

Dialog zwischen Aurelia, Adama und Ahnahmar

Adama: Ich grüße dich mit der Liebe meines Herzens und der Weisheit meiner Seele. Wie geht es dir heute, meine Liebe?

Aurelia: Es geht mir recht gut, aber ich fühle mich in meinem physischen Körper immer noch müde und ich weiß, dass ich noch immer zu einem gewissen Ausmaß die dunkle Nacht des Herzens fühle, durch die ich schon seit einiger Zeit hindurch gehe. Ich empfinde in meinem Herzzentrum und in meinem Körper immer noch viel Schmerz, trotz all der Arbeit, die ich in den letzten Jahren getan habe, um mich selbst zu heilen. Langsam wird dies auszehrend und ermüdend. Wie lange wird es noch dauern, bis ich geheilt bin und es mir wieder gut geht, bis ich mich verjünge und so weiter?

Adama: Du bist jemand, der auf diesem Planeten ein sehr großes Stück trägt. Du hältst ein beträchtliches Quantum an Energie für die Menschheit und für den Aufstieg der Erde. Auf dieses Konto gehen einige deiner Schmerzen. Du hast dies schon eine sehr lange Zeit getan, doch jetzt ist die Zeit, in der so viel auf dem Spiel steht und du führst auch nachts viel Arbeit auf den inneren Ebenen aus. Darum wachst du morgens immer so müde auf. Du brauchst mehr Pausen, als du dir selbst zugestehst.

Aurelia: Ja, aber es gibt so viel zu tun und so viele erheben Anspruch auf meine Zeit, die Tage scheinen zu kurz zu sein. Wenn ich nicht das tue, was ich tue, würde sich die lemurianische Mission nicht auf die Weise verbreiten, in der sie es nun tut. Sie explodiert förmlich und viele treten ihr nun bei.

Adama: Wir verstehen, dass diese lange Reise dich erschöpft, und es ist Zeit, dass du die letzten Schritte für deine endgültige Einweihung zum Aufstieg unternimmst. Du bist schon fast angelangt, aber du hältst dich noch zurück. Auf vielerlei Art hängst du noch zu sehr in den 3-dimensionalen Mustern und Schwingungen drin, und solange du diese Muster nicht vollständig loslässt, kannst du in deinem Aufstiegsprozess nicht weiterkommen. Wenn du an dich selbst appellierst, den abschließenden Sprung in deinem Bewusstsein zu machen – darüber werden wir heute mit dir diskutieren – kannst du sehr schnell „nach Hause" kommen, und du wirst niemals mehr müde sein, und du wirst dich aus deinen Begrenzungen heraus bewegen.

Du bist viel näher dran, als du denkst, und immer sind die letzten Schritte die schwierigsten und auch oft die schmerzhaftesten. Jeder Meister, der jemals von dieser Ebene aufgestiegen ist, musste durch die gleichen Einweihungen gehen, die du jetzt durchläufst und dies gilt auch für uns alle in Telos und im Lemuria der 5. Dimension.

Du wirst zum Dienst für die Welt gerufen und zum Reisen in großem Stil. Wenn du reist, wirst du den ersten Einblick in die neue Energie mitnehmen und vielen Menschen anbieten. Du musst dich selbst reinigen, wenn du auf Reisen bist; du musst in deinem höchsten Selbst bleiben und darfst niemals zulassen, dass dich irgendetwas aus dem Konzept bringt, ganz besonders nicht, dass dein Ego in irgendeiner Weise eine Reaktion auslöst, egal, was du siehst oder erfährst, oder wie dich manche Menschen auch behandeln mögen. Erliege nie mehr der Versuchung, dich bitter, ablehnend oder wertend gegenüber irgendetwas oder irgendjemandem zu verhalten. Denn dies sind die Haltungen und Energien, die dich an den 3-dimensionalen Erfahrungen kleben lassen.

Du hast jetzt für alle, die dich treffen, eine sehr hohe energetische Frequenz erlangt und wir möchten, dass du darüber Bescheid weißt. Es handelt sich um eine Energie, die sowohl mit dir als auch für dich arbeiten wird. Je mehr du in dieser Energie bleibst, desto mehr wirst du in deiner höchsten Schwingung sein, in der Umarmung deiner Göttlichkeit, desto mehr wird sie dich unterstützen. Wenn du in eine Schwingung abfällst, die mit dieser Energie nicht gut zusammenpasst, wird es dich in einem großen

Ausmaß ermüden, als würdest du einen größeren energetischen Tauchgang machen. Also ist es jetzt an dir, eine bewusste Anstrengung zu unternehmen, um täglich, stündlich und rund um die Uhr in dieser Energie zu bleiben. Das meiste von dem, was ich zu dir sage, gilt auch für all diejenigen, die dieses Buch lesen werden; denn was für dich gilt, trifft auch auf sie zu. Sie werden letztendlich denselben Pfad beschreiten müssen, den du jetzt gehst. Obwohl er sich für jeden anders entfalten mag, ist er letztendlich doch der gleiche.

Diese Energie, von der wir zu dir sprechen, entspricht sehr der Energie, die ihr von Mutter Maria kennt. Wir möchten dich bitten, sie jeden Tag in dein Energiefeld zu rufen und ihre Energie zu bitten, den ganzen Tag bei dir zu bleiben und ständig in ihrer Umarmung zu verweilen. Kannst du das tun?

Aurelia: Ja.

Adama: Es gibt Zeiten, in denen zu dir Energien kommen, die in dir das Bedürfnis nach Befreiung entstehen lassen. Diese Energien werden eine Schwingung von Traurigkeit beinhalten oder von Krankheit oder Kummer über das, was um dich herum und auf der Welt geschieht. Aber noch einmal, jedes Mal, wenn du diese Energien fühlst, übergib sie an Mutter Maria. Sie wird diese Energien für dich klären. Es ist ihr Wunsch, dir beizustehen. Kannst du dies tun?

Aurelia: Ja.

Adama: Wir bitten dich darum, es zu tun, denn auf deiner kommenden Reise und auf zukünftigen Reisen wirst du mit vielen

Energien in Berührung kommen. Es wird noch viel mehr sein als in der Vergangenheit, aber du bist fähig, damit umzugehen. Du wirst dieses Teilen von Energie diesmal von einer höheren Ebene aus vornehmen, als du es auf deinen bisherigen Reisen getan hast. Du bist bereit, diese Ebene jetzt zu betreten, doch um dies tun zu können, musst du selbst im Gleichgewicht bleiben. Es ist sehr wichtig, dass du deine eigene Energie darin wieder erkennst und dass du erkennst, wie viel Kontrolle du über deine eigenen Energien hast und was da vor sich geht.

Es gibt eine Balance, die zwischen deiner Erkenntnis dessen, was du für dich selbst tun kannst liegt und zwischen dem, was verändert werden muss und diese Balance kann sehr schnell erreicht werden. In jedem Moment, in dem du fühlst, dass deine Energie ins Wanken gerät, wirst du für dich selbst die Entscheidung treffen, weil du wissen wirst, dass du deine Schwingung sofort anheben kannst, oder du wirst wissen, dass es um etwas geht, das du umwandeln musst. Dies wird eine großartige neue Erkenntnis sein.

Diese sechs Wochen, in denen du auf Reisen bist, werden dich lehren, mit deinen eigenen Energien zu arbeiten, was das Lernen und Arbeiten mit dem betrifft, was deine Müdigkeit auslöst und was dich bei deiner Mission hindert. Doch du musst dem vertrauen; du musst verstehen, dass du die Fähigkeit dazu hast. Lerne, deine eigenen Energien zu managen, und in höchstem Maße wahrzunehmen, wenn du von den Energien anderer aufgemischt wirst, die dich auslaugen. Du lernst nun abschließend, auf neue Weise mit deiner eigenen Schwingung zu arbeiten, ebenso wie viele von denen, mit denen du in Kontakt kommen wirst. Verstehst du das?

Aurelia: Ja. Ich werde mein Bestes tun.

Adama: Und erkenne auch: Wenn du in eine Situation kommst, von der du fühlst, sie könnte dich im Moment überfordern, ist dies etwas, was den höheren Reichen übergeben werden muss. Versuche niemals, dies eigenständig ohne Assistenz von deinem Team zu lösen; das Team ist da, um dich zu unterstützen. Darum nimm diese Unterstützung weise und ohne Zögern an. Wenn du Energien kommen fühlst, die dir förderlich sind und du merkst, wie deine eigenen Energien beginnen, sich auszudehnen, bewege dich vorwärts mit ihnen. Wenn du aus irgendeinem Grund Energien oder Situationen bemerkst, die jenseits deiner Kontrolle liegen, die dich nicht unterstützen, sei bewusst, dass es hier nicht in deiner Macht liegt, sie selbst zu lösen, und übergib sie an uns.

Aurelia: Ich habe die Reise durchgeplant, so gut es mir möglich war, mit so vielen Details, wie es in dieser Dimension nur machbar war, aber ich weiß auch, dass sie sich nicht so entfalten könnte, wie ich es geplant habe.

Adama: Wir möchten dir sagen, dass die Einzelheiten der Reise sich grundsätzlich so entfalten werden, wie du sie geplant hast, doch darin besteht nicht die eigentliche Reise. Die eigentliche Reise umfasst alles, was dir offenbart werden wird und wovon du noch nichts weißt. Wir empfehlen, dass du offen bleibst. Du musst deine Energien bereit halten für diejenigen, die dich kontaktieren werden, so wie es auch in der Vergangenheit gewesen ist. Die

Kontakte, die du zufällig bekommen hast, sind sehr oft die wichtigsten und intensivsten für dich gewesen. Und einige von ihnen sind zu den beständigsten und dauerhaftesten geworden. Dasselbe gilt für diese Reise. Aber vergegenwärtige dir auch, dass du ein Sprecher für diese Energien bist und je mehr du diese Energien verkörperst, desto besser wirst du in der Lage sein, sie mit anderen zu teilen.

Aurelia: Du denkst, ich bin soweit?

Adama: Wir wissen, dass du bereit bist. Es ist einfach an dir, dies auch zu wissen. Hab Vertrauen in dich. Wir würden sagen, jedes Mal, wenn du fühlst, du wärest nicht soweit, überantworte dies.

Es ist das Zutrauen, was dich in dieser Energie hält. Jedes Mal, wenn du an eine Energie gerätst, die dich sagen lässt: „Ich fühle mich dem nicht gewachsen" oder etwas ähnliches, gib dies ab. Es ist jetzt an der Zeit für dich, dass du erkennst, dass es einen sehr großen Unterschied gibt zwischen den Energien, die aus deinem Herzen kommen, aus der Schwingung, die dort ihren Sitz hat und den Unangemessenheiten und Wertungen, die Teil deines Verstandes sind, der dich austricksen könnte. Je mehr du darauf pochen kannst, dass letztere nicht du sind, dass sie etwas sind, das Gott übergeben werden soll, desto mehr wirst du in der Schwingung bleiben, nach der du suchst und die dich unterstützt. Du wirst dieses Mal eine 5-dimensionale Reise unternehmen, wenn du dies möchtest. Doch es liegt bei dir, dich dieser Gelegenheit zu öffnen und deine eigene Verantwortung dafür zu fühlen, in Balance zu bleiben. Jetzt ist die Zeit für alle gekommen, um vollkommen zu verstehen, was es bedeutet und was es dazu braucht, um mit den neuen Energien, die jetzt den Planeten fluten, in Balance zu bleiben.

Aurelia: Sollte ich versuchen, mehr Zeit allein zu verbringen?

Adama: Die Zeit, die du alleine verbringst, ist immer wertvoll. Wir hoffen, dass du auf dieser dritten Reise erkennen wirst, dass du dich selbst nicht völlig ausliefern kannst, wie du es in der Vergangenheit getan hast. Du musst dir Zeit für dich selbst nehmen und deine innere Batterie aufladen. Finde Orte, an die du allein gehen kannst, ohne andere Leute, die dir folgen. Nimm dir Zeit für dich selbst, Zeit um die Straßen selbst zu durchwandern, um bei den Leuten zu sein und um die Städte zu erkunden, zu denen du reist. Geh allein, wann immer es angemessen ist. Das ist sehr wichtig, denn es wird dir zwei Gelegenheiten bieten. Erstens, deine eigene Energie zu verstehen, und das ist sehr wichtig. Und zweitens, diese Energie mit denjenigen zu teilen, die nicht unbedingt an den Treffen teilnehmen, die du veranstaltest. Jetzt ist für dich die Zeit gekommen, um in die Welt hinauszuziehen.

Aurelia: Das ist eine Riesenaufgabe für mich. Ich habe das Reisen immer vermieden, speziell in Städte und an belebte Orte.

Adama: Und das ist etwas Wundervolles. Ehrlich, sowie du dies angehst, wirst du die Energie finden, die du vermisst hast. Der Energiemangel, den du erfährst, resultiert zum Großteil aus der Tatsache, dass du nicht mehr in der Energie bist, die dich unterstützt. Es ist Zeit, auf Wanderschaft zu gehen und die

Energien zu integrieren, die dies tun. Jede Situation, die dir begegnet und der du dir nicht sicher bist, die dich dazu bringt, dir Sorgen zu machen oder über die du Schmerz empfindest, kannst du Gott übergeben. Indem ich diese Dinge zu Aurelia sage, gilt dies ebenfalls für alle, die dieses Buch lesen. Aurelia repräsentiert euch alle. Ihr habt alle mehr oder weniger die gleichen Probleme und Themen.

Aurelia: Ich verstehe eine Äußerung nicht, die du gerade getroffen hast, nämlich dass ich nicht mehr in der Energie verweile, die mich unterstützt.

Adama: Das tust du nicht.

Aurelia: Das verstehe ich nicht.

Adama: Du hast dich bereits in höher schwingende Energie hineinbegeben, zumindest hat dies ein größerer Teil von dir getan, und noch immer gibt es einen Teil in dir, der das Bedürfnis hat, die Existenz alter Energien aufrechtzuerhalten. Was nicht heißen soll, dass du Mount Shasta verlassen wirst oder dass du dich von der Arbeit zurückziehen wirst, die du jetzt tust. Du kannst all dies in 5-dimensionaler Existenz tun, während du in der Dimension bleibst, in der du gegenwärtig bist. So kann eine Person durch die Verbindung von Herz zu Herz die 5-dimensionale Realität erschaffen, in der sie sich befindet und dabei die 3. Dimension für immer überwinden. Dadurch wirst du auf der Oberfläche das Paradies erschaffen, das wir auch in Telos erschaffen haben. Die Energien des alten Paradigma unterstützen weder dich noch irgendjemand anderen mehr.

Aurelia: Was sollte ich ändern?

Adama: Ändere die Energien der Wertung, die Energien der Erwartung, die Energien von Schuld und Scham. All diese niedrig schwingenden Energien sind Teil einer 3-dimensionalen Existenz, die du nicht länger haben möchtest. Jedes Mal, wenn du fühlst, dass sie dich überkommen, gibt es keine Gültigkeitserklärung für sie und es gibt keine richtige Wertung contra falsche Wertung. Es gibt in der 5. Dimension kein Gefühl, das Wertung unterstützt. Jetzt ist es an dir, zu erkennen, wann du in der Wertung bist – in deinem Verstand, in deinen Gedanken, in deinem Herzen – und dass du dann diese Wertung loslässt und sie übergibst.

Das soll aber auch nicht heißen, dass du etwas falsch machst, denn auch dies würde eine Wertung sein. Es geht einfach darum, den Unterschied in der Schwingung zu erkennen. Lerne zu fühlen, wie die Messwerte einer 3. Dimension in Gegenüberstellung mit denen einer 5. Dimension sind.

Aurelia: Warum bin ich heute müde?

Adama: Du bist müde, weil du diese Dimension bewertest. Jedes Mal, wenn du dich müde fühlst, erkenne, dass du dich an einem Ort der Wertung in der 3. Dimension befindest und dass du die Energie verändern und transformieren kannst. Das ist die Hausaufgabe, die jeder durchführen muss, um in die 5. Dimension zu gelangen. Jeder wird all dies loslassen müssen, was er als Paradigma der 3. Dimension kennt um eine neue Art des Seins zu lernen. Der Bewusstseinssprung zwischen der 3. und der 5.

Dimension ist riesig für die meisten von euch. Verstärkt dieses Bewusstsein jeden Tag etwas mehr und letztendlich werdet ihr die Ebene erreichen. Ihr werdet buchstäblich bereit sein müssen, euer Bewusstsein in das Unbekannte hineinspringen zu lassen.

Aurelia: Die letzten Tage über habe ich mich glücklich gefühlt und ich habe sehr darauf geachtet, nicht in Wertung über jeden oder alles zu kommen. Daher sollte ich mich eigentlich nicht müde fühlen.

Adama: Wir achten deine Bemühungen, meine Liebe, aber die wirkliche Anhebung geschieht subtiler, als du denkst. Ja, auf viele Arten ist auch Glücklichsein an Wertungen gebunden. Wenn gewisse Dinge zu dir kommen, die dich glücklich machen und die dir geben, was du haben möchtest, dann wertest du dies als einen guten Tag. Wenn Umstände zu dir gelangen, denen du nicht beipflichten kannst, wertest du, dies sei kein guter Tag oder sogar ein schlechter Tag. Deine Energie könnte tatsächlich jetzt schon viel höher sein, wenn du dich dafür entscheiden würdest. Aber um dies zu erlangen und aufrechtzuerhalten, musst du bereit sein, die Gedanken, Worte, Taten, Aktionen und Wünsche aufzugeben, die dich an diese Dimension gebunden halten, die du so gerne überwinden möchtest. Wir reden hier nicht über die physischen Erfahrungen. Wir meinen die Emotionen und Gedanken, die dich in einer niederen Schwingung festhalten.

Aurelia: Es sind nicht die physischen Dinge, die ich tue, die meine Schwingung und Energie absenken?

Adama: Normalerweise nicht. Es hat damit zu tun, worauf du deine Energie ausrichtest. Wenn du deine Energie auf die Bewertung anderer oder von dir selbst ausrichtest, sinkt deine Schwingung ab. Wenn du deine Energie in Erwartung auf ein bestimmtes Ergebnis ausrichtest, fällt sie ebenfalls ab. Wenn du dich selbst in einer Energie hältst, die dies als harte Arbeit wertet oder die zögernd ist, sinkt deine Energie ab. Werde dir bewusst, wie du die Dinge in jedem Moment kreierst. Mit jedem Gedanken oder jeder Emotion erzeugst du entweder auf positive oder auf negative Weise. Dies gestaltet dein äußeres Leben in der 3. Dimension und verhindert, dass du eine 5-dimensionale Frequenz annimmst.

Aurelia: Also soll ich aufhören zu denken oder zu fühlen?

Adama: Das wäre gut. Genau genommen, wäre es sehr gut für dich. Du investierst zu viel geistige Energie um die Dinge, was geschehen muss, was du tun musst, wie du das tun musst, von dem du fühlst, dass du es tun musst etc. Dein Verstand ist permanent in vielen Richtungen beschäftigt und versucht, dein Leben auf eine bestimmte Weise zu gestalten, und wir sagen dir, dass es nichts gibt, was geschehen muss und dass es nichts gibt, das du tun musst. Es ist eine Illusion!

Aurelia: Du sagst mir, dass es nichts gibt, was ich zu tun habe! Dann höre ich also, dass ich kein Buch fertig zu schreiben habe, ich habe keine Reise, die ich machen muss, ich muss meinen Lebensunterhalt nicht verdienen, keine Rechnungen bezahlen oder Post für meine Mission beantworten etc.

100

Adama: Dies sind Entscheidungen, die du getroffen hast. Beginne, all deine Listen mit Dingen, die du zu erledigen hast - und davon hast du viele – lieber als Dinge wahrzunehmen, die du zu tun *wählst*, anstatt als Dinge, die du tun musst. Es gibt in einer 5-dimensionalen Schwingung tatsächlich nichts, was wir tun sollen oder müssen. Es ist immer eine Entscheidung. So lange bis dieser Unterschied dir deutlich wird, wirst du in der 3-dimensionalen Schwingung bleiben. Dies ist deine Reise, Aurelia, die dir „innewohnende Wahrheit" zu verstehen und sie vollständig zu leben.

Aurelia: Nun, von Kindesbeinen an hat man uns nie gelehrt, so zu denken. Nicht viele Menschen denken so.

Adama: Wir wissen dies. Darum bekommst du jetzt von uns ein neues Training und im Gegenzug kannst du es dann wieder an andere weitergeben. Ihr sitzt in der 3. Dimension alle im gleichen Boot; bis jetzt ist sehr wenig betont worden, welche Dinge wirklich wichtig sind, damit ihr euch alle in ein 5-dimensionales Bewusstsein hinein bewegen könnt. Du und alle anderen, die sich in den nächsten Jahren den Aufstieg wünschen, ihr habt ein neues Leben, das ihr betreten müsst, neue Schuhe, die ihr anzieht und neue Hüte, die ihr tragen müsst. Wenn ihr euch dazu entscheidet, wird sich diese neue Reise auf wundersame Art entfalten.

Das Festhalten daran, was vor diesem Augenblick geschehen ist und was als nächstes passieren wird, lässt euch in der 3. Dimension bleiben. Es ist jetzt Zeit, euch für all dies zu öffnen, was möglich ist – für neue Weisen der Sicht, der Wahrnehmung, des

Handelns und des Seins. Seid bereit im Augenblick zu leben, ohne Erwartungen, und euch selbst für all die Magie, Majestät, Leichtigkeit und Schönheit zu öffnen, die all jene von euch erwarten, welche die 5-dimensionale Art des Seins betreten. Seid bereit, Wunder und Veränderungen zu erleben, die jenseits eurer kühnsten Träume erstehen. Macht euch in eurem Verstand und in eurem Herzen wirklich bewusst, dass es nicht geschehen kann, solange ihr noch darauf besteht, an dem zu hängen, was ihr bis jetzt als 3-dimensionales Leben gekannt habt. In der 5. Dimension zu leben birgt eine Schwingung, eine neue Art zu sein, gerade entgegengesetzt zu dem, was ihr tun müsst, um euch den Weg dorthin zu ebnen.

Dies sind die wahren Aufzeichnungen
für das Leben in der 5. Dimension.

Aurelia: Alles das, was du jetzt zu mir sagst und auch so viel von dem, was schon zuvor für dieses Buch gesagt worden ist, klingt so einfach. Selbst Sananda sagte mir, wie einfach es ist. Und doch können wir es nicht fassen. Es ist zu einfach.

Adama: Das liegt daran, dass der Verstand alles kompliziert gestaltet. Wir haben wiederholt gelehrt, dass die wahre Spiritualität ganz einfach ist. Die gesamte Information darüber würde in ein kleines Büchlein hineinpassen. Es ist so einfach, dass die meisten von euch nicht bereit sind, dies anzuschauen. Diejenigen, die aufwachen, suchen nach immer mehr Information, nach den neuesten Nachrichten aus den Lichtreichen, nach mehr Channelings, mehr Techniken, mehr Aktivierungen etc. Wir bemerken, dass ein großer Prozentsatz von euch diese Information durch den Verstand aufnimmt und dass ihr nicht viel integriert von dem was ihr lernt.

Ihr lest es einmal, und gelegentlich zweimal, und nehmt dann das nächste Buch, das nächste Channeling, und ihr vergesst das meiste von dem, worüber ihr gelesen oder gehört habt so schnell, wie ihr den nächsten Lesestoff findet oder das nächste Seminar besucht. Ihr integriert wirklich nur einen kleinen Teil all der spirituellen Lehren, mit denen ihr in Kontakt gekommen seid. Wenn ihr an euch selbst appellieren würdet, viel mehr zu integrieren und euch dahingehend zu verändern, hätten die meisten von euch bereits jetzt einen aufgestiegenen Status erlangt. Wir sagen euch, dass es euer Verstand und nicht euer Herz ist, der all diese Dinge haben möchte. Viele von euch füttern den Verstand auf Kosten des Herzens.

Euer Herz weiß das alles, und es kennt mit Gewissheit die einfachsten Wege, um euch dort hinzubringen, wo ihr durch den Aufstieg in eure spirituelle Freiheit gelangen könnt. Euer Herz kennt den leichten Pfad, während euer Verstand euch Glauben machen will, dass alles sehr schwierig und komplex sei. Wenn wir euch die simplen Lehren zukommen lassen, die euch in die 5-dimensionale Frequenz anheben werden, möchten viele von euch sie nicht mal lesen; ihr werdet davon gelangweilt. Ihr sagt, oh gut, Adama, wir haben dies schon mal gehört. Ja, ihr habt es gehört, schon viele Male und ihr seid nicht an diesen simplen Lehren interessiert. Ihr drückt euch hier immer noch im Schmerz herum und seid am Straucheln in einer Dimension, von der ihr urteilt, dass sie nicht mehr eure Wahrheit sei.

Aurelia: Dann ist es also der Verstand, den wir stilllegen müssen?

Adama: Der Verstand kann nicht stillgelegt werden. Die Menschheit hat einen Verstand und dieser erfüllt einen Zweck. Der physische Körper hat ebenfalls einen eigenen Verstand; er ist Teil eurer Gesamtheit. Ihr wisst, dass die Schwingung, nach der ihr sucht, durch euer Herz entsteht, doch wir können es nicht für euch tun. Wir können euch keine Anweisungen geben, denen ihr folgen müsst, um euch selbst in eurer Gesamtheit in diese Schwingung hinein zu bewegen. Ihr müsst es immer wieder zulassen, ohne Einschränkung, Begrenzung oder Schlüsse dahingehend, dass sich die Dinge für euch in einer bestimmten Weise entfalten werden. Ihr habt eine starke schöpferische Kraft und wenn ihr an der Erwartung festhaltet, ein bestimmtes Resultat zu erhalten, dann geschieht nichts. Gewöhnt euch daran, Gott in euch, eurer göttlichen Essenz, zu erlauben, eure Reise zu lenken und euch den ganzen Weg zurück nach Hause zu führen – Schritt für Schritt. Ihr seid alle Experten darin geworden, eure Leben durcheinander zu bringen und auf schmerzvolle Weisen zu komplizieren. Ihr haltet eine Struktur in euch aufrecht, die besagt, wie die Dinge für euch erscheinen müssten und nichts kann in diese Struktur eindringen. Das ist eure große Stärke, aber über das 3-dimensionale Bewusstsein hinaus dient sie euch nicht sonderlich gut.

Aurelia: So hat man uns gelehrt, das zu erschaffen, was wir haben wollen. Zu entscheiden, was wir gerne möchten, unsere Absicht dahingehend zu bekunden, wie wir es gerne hätten und uns dann darauf zu fokussieren. Das ist die Alchemie, die man uns gelehrt hat.

104

Adama: Aber es gibt einen Unterschied zwischen der Entscheidung, was du möchtest, dem Herausfinden der Wahrheit darüber, was du möchtest und dem Erstellen einer langen Liste darüber, wie es für dich in Erscheinung treten muss. An diesem Punkt fehlt fast allen von euch die Fähigkeit, zwischen diesen beiden Faktoren zu unterscheiden. Ihr seid alle so lange in dem Paradigma der Begrenzung gefangen gewesen, ihr tut euch schwer, euch davon – sagen wir – loszureißen. Worum wir euch jetzt bitten, ist, eine einfache Übung zu machen und damit zu experimentieren. Die Übung besteht darin, alle Erwartungen über Bord zu werfen, wie die Dinge sein sollten und was ihr haben solltet; sie einfach wegzuwerfen und mit Freude und Dankbarkeit damit zu beginnen, euer Leben im Hier und Jetzt zu gestalten und zu leben! Öffnet euch, um eure Herzenswünsche zu empfangen, doch lasst alle Erwartung los, wie sie sich erfüllen werden. Lasst es einfach geschehen und seid offen für die kommende Überraschung.

Aurelia: Werft alle Erwartungen über Bord! Uns ist gesagt worden, wir sollen Erwartungen haben! Erwartet Wunder und erwartet dies oder das etc.

Adama: Wir sagen dir jetzt, in diesem Moment, lass alle Erwartungen los. Der zweite Schritt ist, alle Bewertungen loszulassen. Dies sind sehr schwierige Schritte für dich und auch für alle anderen. Dein Verstand ist viel zu lange auf diese zwei Dinge fokussiert gewesen. Sie sind in dieser Inkarnation – sagen wir mal – dein rettendes Ufer gewesen. Du hast vieles ausgehandelt. Ich werde dies tun, wenn das passiert. Ich werde das tun, wenn dies passiert. Und wieder geht es nicht um dies oder das; es geht um Entscheidungen, die du aus freiem Willen aus deinem Herzzentrum heraus triffst. Es geht darum, freudvoll im Dienst und in deinem täglichen Leben zu sein, nicht weil dir gesagt wird, dass es so sein soll, sondern weil es das ist, was du tun möchtest. Es geht nicht darum, sich in die 5. Dimension zu begeben, weil du eine Erwartung hegst, die besagt, dass dir dort das Leiden und die Schmerzen, die du erlitten hast, genommen wird. Es geht darum, sich in eine 5-dimensionale Schwingung zu begeben, weil es das ist, was du bist, das ist *deine Wahrheit* und jetzt dein nächster Schritt.

Sei dir bewusst, dass du auch in der 5-dimensionalen Schwingung neuen Herausforderungen begegnen wirst. Wenn dein Körper und deine Schwingung sich angepasst haben, wird sich die Entwicklung fortsetzen und es wieder zu einer Begegnung mit einer neuen Ebene, in die du dich hineinbegeben kannst, kommen. Viele von euch realisieren noch nicht, dass der Aufstieg nicht in der 5. Dimension endet. Dies ist lediglich der Anfang einer wundersamen und ewigen Reise. Wisse, dass du von dort aus weiterhin von einer Ebene zur nächsten aufsteigen wirst, von einer Glorie zur nächst höheren Glorie, immerwährend und bis in alle Ewigkeit. Die Aufstiegsreise endet nie. Dies ist deine Natur und dein Geburtsrecht.

Du musst bereit sein, das Zögern, in dem du dich jetzt befindest, loszulassen – ohne etwas zu erwarten. Sei einfach bereit, es loszulassen und lass alles andere geschehen, ohne Erwartungshaltung darüber, was geschehen sollte und wie es geschehen sollte. Du bist der Sache gewachsen; du bist ihr mehr als gewachsen. Du bist ihr so viel mehr gewachsen, als du dir selbst zu glauben eingestehst. Es gibt nichts, was *wir* tun könnten, um dein Bewusstsein anzuheben; es ist an dir, es selbst anzuheben.

Aurelia: Du wirfst mir sämtliche Stützen um. Was ich jetzt schreibe, ist ganz gewiss nicht das, was ich ursprünglich für mein drittes Buch geplant hatte. Als ich mich hinsetzte, um ein Buch über die Aufzeichnungen aus der 5. Dimension zu schreiben, hatte ich viel Wissen angesammelt, das in den vergangenen Jahren von den Aufgestiegenen Meistern offenbart worden ist. Manches von dieser Information ist schwer zu finden und nicht viele Menschen kennen sie. Ich habe eine interessante Struktur geplant, um dieses großartige Buch zu schreiben, und so gut wie gar nichts ist bis jetzt passiert. Ich habe eure Energien nicht derart wahrgenommen, um dies umzusetzen, die fehlenden Informationen zu channeln und eure Energien und Weisheit hinzuzufügen.

Adama: Überrascht dich das?

Aurelia: Ich habe nicht verstanden, warum dies nicht geschehen ist.

Adama: Sei dir bewusst, wenn die Energien sich nicht in der richtigen Schwingung einfinden, sind wir in der Regel nicht da, um unsere Unterstützung einzubringen. Ich bin froh, dass du dies bemerkt hast und dieses Buch nicht trotzdem so geschrieben hast, wie du es vorgesehen hattest, denn dann wäre es in der falschen Schwingung entstanden. Die Informationen, über die du zu schreiben beabsichtigt hast, sind korrekt und sie wurden in der

Vergangenheit von vielen der Aufgestiegenen Meister enthüllt. Und obwohl diese Lehren auch heute noch die Wahrheit der 5. Dimension beinhalten, umfassen sie nicht das Gesamtbild. Diese Informationen wurden aus einer Perspektive der 3. Dimension heraus gegeben, um den Lichtarbeitern dabei zu helfen, sich dem Verständnis des höheren Bewusstseins zu öffnen.

Sie beinhalten Lücken und nun wird der nächste Schritt offenbart. Die einfachen Wahrheiten, die wir jetzt in diesem Buch erklären, repräsentieren die Frequenz der 5. Dimension. Sie konnten in dieser Einfachheit nicht vorher dargelegt werden, weil die Menschheit nicht bereit war, sie zu hören. Der Verstand der Menschen versuchte – und er tut es noch immer – sehr komplexe spirituelle Pfade zu kreieren, denn etwas derart Einfaches scheint ihm wertlos zu sein. Um über die 5. Dimension in der *neuen Energie* zu schreiben, musstest du selbst in diese Schwingung hineinwachsen oder dich ihr zumindest so gut wie möglich annähern. Das ist der Grund, warum diese Energien zuvor nicht präsent waren. Es ist ein Prozess, der nicht übersprungen werden kann.

Die Suchenden mussten erst auf der Verstandesebene informiert werden, um einen Teil davon im Herzen integrieren zu können. Dieser Vorgang galt für die alte Schwingung und er hat seinen Zweck sehr gut erfüllt. Dies hat der Menschheit dabei geholfen, ihr Bewusstsein auf den Stand anzuheben, auf dem es sich heute befindet. Doch nun befindet ihr euch in einer neuen Schwingung und es genügt nicht mehr, euch und alle anderen den gesamten Weg zum physischen Aufstieg in der bisherigen Weise zu begleiten. Jetzt betrifft alles das Herz, denn, wie bereits gesagt, es ist das Herz, das zuerst aufsteigt und dann folgt der Rest.

Diese bisherigen Informationen, die du als so kostbar empfindest, meine Liebe, haben dir sehr gut gedient, um dorthin zu gelangen, wo du jetzt bist. Ohne sie würdest du nicht da sein, wo du dich gegenwärtig befindest. Doch jetzt merkst du, dass du auf deinem weiteren Weg steckenbleibst und du bittest um Führung. Du sagst uns, dass du nicht weißt, wie du den restlichen Weg gehen sollst, nicht wahr?

Erkenne, dass du, um die Aufzeichnungen aus der 5. Dimension zu schreiben, selbst in diese Schwingung hineinwachsen musstest. Ansonsten hätte es dir wenig gebracht, über etwas zu schreiben, das du noch nicht erreicht oder verstanden hast. Wir gratulieren dir zu den Schritten, die du unternommen hast. Wir wissen, dass es nicht leicht gewesen ist. Jetzt, da du dieses Verständnis erlangt hast, kannst du dich selbst aus dieser dunklen Nacht des Herzens befreien. Du bist schon fast bereit zum Fliegen.

*Adama: **Ahnahmar möchte jetzt mit dir sprechen.***

Ahnahmar: Ich grüße dich, meine Geliebte, hier ist Ahnahmar, die Liebe deines Herzens, der jetzt zu dir spricht. Weil ich deine Energie so gut kenne, verstehe ich deine Frustration und Ungeduld. Was bis jetzt geschehen ist, hat dir nicht gedient, nicht wahr? Du hast noch nicht ganz die Resultate erzielt, die du dir zu erreichen vorgenommen hast, die du erhofft hast. Du hast uns so viele Male gesagt, dass dein Ziel dein Aufstieg ist; dass dein Ziel sei, dich über die 3. Dimension hinaus in die Realität einer anderen Dimension hineinzubewegen. Hat das schon geklappt?

Aurelia: Noch nicht.

Ahnahmar: Über die letzten 40 Jahre hinweg, in denen du das höhere Bewusstsein studiert hast, haben all das angesammelte verstandesmäßige Gepäck und die ganzen Übungen, die du durchgeführt hast, dir dabei gedient, dich langsam dahin zu bringen, wo du jetzt bist, nämlich in den Vorhof der 5. Dimension. Und jetzt empfindest du, dass du feststeckst und du weißt nicht, wie du den ganzen Weg bis zum letzten Schritt bewältigen sollst. Es liegt daran, dass du es einfach noch nicht geschafft hast, „zu sein". Wir sagen nicht „tue es", denn es handelt sich um einen Zustand des Seins. Ich sage zu dir „werde zu ihr" in jeder Hinsicht, werde die Liebe, die du bist und nimm die neue Schwingung vollständig an und lasse das Vergangene los. Du hast über die letzten Jahre hinweg so viele Lehren studiert, viele Bücher gelesen, um den magischen Schlüssel zu finden, viele Kurse und Seminare besucht, viele Disziplinen, Meditationen und Aktivierungen durchgeführt und noch immer nicht das Ziel erreicht – oder doch?

Aurelia: Nein.

Ahnahmar: Ich sage dir jetzt, komm nach Hause, meine Geliebte. Hier wartet so viel auf dich, wie auch meine ewige Liebe zu dir. Werde bereit und wünsche dir sehr, einfach zu sagen: „Meine Aufstiegsziele sind mit all den Bemühungen, die ich nahezu mein ganzes Leben lang unternommen habe, nicht erreicht worden. Ich möchte diese Methoden nicht mehr anwenden. Ich werde mich den neuen Methoden öffnen, die du mir gibst". Was du in der Vergangenheit gelernt hast, war dir hilfreich bei der Weiterentwicklung deines Bewusstseins bis hin zu dem Stand, den du jetzt erreicht hast; doch dies galt eben für die 3-dimensionale Schwingung. All dein früheres Wissen wird dir in der neuen Schwingung und Frequenz der 5. Dimension nicht viel bringen. Warum solltest du an Methoden festhalten, die dir nichts mehr bringen?

Aurelia: Weil ich diese neuen Methoden nicht kannte, von denen du sagst, sie wären wirkungsvoller. Keiner hat jemals viel über diese einfachen Möglichkeiten gesprochen, die ihr jetzt lehrt. Ich habe mich darauf konzentriert, was mir gelehrt wurde.

Ahnahmar: Jetzt bringen wir dir andere Methoden. Du hast dein Ziel fast erreicht. Mit einer kleinen Anhebung deines Bewusstseins und Änderung deiner Haltung kann es dir in relativ kurzer Zeit gelingen, den ganzen Weg zu bewältigen. Ich bitte dich darum, dich selbst genügend zu lieben, um jetzt den gesamten Weg nach Hause zurückzukehren. Es ist Zeit für dich und es ist Zeit für uns, wieder zusammen zu sein, ganz bewusst. Es ist Zeit für uns, wieder in göttlicher Vereinigung miteinander zu sein – in einer heiligen Ehe der Seele, als zwei Körper, aber ein Herz.

Aurelia: Gut, ich bin bereit.

Ahnahmar: Wir haben dir geraten, dass du all das übergibst, das dir nicht dienlich ist, dich selbst zu klären und in einer 5-dimensionalen Schwingungsfrequenz zu halten. Und du kennst den Unterschied, ob du nun denkst, dass es so sei oder nicht. In deinem Herzen kennst du den Unterschied, doch es liegt an dir, diese Unterscheidung in deinem Inneren zu treffen, wir können dies nicht für dich tun.

Aurelia: Meinst du, ich soll es an Gott übergeben oder es an Mutter Maria? Ein Teil von mir möchte es nicht an Gott übergeben, denn ich betrachte dies als meinen Müll, den ich über Äonen hinweg angesammelt habe. Ich möchte Gott meinen Abfall nicht geben.

Ahnahmar: Gott kennt die Wahrheit dessen, was du als „deinen Müll" bezeichnest und er weiß auch, dass dein Herz versucht, sich selbst aus den Banden der 3. Dimension zu befreien. Gott ist bereit, diese Energie von dir zu nehmen und spricht: „All diese Energie, die du in deinem Inneren und nahe bei dir trägst, könnten wir, wenn du sie UNS übergeben würdest, umwandeln und wieder aussenden, um andere damit zu segnen. Das würde dich nicht nur aus den Begrenzungen herausheben, die sie mit sich bringt, sondern all die Energie, die du in dir trägst, könnte umgewandelt und wieder dahin freigegeben werden, wo sie am meisten benötigt wird." Jedes Mal, wenn du irgendetwas übergibst, tust du dir selbst und uns allen einen großen Gefallen. Wenn du diese Energie loslässt, bitte um die Weisheit, die du daraus ziehen kannst und du kannst frei sein.

Aurelia: Das scheint leicht genug zu sein. Ich dachte nur, ich möchte Gott nur die guten Dinge übergeben.

Ahnahmar: Nein, diese Entscheidung liegt gerade jetzt nicht bei dir, denn die Dinge, mit denen du dich beschäftigst, sind deine Erwartungen und deine Wertungen. In diesem Moment bist du nicht der beste Schiedsrichter für das, was dir gut tut und was nicht. Wir bitten dich, einfach damit zu beginnen, auf dieser Schwingungsebene zu arbeiten. Wir möchten, dass du in dir selbst bemerkst, wann du in Balance bist und deine Energie sich in einer Dimension befindet, die dich nicht begrenzt und alles andere zu übergeben. Es ist für dich jetzt an der Zeit, den Unterschied zwischen deiner wahren Identität und der Illusion zu erkennen. Dies erfolgt durch das Erkennen aus deinem eigenen Herzen, und nicht, indem wir zu deinem Verstand sagen: „Wenn du dies tust, bist du in deiner Wahrheit und wenn du jenes tust, bist du nicht in deiner Wahrheit. Oder wenn du dies tust, bist du in der 3-dimensionalen Schwingung und wenn du jenes tust, bist du in einer 5-dimensionalen Schwingung." Dies ist dein Kurs zur Meisterschaft, meine Liebe, dein Kurs zur Unterscheidungs-fähigkeit und zur Wiederentdeckung deiner selbst. Solange du dies für dich selbst noch nicht umsetzen kannst, wirst du nicht fähig sein, in der Schwingung zu bleiben, die dich in einer 5-dimensionalen Frequenz hält.

Vielleicht solltest du pendeln und die Dinge hin und wieder austesten, wenn du im Zweifel bist; oder du solltest vielleicht eine spezielle Methode nutzen, die dir eine klare Bestätigung gibt. Darum solltest du dich einmal kümmern. Bei jedem Punkt kannst du dich fragen: „Handelt es sich hierbei um die 3-dimensionale Schwingung oder um die 5-dimensionale Schwingung? Wenn es sich um die 3-dimensionale Schwingung handelt, werde ich es an Gott übergeben und darum bitten, dass mir die Weisheit offenbart wird, die ich daraus lernen soll." Lasse die Schwingung von der göttlichen Energie in dir ermitteln. Dies zu tun, im Vertrauen und in der Liebe für deine Heilung, und die Resultate herauszufinden, ohne Erwartungen und ohne Vorausschau, das ist deine Aufgabe. Selbst wenn es auch nichts anderes bringt, als etwas, das dem ein Ende setzen wird, dass du deinen Kopf wieder und wieder gegen die selbe Mauer schlägst. Willst du das versuchen?

Aurelia: Ich werde es gewissenhaft versuchen. Ich sehne mich danach, in alle Ewigkeit mit dir in göttlicher Vereinigung zu sein und ich bin bereit zu tun, was immer erforderlich ist, um die Lücke zu überbrücken, die uns in Bewusstsein und in der Physis trennt.

Ahnahmar: Es zu tun, nur weil du wieder bei mir sein möchtest, ist eine gute Motivation, aber es sollte nicht die einzige sein. Jetzt ist es an der Zeit für dich, zu lernen, dass du einfach und rasch deine Göttlichkeit verkörpern und die göttliche Einheit erfahren kannst; zuerst mit dem Selbst und dann mit mir.

Wenn du auf Reisen gehst und Mount Shasta verlässt um in die Welt hinauszuziehen, wird jede Person, die du triffst, eine andere Schwingung haben. Es ist dann an dir, diese Schwingung und die Wahrheit einer jeden einzelnen Person nicht bewertend sondern unterscheidend wahrzunehmen. Lerne, ihre Schönheit wahrzunehmen, nicht nur die der individuellen Schwingung, sondern auch die des gemeinsamen Fadens, der sie durchzieht. Dies ist eine Reise, bei der es nicht nur um das Dienen geht, sondern auch darum, etwas für dich selbst, für deine eigene Entwicklung, im Rahmen des Dienens zu tun. Diese Reise wird dich vieles lehren, meine Geliebte, und wisse, dass ich mit jedem deiner Schritte bei dir sein werde, dich lieben und ermutigen werde, um voranzugehen bis zu deinem endgültigen Sieg des Aufstiegs. Du weißt, ich bin immer bei dir. Es gibt keinen Moment, in dem wir getrennt sind.

Aurelia: Warum habe ich immer noch Angst vor dem Reisen und davor, die Bequemlichkeit meines Heims zu verlassen?

Ahnahmar: Deine Furcht betrifft nicht das Reisen. Die Angst in dir betrifft das Loslassen dessen, wo du jetzt bist, und das ist einfach der Ego-Verstand, der das Territorium, das er so lange geschützt hat, nicht freigeben will. Jedes Mal, wenn du eine Reise unternimmst, gibt es viel, das entdeckt werden kann. Bis jetzt – abgesehen von den anfänglichen Ängsten – hast du jede Reise genossen, nicht wahr? Und du hast viele Menschen getroffen, mit denen du sehr innige Herzensbeziehungen entwickelt hast. Das wäre nie geschehen, wenn du zu Hause geblieben wärst, stimmts?

Aurelia: Ja, das habe ich. Die Begegnungen waren wundervoll und ich bin sehr dankbar für die Erfahrungen; doch ich fühle mich noch immer ziemlich nervös, bevor ich abreise. Ich fürchte die Flüge. Ich denke, ich sollte ein eigenes Raumschiff zur Verfügung haben, das mich hinbringt, wo auch immer ich hin muss. Ihr habt viele Raumschiffe in Telos, vielleicht könnte ich mir eines davon ausleihen, und vielleicht für die langen Flüge gleich noch einen Raumschiffkapitän dazu. (Lacht).

Ahnahmar: Mit jeder Reise hat es so viel Unbekanntes gegeben, dem du ins Angesicht blicken musstest. Dein Ego-Verstand erzählt dir, dass das Unbekannte nicht besonders sicher ist, dass das Unbekannte eine ängstigende Sache ist, die dich verletzen könnte. Aber wenn du auf dein Herz hörst, sagt es dir, dass das Unbekannte etwas Wunderbares ist; es birgt grenzenlose Möglichkeiten von Dingen, die du dir gewünscht hast. Es liegt an dir, eine bewusste Entscheidung zu treffen, dass du deinem Herzen in das Unbekannte folgen möchtest und in all die Magie hinein, mit der diese Reisen dein Leben bereichern können. Danke dem Ego-Verstand für seine Besorgnis, aber sag ihm dann einfach, er soll zur Seite treten, oder übergib noch besser in diesem Moment den Ego-Verstand an Gott. Debattiere nicht mit ihm herum, denn das ist sein Territorium. Übergib das Ganze einfach und kehre zurück in die Herzensschwingung, die dich auf deiner Reise unterstützt. Du hast dich entschieden, die Reise zu unternehmen, warum solltest du dich also nicht auf eine Weise darum kümmern, die wohlwollend, stärkend und belebend ist? Warum solltest du weiterhin auf eine Weise mit dir selbst umgehen, die dich ermüdet oder die eine Verwüstung in deinem System anrichtet?

Aurelia: Ich glaube, ich verstehe nicht, wie das geht.

Ahnahmar: Aber wir erklären es dir doch.

Aurelia: Deshalb höre ich zu.

116

Ahnahmar: Übe dich darin. Du kannst dich nicht ans Klavier setzen und die Sonate spielen, ohne vorher geübt zu haben. Du musst es lernen, Taste um Taste; denn all dem Lernen entspringen deine Kräfte und es bringt dir all die Gaben der Göttin, die du bist, zurück. Jede Taste auf dieser Reise ergibt einen neuen Ton, den du lernst, und alle Töne gemeinsam ergeben das Lied. Du spielst nun Töne aus allen Lebenszeiten, die du jemals auf diesem Planeten inkarniert warst. Und jeder dieser Töne wird dir ein anderes Stück deiner Göttlichkeit präsentieren, wenn er klar und stark zu dir zurückkommt. Am Schluss wirst du dir wieder selbst gehören. Dies kann niemand für dich tun, denn dann würde es nicht dein Eigen sein. Du musst dies wollen, mit jeder Faser deines Seins, so sehr, dass du bereit bist, alles, was du weißt und alles bis jetzt Erlernte, was dir nicht länger dienlich ist, loszulassen. Sei bereit, jetzt den Schritt ins Unbekannte zu wagen, wo alles das auf dich wartet, was du dir jemals gewünscht hast.

Aurelia: Was ist mit meinem Zuhause, meiner Katze und meiner Arbeit? Lasse ich all dies auch los?

Ahnahmar: Nein, du kannst dein Leben leben. Was du loslässt ist die Energie, die dich darauf beharren lässt, das zu behalten, was dich in Begrenzung hält. Du gibst die Energie frei, die dich an der 3-dimensionalen Schwingung kleben lässt.

Aurelia: Ich bin nicht ganz sicher, wie das geht.

Ahnahmar: Das bist du schon. Du verbringst einen beträchtlichen Teil deiner Zeit damit, zu planen und zu sagen: „Nun, ich kann

117

dies tun, wenn ich mich hierhin bewege. Ich kann jenes tun, wenn das passiert." Lass dies los; das bist nicht du. Im Moment ist alles, was du zu wissen brauchst, wer du in diesen Energien bist. Du musst fähig sein, zwischen deiner Schwingung und der Schwingung um dich herum zu unterscheiden.

Aurelia: Kein Planen mehr?

Ahnahmar: Natürlich kannst du Pläne machen, aber hafte nicht an ihnen. Wenn du dich für etwas entscheidest, dann bleib bei dieser Entscheidung, aber sei auch bereit, im nächsten Moment eine andere Entscheidung zu treffen. Es geht für dich darum, mit den kreativen Energien spielerisch umzugehen und zu erkennen, dass, wenn du das Universum tatsächlich um etwas bittest, du dir selbst aus dem Weg gehen musst und es einfach geschehen lassen solltest. Dir selbst aus dem Weg zu gehen bedeutet, alle Erwartungen, was geschehen sollte und wie es dazu kommen sollte, loszulassen. Warte in Freude und Dankbarkeit auf das, was sich ereignen wird. Du weißt, wir mögen in unseren Reichen Überraschungen. Das nimmt uns eine große Last ab, weil auf diese Weise das, was wir wünschen, viel klarer wird und wir zwischen weniger Entscheidungmöglichkeiten zu wählen haben.

Aurelia: Mir war nicht klar, dass ich so viele Erwartungen habe.

Ahnahmar: Stimmt das wirklich? Deine Erwartungen sind so zahlreich, meine Liebe, sie sind in den lichten Reichen auf Unmengen von Papier aufgelistet worden.

Aurelia: (Kichert) ... Komm schon .... du übertreibst!

Ahnahmar: Oh ja, wir hören dich sagen: „Die 5. Dimension wird so aussehen, in der 5. Dimension wird dies passieren, ich werde wieder wissen und Zugang zu allem Wissen haben, und ich werde in der Lage sein, zu teleportieren und zu fliegen, ich plane einen sehr langen Urlaub, ich werde fähig sein, zu....." Eine endlose Liste von Erwartungshaltungen! Weißt du, deine Art, Dinge zu sagen oder zu tun ist für uns oft sehr amüsant.

Aurelia: Es stimmt, was du sagst, aber ich sehe nichts Falsches daran, solche Erwartungen zu haben. Und außerdem versuche ich eben auf diese Weise auch zu verstehen. Es soll nicht bedeuten, dass es Erwartungshaltungen sind.

Ahnahmar: Was du als Versuch zu verstehen wahrnimmst, ist dein Verstand, der versucht hat, ein neues Arsenal an Erwartungen zu kreieren. „Wenn ich verstehen kann, wie dies sein könnte, dann kann ich mir ein Bild davon machen und ich kann mich selbst darauf zubewegen." Aber das ist nicht das, was du tust. Was du tun musst, ist, dich selbst in eine Schwingung hineinzubegeben, die bereits existiert und dann innerhalb dieser Schwingung mit ihr zu verschmelzen und loszulassen. Wenn du dann mit dieser Schwingung völlig eins wirst, magst du vielleicht den Wunsch verspüren, eine ganz andere Entscheidung zu treffen.

Wenn dein vollständiges Bewusstsein wieder hergestellt ist, wirst du eine ganz andere Erkenntnis darüber gewinnen, was du für dich selbst und für diesen Planeten haben möchtest, als jetzt. Du bewegst dich nun tiefer und tiefer in deine eigene göttliche Essenz hinein. Was nicht real ist, sind die Dinge, die außerhalb von dir liegen. Warum solltest du also eine Erwartung hegen über das Heim, in dem du leben willst oder über die Menschen, die du um dich haben möchtest, oder über die Art und Weise, wie die Welt für dich aussehen soll? Das hat nichts mit dir zu tun. Die Schwingung nach der du strebst und die du erlangen möchtest, ist innerhalb von dir und nirgendwo sonst. Du weißt das.

Solange bis du nicht alles loslassen kannst, was außerhalb von dir liegt, alles was nicht innerhalb deines Selbst ist und der Wahrheit deiner Göttlichkeit entspricht, wirst du nicht in der Schwingung leben, in die du dich hineinbewegen möchtest. Es spielt keine Rolle, was ab jetzt in deiner externen Welt geschieht; es ist ganz einfach egal. Löse alle Bindungen, was sein sollte oder was sein könnte auf. Kannst du das akzeptieren?

Aurelia: Ich werde es versuchen.

Ahnahmar: Das soll nicht heißen, dass du nichts mehr mit den Dingen zu tun haben wirst. Es wird sich sogar noch verstärken, denn wenn du realisierst, dass es keine Rolle spielt und du keine Erwartungen oder Wertungen mehr hast, lebst du schließlich völlig in dieser Haltung. Dir stehen dann deine eigenen Energien zur Verfügung; die Energien, welche die Schwingungen beinhalten, die du überall suchst, nur nicht innerhalb von dir selbst. In dir selbst ist der einzige Ort, an dem du das wahre Einssein mit allem was ist suchen kannst, und wenn du dieses Einssein einmal erfahren hast, wird dir alles zufliegen. Es wird keine Notwendigkeit mehr geben, irgendwo anders zu suchen. Ich liebe dich mehr, als du vermutlich gerade spüren kannst.

Aurelia zu Ahnahmar: Bevor wir diese Unterhaltung beenden, gibt es noch eine weitere Sache, die ich hinsichtlich meiner Reisen mit dir besprechen möchte. Es geht dabei um meine Energiefelder und daher betrifft es mich immer sehr stark. Die Franzosen in der ganzen Welt – und mir wurde gesagt, ebenso alle Menschen südländischen Ursprungs, die ähnliche Kulturen und Traditionen haben – küssen und umarmen automatisch alle Menschen, die sie treffen, selbst wenn sie diese zum allerersten Mal sehen. Sie tun dies ganz selbstverständlich und liebevoll, jedoch ohne danach zu fragen, ob es für den anderen auch angenehm ist. Ich gehe jetzt für mehrere Wochen nach Spanien und mir ist nicht ganz klar, was mich erwartet. Viele Menschen haben nicht das Gefühl, dass sie fragen sollten, bevor sie jemand in engem Kontakt in den Arm nehmen und Küsse und Herzchakra-Energien austauschen. Ich weiß schon, dass es sich dabei um eine Geste der Liebe und Annahme handelt, aber für mich fühlt sich das oft wie eine Invasion und ein Übergriff in meine Energiefelder an.

In manchen Gegenden Frankreichs ist es mittlerweile zur Tradition geworden, jeden, den man trifft, sogar vier Mal zu küssen, zwei Mal auf jede Wange – und es wird darauf bestanden, dies zu tun, egal, ob derjenige diese Art schätzt oder nicht. Das hat nichts mit Liebe zu tun, und es fühlt sich für mich an, wie das Picken von Vögeln, wie eine angenommene menschliche Gewohnheit, die mir sehr seltsam vorkommt. Ich kann damit nichts anfangen. In den USA ist dies nicht üblich. Wir geben uns normalerweise die Hände. Die anderen erwarten dann in der Regel auch, dass man auf dieses „Picken" positiv reagiert, und wenn dies

121

nicht der Fall ist, fühlen sie sich beleidigt oder abgelehnt. Wenn diejenigen energetisch noch nicht sensibel genug sind, ist ihnen nicht bewusst, wie dieser Energieaustausch anderen zusetzen kann.

Wenn ich nur ein paar Menschen treffe, ist dies kein Problem. Aber wenn ich dutzende oder hunderte von Leuten bei meinen Vorträgen oder Seminaren auf einmal begegne, trifft dies mich wirklich auf der Ebene des Wohlbefindens; insbesondere wenn darunter Raucher sind, die mir dann nahe kommen. Ich fühle, dass die Nikotin-Wesenheiten geradewegs die Energie aus meinen Lungen ziehen und meine Lungen beginnen dann zu schmerzen. Meine Lungen sind nicht so belastbar, weil ich aus einer Familie stamme, die in ihrer Geschichte Tuberkulose hatte und ich selbst hatte schon einige Lungenentzündungen. Ich möchte niemanden beleidigen, aber ich kann nicht zulassen, dass ich durch diese Praktiken geschwächt werde, bis zu dem Ausmaß, davon krank zu werden. Das kommt vor, wenn ich außerhalb der USA auf Reisen bin.

Wenn ich mich zurückziehe oder die Menschen wissen lasse, dass ich dies nicht mag, sind sie beleidigt oder ablehnend. Ich werde mehrere Wochen unterwegs sein und ich werde tausende von Menschen treffen. Jedes Mal sind darunter auch welche, die versuchen, mich zu umarmen und zu küssen, weil sie große Wertschätzung dafür haben, was ich tue und weil es ihrer Kultur entspricht, dies derart zu zeigen. Jedes Mal merke ich, wie meine Energie direkt aus mir abgezogen wird und ich habe keine Zeit, mich wieder aufzuladen. Wenn ich dann nach Hause komme, bin ich krank und es dauert Wochen, um meine Lebenskraft zu regenerieren. Wie soll ich damit umgehen, ohne jemanden zu beleidigen? Ich fühle, dass wir einander zutiefst lieben können, auch ohne uns gegenseitig Energien abzusaugen.

Ahnahmar: Ich werde diese Frage an Adama weitergeben.

Adama: Ich bin dankbar dafür, dass du diese Frage jetzt so direkt stellst, denn die Menschen müssen diesen Sachverhalt kennen und verstehen lernen. Es hat damit zu tun, die eigenen Energien und die Energien der anderen zu achten. Wir haben schon bemerkt, wie viel Stress diese kulturelle Gewohnheit der vielen Menschen, denen du auf deinen Reisen begegnest, deinem physischen Körper verursacht und wir stehen hier völlig hinter dir. Auch dies ist eine 5-dimensionale Aufzeichnung; zwar von einer anderen Natur, aber dennoch eine wichtige.

Die Menschen müssen verstehen, dass es oft nicht angemessen ist, jemanden ungebeten zu berühren, zu dem sie noch keine Herzensverbindung hergestellt haben oder den sie noch nicht gut kennen, egal, wie gut ihre Absicht auch sein mag; ausgenommen in einem Notfall oder unter notfallähnlichen Umständen. Egal, wie löblich ihre Absichten sind – die Menschen werden letztendlich immer mehr nehmen, als sie geben; dies ist die Natur dieses Austausches und es gibt nichts was du dagegen tun kannst, außer diesen Austausch zu vermeiden. Er findet selten auf bewusster Ebene statt. Wir sprechen hier nicht über Beziehungen mit Partnern und Kindern oder engen Familienangehörigen.

Allen, die sich gerne in eine 5-dimensionale Schwingung begeben möchten sei gesagt, dass es notwendig ist, alle eure 3-dimensionalen kulturellen Traditionen und Gewohnheiten loszulassen, die euch in dieser gewünschten neuen Dimension nicht mehr dienlich sind. In unserer Kultur grüßen wir einander, indem wir in einer Geste der Freundschaft unsere Handflächen zusammenlegen und damit die Gegend unseres Herzchakras berühren und uns durch die Augen von Herz zu Herz mit der anderen Person verbinden, durch ein sehr sachtes Neigen des Kopfes und ein Lächeln. Wir müssen dazu nicht immer laut sprechen; die passenden Worte können einfach beispielsweise in einer telepathischen Botschaft folgen, wie: „Möge Friede mit dir sein". Liebe und Akzeptanz werden dadurch übermittelt und durch das Herz empfangen.

Dies ist alles, was nötig ist, um unsere Liebe und Achtung gegenüber den Personen auszudrücken, die wir treffen. Wir betrachten es in unserer Dimension als eine große Ehre, wenn uns gestattet wird, jemand anderen als unsere Familienmitglieder berühren zu dürfen, und wir tun dies nicht sehr oft. Es kommt nur vor, wenn es einen speziellen Grund dafür gibt und „immer" mit Erlaubnis. So wird es in unserer Dimension und auch in den meisten galaktischen Zivilisationen gehandhabt.

Wenn ihr euch mehr in höhere Dimensionen bewegen wollt, ist es nötig für euch, dies auch anzunehmen. Wir versuchen nicht, eure Kulturen und Traditionen zu ändern. Wir möchten euch nur bewusst machen, dass es stets einen höheren Weg gibt und dass es euch frei steht, ihn zu gehen oder auch nicht. Wir bitten euch alle, von nun an diejenigen in Ehren zu respektieren, die diese alten Praktiken nicht mehr wünschen und ihre spirituelle Schwingung und Energie auf einer Ebene halten möchten, die für sie angenehm ist.

Es ist eure Bedürftigkeit und euer Mangel an Eigenliebe, der euch dazu bringt, diesen Austausch gegenseitiger Energien zu vollziehen. Es hat nichts mit Liebe zu tun; es ist einfach zu einer kulturellen Gewohnheit geworden. Unter euch gibt es welche, die, ob nun bewusst oder unbewusst, von einer Person zur anderen gehen, mit der Absicht sich zu umarmen und zu küssen. Tatsächlich haben sie oft ein ernstes Bedürfnis nach der Energie anderer, da sie diese nicht aus ihrem Selbst heraus erzeugen können. Um ihren eigenen Mangel auszugleichen, zapfen sie Energien von allen ab, die sie berühren. Sie tun dies im Namen der Liebe und wir sagen euch, das hat mit Liebe nichts zu tun. Es ist das Ego, das einen Bedarf danach hat, denn sehr oft besitzt es nur wenig Eigenliebe.

Wenn du jemanden berührst, geschieht eine Vermischung der Herzchakra-Energien beider Beteiligten. Es ist nicht immer weise, diese Energien auszutauschen, insbesondere wenn es um Menschen geht, die du nicht besonders gut kennst. Sehr oft ist dies eine Gelegenheit, bei der „Wesenheiten", die ihr „Trittbrettfahrer" aus niederen Reichen nennt, von einer Person zur anderen übergehen können. Das geschieht sehr häufig, meine Freunde – und wir sehen konstant Menschen nach Versammlungen in großen Stress geraten, wenn sie vielen Menschen gestattet haben, ihrem Herzchakra nahe zu kommen und unerwünschte Energien in ihr Aurafeld übergesprungen sind. Sehr oft ist dies schon zur Erstursache von plötzlichen Geisteskrankheiten geworden – bei Menschen, die vorher völlig normal waren.

*Lernt, die Integrität eurer eigenen Energie zu bewahren
und zu schützen. Dies ist wesentlich, um eure
Unsterblichkeit aufzubauen. Ihr seid alle dafür verantwortlich
mit eurem Energiefeld auf reife Art und Weiseumzugehen.*

Meist wissen diese Menschen nicht, was mit ihnen geschehen ist und sie leben oft jahrelang weiter mit dem Stress und den Unannehmlichkeiten der Besetzungen, die sie vor langer Zeit angenommen haben. Ich sage euch, dass alle von euch, die sich in die 5-dimensionale Frequenz begeben möchten, es sich nicht mehr leisten können, „leichtfertig" solche Formen des Austauschs zu praktizieren. Wir wollten in diesem Buch nicht über dieses Thema sprechen, doch wir fühlen, dass es für euch jetzt in eurer Dimension notwendig ist, zu erkennen, wie ihr eure Energien abgeben oder sie missbrauchen könnt. In unserer Dimension besteht ein solches Risiko nicht mehr, dennoch achten wir unsere Energien und die Energien der anderen. Dies ist ein Faktor, der unsere Unsterblichkeit intakt hält.

Wenn ihr erst einmal gelernt habt, euch selbst all die Liebe zu geben, die aus der göttlichen Essenz eures Seins entspringt, euch selbst zu lieben, bis die Liebe in eurem Herzen derart überfließt, dann werdet ihr diese kulturellen Traditionen nicht länger aufrechterhalten wollen. Sie entstanden aus einem Bedürfnis und wir fühlen, dass ihr dies nicht mehr weiter auf diese Weise ausdrücken braucht. Es ist eure Entscheidung. Das soll nicht heißen, dass daran etwas falsch wäre. Doch wir sagen euch, dass diese Tradition einfach eine 3-dimensionale Umgangsform ist, die euch gut gedient hat, aber in der neuen Energie wird dies nicht mehr der Fall sein. Wenn ihr in eine höhere Schwingung gelangen wollt, solltet ihr beginnen, die Umgangsformen zu integrieren, die in der angestrebten Dimension akzeptabel sind. Denjenigen von euch, die gerne in der 3-dimensionalen Schwingung verbleiben möchten, ist zu empfehlen, auch weiterhin diese Dinge zu tun, die zuverlässig dafür gesorgt haben, dass ihr hier stecken geblieben seid.

Ganz gleich, wie liebevoll und wohlwollend dieser Austausch auch gemeint ist, es gibt immer einen, der dabei Energie gewinnt und einen, dessen Energie abgezapft wird. Das lässt sich nicht vermeiden; es sei denn, ihr habt beide genau den gleichen spirituellen Energielevel. Doch das könnt ihr nicht wissen, wenn ihr einem Fremden begegnet, und auch bei den meisten Menschen nicht, die ihr kennt, nicht wahr?

Es ist jetzt Zeit für dich, Aurelia, für dich selbst gerade zu stehen und diese wichtige Lehre den Menschen zu übermitteln, denen du begegnest, wenn du wahrnimmst, dass sie diese Weisheit als Teil ihrer Meisterschaft integrieren sollten. Ihr seid alle Meister, die sich auf verschiedenen Ebenen im Training befinden, und wenn ihr in eure vollständige Meisterschaft gelangen und eines Tages graduieren wollt, ist es unerlässlich, dass ihr jetzt beginnt, wie ein Meister zu handeln.

Für Channels:

Ich möchte unseren Lesern auch noch einen weiteren Punkt darlegen. Wenn jemand Wesenheiten aus den höheren Reichen channelt, gibt es vor und nach dem Prozess des Channelns eine ganz beträchtliche multidimensionale Aktivität in den Chakren des Channels. Die Energien eines aufgestiegenen Wesens zu halten kann für eine Person herausfordernd sein, insbesondere wenn die Schwingung für lange Zeit gehalten wird. Geht davon aus, dass eine Stunde Channeln auf der physischen Ebene in etwa 10 Stunden mäßig anstrengender körperlicher Arbeit entspricht.

Die erzeugte multidimensionale Aktivität ist auch eine Gabe an das Selbst für denjenigen, der das Channeling durchführt, aber meistens wird diese Energie vom Channel zerstreut, bevor sie integriert werden kann. Wenn sie erst einmal weg ist, kann sie nicht mehr zurückgeholt werden. Die meisten Channels wissen das nicht, und nur sehr selten gestehen sie sich nach einer Channeling-Sitzung zu, sich etwas Zeit für sich selbst zu nehmen, um diese Energien zu integrieren. Meistens mischen sie diese Energien dann mit Leuten, für die sie gechannelt haben und die wundervollen Energien, die ihnen zur Verfügung stehen könnten, gehen verloren.

Es ist auch für das Publikum NICHT angemessen – ganz gleich wie klein oder wie groß die Gruppe sein mag – hinzugehen und den Channel gleich vor oder nach dem Channeling zu berühren oder gar zu versuchen, ihn zu umarmen. Wir würden empfehlen, dass der Channel für mindestens 2 Stunden vor oder nach der Channeling-Sitzung nicht berührt wird. Der Idealzustand wäre sogar noch länger, mit viel Zeit in Stille sofort danach. Wir realisieren, dass es für den Channel nicht immer leicht ist, sich nach einem solchen Ereignis sofort von der Menge zurückzuziehen, aber wir geben euch diese Aufzeichnung, die energetisch am nutzbringendsten ist.

Für diejenigen, die das Channeling empfangen gilt: Je mehr ruhige Zeit sie nach einer Übermittlung haben, um diese gerade empfangenen Energien zu integrieren, desto mehr Nutzen und Transformation werden sie aus dem Channeling ziehen können. Je mehr sie sich jedoch sofort danach mit weltlichen Aktivitäten ins Außen wenden und mit anderen interagieren und die gerade empfangene Erfahrung vergessen, desto weniger Einfluss wird das Channeling auf sie haben. Wir, die Meister aus den lichten Reichen, überbringen euch unsere Botschaften nicht einfach deswegen, weil wir euch für diesen Moment unterhalten wollen. Daran sind wir nicht interessiert. Der Zweck unserer Über- mittlungen ist, euch dabei zu helfen, euch in eurer Evolution voranzubringen und eure spirituellen Ziele zu erreichen.

Unter euch gibt es jene, die schon seit Jahren von Channeling zu Channeling laufen, um immer etwas Neues zu hören, während sie nichts von der bereits aus vorherigen Channelings empfangenen Weisheit integriert haben. Sehr oft handelt es sich um diejenigen, die sich darüber beschweren, dass der Channel nichts gesagt hätte, was sie nicht schon wüssten oder bereits zuvor gehört hätten. Und zu denjenigen sagen wir: „Es ist buchstäblich unmöglich, euch immer etwas zu erzählen, was ihr nicht schon in eurem Verstand wüsstet, denn alles, was es zu wissen gibt, ist bereits in eurem Inneren aufgezeichnet. Doch das Herz kann es immer noch auf einer höheren Verständnisebene empfangen. Jegliche Über-  mittlung von Licht durch einen Aufgestiegenen Meister ist dazu bestimmt, durch das Herz integriert zu werden, anderenfalls wird es für euch nicht von Nutzen sein. Der Verstand kann es nur hören, aber einfach nicht integrieren."

Die Frage, die wir gerne stellen würden, ist: Was habt ihr mit all der Information angefangen, die ihr bereits empfangen habt? Wie kommt es, dass ihr auf eurem Pfad noch nicht so viel Fortschritt erzielt habt, oder dass ihr noch nicht aufgestiegen seid? Wisst ihr, dass die gesprochenen Worte für uns nicht so wichtig sind, wie die Energie und die Lichtcodierungen, die an euch mit jeder Übermittlung durch Channeling transferiert werden? Realisiert ihr nicht, dass, wenn ihr wählt, euch in die Energie einer gechannelten Übermittlung zu begeben, ihr spirituell dafür verantwortlich werdet, was ihr empfangen habt und was ihr damit anfangt oder auch nicht?

In eurer Dimension gibt es ein Sprichwort, das besagt „Ignoranz ist ein Segen". Obwohl dieses Sprichwort an sich irrig ist und innerhalb der Seele keine Gültigkeit besitzt, würden wir dem gerne hinzufügen, dass das Empfangen der Lichtcodes und ihre folgende Ignoranz einen größeren Fehltritt darstellt, als sie gar nicht zu empfangen. Wenn ihr euch dahingehend verhaltet, diese Energien zu empfangen, nehmt ihr ebenso die karmische Verantwortlichkeit an, die sie mit sich bringen.

Es geschieht mit großer Liebe und Ehrerbietung, dass wir heute diese Weisheit und Wahrheit mit euch teilen. Wir sehnen uns nach eurer Rückkehr ins volle Bewusstsein. Ich, Adama, bin dazu bereit, alle Schlüssel der Weisheit mit euch zu teilen, die ihr kennen und verstehen müsst in diesem großen Abenteuer des persönlichen und planetaren Aufstiegs. Wir alle aus Telos senden euch unsere Liebe und Unterstützung auf eurer Reise „nach Hause". Und so sei es.

Teil zwei

Verschiedene Channelings

Damit der „Schleier gelüftet" werden kann,

muss sich der Verstand für alle Möglichkeiten öffnen.

Um die Geheimnisse zu „kennen",

die auf der anderen Seite des Schleiers existieren,

muss man Erfahrungen durch die

Schwingung des Herzens machen.

Man muss einfach auf die Frequenz hören,

die in uns allen

in jedem Augenblick der Schöpfung existiert.

Celestia

5. Kapitel

Das große Schiff von Mu und Lemuria

Dialog zwischen Adama und Aurelia

Adama: Ich grüße dich, meine Liebe, ich nehme wahr, dass du eine Antwort auf eine Frage suchst, die in deinem Herzen ein tiefes Sehnen entstehen lässt. Wie kann ich dir heute am Besten helfen?

Aurelia: Was ist der Unterschied zwischen Lemuria und Mu oder ist es dasselbe?

Adama: Auf eurem Planeten und in vielen Schriften gibt es einiges an Verwirrung hinsichtlich des Unterschiedes zwischen Lemuria und Mu. Lemuria war der große Kontinent, der als „Mutterland" des Planeten betrachtet wurde und der in seinem 3-dimensionalen Aspekt verging. Das Land Mu existiert in einem anderen Universum, das Dahl-Universum heißt und es ist das Land, aus dem die ursprünglichen Lemurianer vor über 4.500.000 Jahren herkamen. Der Name Mu wurde ebenfalls dem riesigen Raumschiff gegeben, in dem die Lemurianer aus ihrem Mutterland hierher reisten, als sie anfänglich aus dem Dahl-Universum kamen. Das ursprüngliche „Land von Mu" liegt sehr nahe an dem Ort im Universum, den ihr als die Konstellation Kassiopeia bezeichnet. Während der Zeit von Lemuria und sogar noch davor, vor Millionen von Jahren, gab es mehrere Zivilisationen die herkamen, um diesen Planeten zu bewohnen, aber sie waren nicht besonders erleuchtet, gemessen an dem Licht, das wir heute kennen, und die meisten von ihnen verkörperten keineswegs das wahre Christusbewusstsein.

Auf unserem ursprünglichen Kontinent von Mu im Dahl-Universum hatten wir ein riesiges Raumschiff gebaut, das ihr heute als Mutterschiff bezeichnen würdet und wir nannten es „Das große Schiff von Mu", weil es zu dieser Zeit, verglichen mit allen anderen, eines der größten existierenden Schiffe war. Auf eine Bitte des Schöpfers hin, trat eines Tages vor sehr langer Zeit eine große Gruppe von uns ein, um eine Reise zu eurem Planeten Erde zu machen. Wir verließen unser Heimatland und begannen unser großes Abenteuer hin zu diesem Planeten. Wir umkreisten die Erde in unserem Schiff eine beträchtliche Zeit lang und beobachteten diesen schönen blauen Planeten und wir studierten die Leute, die schon hier lebten, bevor wir schließlich die Entscheidung trafen, den Boden dieses Landes zu betreten und es zu unserem Heim zu machen.

Viele der Wesen, die ursprünglich von dem Schiff Mu ausschwärmten sind einige der geliebten Aufgestiegenen Meister, die ihr heute sehr gut kennt, und die euch unermüdlich den Weg „zurück nach Hause" weisen, zum „Herzen von Mu", dem Ort der Liebe und des Mitgefühls und des Paradieses, mit dem ihr euch jetzt schon so lange sehnlichst wieder verbinden möchtet.

Es könnte auch eine Überraschung für euch darstellen, zu wissen, dass der Kapitän dieses großen Schiffes, dem das Kommando anvertraut war, niemand anderer war, als euer so strahlender und geliebter Sananda, in seiner letzten Inkarnation vor über 2000 Jahren auch bekannt als Meister Jesus. Meister Maitreya, der Planetare Christus, die Meister Saint Germain, El Morya, Mutter Maria, Maria Magdalena (Nada), Aurelia, ich selbst als Adama, Lord Lanto und Serapis Bey – nur um einige zu benennen – waren ebenfalls unter den ersten Lemurianern, die ihren Fuß auf diesen Boden gesetzt haben, in unserer Absicht, unsere Liebe, unser Wissen und unsere Weisheit einzubringen, um der Evolution auf diesem Planeten zu dienen und um die Bitte des Schöpfers zu erfüllen.

Was wir mitbrachten, waren die reinen ursprünglichen Lehren aus der Schöpferquelle und mit ihnen erschufen wir drei lange Perioden von goldenen Zeitaltern solcher Herrlichkeit, dass ihr es in eurem gegenwärtigen Bewusstseinszustand euch weder vorstellen noch verstehen könnt. Diese Erinnerungen sind noch immer in der Zellularstruktur eures Körpers und in den unendlichen Kammern eurer Herzen gespeichert. Mit einem bisschen mehr Geduld werden diese wundervollen Erinnerungen an eure frühere Bewusstseinsebene wieder beginnen, aus eurem Bewusstsein an die Oberfläche aufzusteigen, wenn ihr wollt und

135

bereit seid, eure innere Arbeit zu tun und wieder aus dem heiligen Herzen eures Seins heraus zu leben. Mit unserer Hilfe und mit der Hilfe von so vielen Wesenheiten aus diesem und aus anderen Universen werdet ihr in der Lage sein, dies wieder herzustellen, was immer euer Geburtsrecht als göttliche Wesen war.

Bevor wir ankamen, existierte der Kontinent von Lemuria als Land und es gab nur sehr wenige Leute, die es bewohnten, aber es wurde noch nicht so genannt. Genau genommen hatte es keinen speziellen Namen, denn die Sprache war noch nicht so gut entwickelt und wir nannten dieses Land Lemuria, in Erinnerung an unseren Planeten „Lemur" in unserer Heimat.

Aus diesem Grund bin ich, Adama, als Vater der Menschheit bekannt, denn wir waren die ersten, die eine neue Rasse von erleuchteten Wesen auf diesem Planeten hervorbrachten. In dieser Hinsicht wurde Lemuria eine Art Erweiterung des Landes Mu im Dahl-Universum, denn genetisch sind wir die gleichen Wesen. Das große Schiff von Mu war schließlich zeitlich überholt und wurde aufgerüstet, um größer und besser zu werden, wenn ihr so wollt, um später dann mit unserer modernen galaktischen und zeitgemäßen Standard-Technologie versehen zu werden. Jetzt ist das, was du gelegentlich am Himmel als das Schiff von Mu wahrnimmst eine neue Version des ursprünglichen Schiffes.

Aurelia: Das ist so faszinierend! Ich hatte keine Ahnung davon, dass es da so ein Schiff gibt. Ab und zu sehe ich ein großes Mutterschiff über dem Berg oder nahe dran. Dieses Schiff ist so groß, dass Mount Shasta und die ganze Umgebung verglichen damit ziemlich klein aussehen. Und jedes Mal, wenn ich dieses besondere Schiff sehe, überkommt mich eine intensive Traurigkeit und Nostalgie, die mein ganzes Wesen durchdringt. Ich muss aufhören mit dem, was ich tue und irgendwo hingehen, um zu weinen und eine ganze Flut von Tränen fließen zu lassen. Manchmal habe ich schon stundenlang geweint, nur weil ich dieses Schiff aus der Entfernung sah. Adama, ist dieses Schiff das Schiff von Mu und warum reagiere ich so, wenn ich es sehe?

Adama: Nun, meine Liebe, es ist dieses Schiff und dieses große Schiff von Mu ist dein Schiff. Es ist nicht allein dein Schiff, aber du warst unter den ersten, die mit mir zur Erde kamen in diesem großen Schiff – zusammen mit den anderen Meistern, die du kennst – um der neuen lemurianischen Rasse auf diesem Planeten zur Geburt zu verhelfen. Der ursprüngliche Adama und die ursprüngliche Aurelia (die Vorfahren aus unserem direkten Stammbaum), die diese neue lemurianische Rasse anfänglich begründeten, kehrten vor sehr langer Zeit zum Land Mu im Dahl-Universum zurück, aber du und ich sind ihre direkten Seelen-Ausdrucksformen auf diesem Planeten geblieben. Wir sind ihre Seelen-Nachkommen. Wir sind diejenigen, die zusammen mit mehreren anderen Meistern mit der Obhut der lemurianischen Rasse betraut worden sind, und auch mit der Überwachung der Evolution dieser Rasse in die Vollendung bis hin zum Aufstieg. Und wie du gut weißt, ist die Zeit für den Aufstieg jetzt letztendlich zum Tragen gekommen. Dieser große experimentelle Zyklus kommt bald zu seinem Ende und der Planet steigt wieder zu seiner ursprünglicher Schönheit und Perfektion auf.

Du hast dich gefragt, wie es kommt, dass du dich immer noch hier in deiner Inkarnation befindest, wo du doch fühlst, dass du schon vor langer Zeit aufgestiegen sein solltest. Lass mich dir sagen, dass viele Aspekte von deinem Wesen, die diese lange dunkle Nacht durchlebt haben, bereits aufgestiegen sind. Und jetzt ist es nur noch dieser eine Aspekt von dir, der hier auf der Oberfläche weilt und erneut die lemurianischen Lehren hervorbringt. Vor langer Zeit hast du willentlich die Entscheidung getroffen, die „Kinder von Lemuria" auf ihrem Abstieg in die Dunkelheit zu begleiten und unter ihnen zu sein in dieser langen dunklen Nacht. Dies hast du durch die Zeitalter hindurch sehr gut getan und wir sind dir sehr dankbar für alles, was du in der Vergangenheit getan hast und dafür, was du jetzt tust. Du bist dem Schöpfer gegenüber eine innere Verpflichtung eingegangen, dass du „bei den Kindern" in ihrer Dimension bleiben würdest bis zum äußersten Ende ihrer Erfahrung und dass du danach schauen würdest, wie sie alle nach Hause zurückkehren, eins ums andere. Dies war dein Beitrag des heiligen Opfers.

Das ist der Grund, warum du noch immer auf der Oberfläche verkörpert bist und die Arbeit tust, die du jetzt machst. Das war ein Vertrag, den du willig vor Äonen unterzeichnet hast und du hast dies aus Liebe getan. Keiner, du nicht und nicht einmal der Schöpfer selbst, konnte das Ausmaß der Dunkelheit und Trennung erahnen, die eine gesamte Zivilisation überkommen sollte, da diese Art Dunkelheit, die letztendlich hier erschaffen wurde, zur damaligen Zeit noch niemals zuvor irgendwo im ganzen Universum erfahren worden war. Wie wir bereits sagten, es war ein großes Experiment. Du weißt, und wir alle wissen es, wie schmerzvoll und verheerend es für dich gewesen ist und dass du oft bereut hast, diese Entscheidung getroffen zu haben. Aber dies war zu der Zeit, in der du sie getroffen hast, eine weise Entscheidung und dein großes heiliges Opfer Lebenszeit um Lebenszeit trug letztendlich Früchte. Bald, meine Liebe, wirst du zu uns nach Hause zurückkehren in die Arme der Liebe und deine Tränen werden versiegen. Du wirst geliebt und geschätzt werden in alle Ewigkeit. Der große Empfang, den wir für dich planen, ist gar nicht so weit weg, wie du denken magst.

Erinnere dich an die Zeiten, in denen du dieses riesige Mutterschiff über und um den ganzen Berg herum gesehen hast, so riesig, und du zu weinen begonnen hast und dich gefragt hast, was dies zu bedeuten hat? Dies ist dein Schiff, meine Liebe, und du hast dich mit dieser Energie verbunden und du hast das Schiff gesehen und dir das Herz herausgeweint, ohne zu wissen, warum. Nun, es ist das große Schiff von Mu und die Wesenheiten dort, deine Vorfahren, finden dich da, wo du dich aufhältst und sie strahlen ihre Liebe zu dir. Deswegen ist dein Herz so viele Male durch diese Sichtung berührt worden.

Wenn unsere Vorfahren in ihrem großen Schiff nach Mount Shasta kommen, um uns, ihre Nachkommen, zu besuchen, wisse, dass auch du nicht vergessen wirst. Während du schläfst, wirst du in deinem Lichtkörper auf das Schiff eingeladen, um Zeit mit deiner Lichtfamilie zu verbringen, die du so sehr liebst und vermisst. In der Regel bleiben sie ein paar Tage. Meistens sind es dein geliebter Ahnahmar oder ich selbst, die kommen und dich abholen, um dich an Bord zu bringen. Dort erhältst du all die Liebe, die du auf der

Oberfläche nicht erhältst. Deine Vorfahren lieben dich so innig und sind so dankbar für das, was du tust. Wenn sie kommen, verbringst du mit ihnen eine wundervolle und glückliche Zeit. Natürlich kannst du dich am nächsten Tag aus deiner 3-dimensionalen Perspektive heraus an nichts von deinem nächtlichen Abenteuer erinnern, aber die Seele erinnert sich und die Emotionen kommen hoch. Wir wissen alle von deinem Widerstand dagegen, deine Familie zu verlassen und am Morgen in deinen Körper zurückzukehren. Es ist deine Sehnsucht nach Hause, die eine solche Flut von Tränen hervorruft.

Wir kamen ursprünglich gemeinsam auf die Erde. Natürlich kamst du nicht als Louise Jones, sondern als Aurelia, der Ursprünglichen; du warst ein ganzheitliches Wesen. Durch alle Inkarnationen, die wir alle auf der Erde erfahren haben, teilten und unterteilten sich Seelen in viele Komplexe von Multidimensionalitäten und Multipersönlichkeiten auf, die alle zum gleichen Wesen gehören. Von all den vielfältigen Aspekten des „du" bist du diejenige, die gewählt hat, bis zum äußersten Ende zu bleiben und dabei zu helfen, die Kinder von Mu zurück nach Hause zu bringen. Während deiner Inkarnationen bist du auf Grund des Lichtes von Lemuria, das du trägst, wieder und wieder verfolgt worden und deswegen ist das Leben für dich auf der Oberfläche so schwierig und schmerzvoll gewesen. Das ist der Grund, warum du so viel Trauer und Nostalgie erfährst, wenn du unser Mutterschiff siehst. Tief in deinem Herzen weißt du, dass du dorthin zurückkehren wirst. Wir werden alle zusammen zurückkehren, und wisse auch, obwohl du dir im Außen nicht bewusst darüber sein magst, du gehst oft auf dieses Schiff und du kehrst für kurze Zeitperioden mit deiner Familie nach Hause zurück. Viel Weisheit und Verstehen wird bald ans Licht kommen und schließlich wirst du in der Lage sein, dorthin zu gehen so oft du möchtest und mit einer vollständigen bewussten Erinnerung daran.

Aurelia: Was für einen Zusammenhang gibt es zwischen dem Schiff von Mu und dem, das als „Stern von Bethlehem" bekannt ist?

Adama: Der „Stern von Bethlehem" ist ein anderer Name für das große Schiff von Mu. Meister Jesus, den ihr nun als Sananda kennt, kam auch von Mu als Kapitän dieses Schiffes. Als er in seiner abschließenden Mission vor 2000 Jahren zur Erde kam, war es das große Schiff von Mu, das als der große Stern am Himmel erschien und dann „der Stern von Bethlehem" genannt wurde. Das Schiff von Mu hält sich nun ziemlich oft in Erdnähe auf. Es kommt und geht in der Umgebung von Mount Shasta, aber es ist nicht immer hier. Wegen den Erdveränderungen und den Vorbereitungen für den planetaren Aufstieg wird es hier immer öfter gesehen. Die Wesenheiten im Schiff von Mu sind die Älteren, die Ältesten, und sie sind Aspekte von dir, die ganz sind, so wie du auch Aspekte von ihnen darstellst. Deine Vorfahren betrachten euch alle als ihre Kinder und sie tragen große Liebe für euch alle in sich. Sie sind hier, um euch zu assistieren und euch auf eine Weise zu nähren, die für euch noch nicht so greifbar und verständlich ist, aber trotzdem leisten sie hier viel Arbeit und sie verbinden sich wieder mit ihren Nachkommen auf den inneren Ebenen. Das ist sehr schön anzuschauen.

Aurelia: Was ist mit den anderen Schiffen in den Wolken, die wir um den Berg herum sehen? Wo kommen sie her?

Adama: Nicht alle Wolken beherbergen Lichtschiffe. Der Berg Mount Shasta wird permanent von tausenden Schiffen besucht, die aus allen Gegenden der Multi-Universen stammen. Sie umgeben sich nicht alle mit linsenförmigen Wolken. Es handelt sich um 5-dimensionale Lichtschiffe und sie sind grundsätzlich für euer gegenwärtiges Wahrnehmungsfeld unsichtbar. Aus diesem Grund siehst du sie einfach nicht so oft. Es sind Wesen aller möglichen Zivilisationen, die zum Berg kommen und viele von ihnen umgeben sich ab und zu mit linsenförmigen Wolken, um dir ihre Präsenz zu signalisieren. Sie nehmen die Feuchtigkeit aus der Atmosphäre, um zu deiner Freude Wolken zu erzeugen. Es ist ihre Art, sich in irgendeiner Form sichtbar zu machen und sie wissen, wie entzückt du bist, wenn du diese Wolken siehst. Sie tun dies, um dir ein Gefühl von Zuhause zu geben, wenn sie ihre Liebe zu dir ausstrahlen. Sie amüsieren sich ziemlich, wenn du die Schiffe siehst und so aufgeregt wirst und dein Herz öffnest. Sie öffnen dir auch ihre Herzen. Es ist immer eine Freude für sie, deine Reaktionen und deine Aufregung zu sehen.

Aurelia: Das ist ganz schön erhebend, Adama. Um noch einmal auf Lemuria zurückzukommen, was passierte tatsächlich mit dem Schiff, als das 3-dimensionale physische Lemuria zerstört wurde? Was passierte mit dem Schiff in dieser Zeit?

Adama: Das Schiff hatte sich bereits entfernt und beobachtete die Zerstörung des Kontinentes vom Weltraum aus, und dann kehrte es zurück in sein eigenes Land. Bevor es den Planeten verließ, halfen deine Vorfahren zusammen mit vielen anderen Sternenbrüdern dabei, Lemuria in die 4. Dimension anzuheben, während es den 3-dimensionalen Aspekt bereits nicht mehr gab. Und sie halfen uns auch später noch dabei, die neue Realität zu erschaffen, in der wir jetzt leben.

Ich möchte, dass du verstehst, dass die ursprünglichen Wesen, die im Schiff von Mu kamen, deine Vorfahren, auch „du" sind und Aspekte von dir, so wie du Aspekte von ihnen darstellst. Wisse, dass du ein sehr altes Wesen bist, obwohl das, was du jetzt bist, auch nur ein Aspekt ist, aber auch ein sehr signifikanter. Ich weiß, dass du dich selbst nicht als gleich mit diesen Wesen siehst, die so alt sind und ich sage dir, dass du diesen Glauben heilen sollst, denn sie betrachten dich sehr wohl als gleich mit ihnen. Du bist diejenige, die den Mut hatte, auf der Oberfläche zurückzubleiben, freiwillig, und das für so lange Zeit, die ganze lange dunkle Nacht hindurch. Obwohl du Dunkelheit und Begrenzungen aller Arten kennen gelernt hast, bedeutet das nicht, dass du in irgendeiner Weise geringer bist als sie. Nur zeitweilige Schleier erschaffen diese Illusion der Trennung; das ist alles, was es ist. Sehr bald, meine Liebe, werden wir uns alle wieder vereinen, in der großen Wiedervereinigung von Liebe, Freude und Ekstase und du wirst ein Teil davon sein. Wir sehnen uns so sehr danach wie du.

Aurelia: Adama, es fühlt sich so an, als wäre das schon zum Teil auf einer sehr tiefen Ebene, jedoch nicht auf einer äußeren Bewusstseinsebene geschehen. Ich fühle, dass Vereinigung und Wiedervereinigung für jeden von uns stufenweise beginnen.

Adama: Das stimmt, aber in deiner bewussten Welt hast du noch nicht viel Unterschied gemerkt, oder doch? Im Inneren hat der Aufstieg bereits auf viele Arten stattgefunden. Nicht der vollständige Aufstieg, aber ein Aufstieg in Teilabschnitten, immer ein wenig am Tag und nur schrittweise, so dass du mit jedem Schritt mehr Weisheit erlangst. Es wird eine Zeit kommen, zu der sich alles anheben wird – einschließlich deiner bewussten Ebene, der Aspekt des du, der die Begrenzungen der 3. Dimension gerade jetzt fühlt, der sich wegen des Schleiers frustriert vorkommt. Du wirst dann die Glorie der inneren Welt in deiner jetzigen Lebenszeit, in deiner gegenwärtigen Inkarnation, kennen lernen. Und es wird niemals mehr irgendwelche Schleier geben. Ihr habt alle diese Schleier erschaffen und sie haben der Erde und eurer Evolution gedient, und es gibt nichts, was ihr an all dem als Negativ betrachten könntet.

Betrachtet es als ein sehr langes Experiment, das nicht nur die Menschen der Erde gelehrt hat, sondern auch die vielen Universen, Galaxien und Sonnensysteme, wie dicht Materie werden kann und wie man das Licht in diese Materie einbringen kann. Ihr werdet als die Tapferen und Mutigen betrachtet; seid sicher, dass ihr eure Belohnungen erhalten werdet. Haltet nur noch eine kleine Weile durch und bewahrt eure Sehnsucht. Ihr wisst, dass dieses Sehnen eine gesunde Reaktion ist. Es hilft euch, weiterhin voranzuschreiten.

Denjenigen, die dies lesen sei gesagt: Wisset, dass diese Information und das, was über Aurelia gesagt wurde, nicht nur für sie allein gilt, da wir alle Teil einer großen Familie sind. Alle von euch und alle von uns tragen dieselbe Saat des Schöpferlichtes, das zur Erde als Lemurianer kam und später auch als Atlanter. Jetzt kreieren wir gemeinsam die neue Erde und einen neuen Weg für eine Gemeinschaft in Liebe und Einheit auf diesem Planeten. Die gelernten Lektionen erzeugen ein neues Bewusstsein, das jegliche Anstrengung belohnen wird, jeden Schmerz, jede Sorge und jede Träne – all dies ist Gold wert. Lasst den Diamanten eures Herzens jeden Tag heller erstrahlen, denn ihr seid alle die Sterne dieser großen kosmischen Evolutionserfahrung und wir planen bereits die große Zeremonie eurer Graduierung. Wegen alledem werdet ihr auf eine Art und Weise geliebt, die ihr euch noch gar nicht vorstellen könnt. Möge unser Friede und unsere große Liebe mit jedem Einzelnen von euch sein, mit jedem einzelnen eurer Schritte auf dem Weg zurück nach Hause, die euch segnend und liebend in das Bewusstsein von „Mu", in das Bewusstsein der ewigen Liebe des Schöpfers hineinführen!

Das von euch einst verkörperte

Kind der Unschuld

sehnt sich nun danach,

wieder zu spielen.

Obwohl wir in unseren Reichen

verantwortungsvolle, reife Wesen sind

und ständig im Dienst des Schöpfers stehen,

bewahrt ein Aspekt von uns,

immer eine spielerische Natur.

Antharus

6. Kapitel

Die Magie, die ihr einst gekannt habt!

Antharus, der blaue Drache spricht

Antharus: Sei gegrüßt, meine Liebe. Ich bin so glücklich, mich wieder mit dir von Herz zu Herz verbinden zu können. Es ist für uns wirklich an der Zeit, wieder eine kleine Plauderei für dein Buch zu unternehmen, nicht wahr?

Aurelia: Ja, und ich bin auch so glücklich darüber, dass wir nun wieder Gelegenheit dazu haben. Weißt du, unser erstes kleines Gespräch, das im Telos Buch 2 veröffentlicht worden ist, hat dich sehr populär gemacht. Du bist jetzt in vielen Ländern der Welt bekannt. Du bist in den Herzen von so vielen sehr schnell beliebt geworden und unsere kleine Unterhaltung wurde eines der Lieblingskapitel von Buch 2. Du bist mit diesem einen kleinen Kapitel fast so populär wie Adama geworden! (Lacht).

Antharus: Ich stimme mit Freuden überein, dass unsere kleine Unterhaltung so viel Magie und Hoffnung für eine magische Zukunft in die Herzen von so vielen zurückgebracht hat. Ich weiß, dass fast jeder, der dieses Kapitel las, es wirklich genossen hat. Das Ziel war, in das Bewusstsein des Lesers wieder etwas von der Wahrnehmung der Magie zurückzubringen, die früher einmal so real und so natürlich war, als Lebensart, für die ganze Menschheit, vor dem Fall des Bewusstseins.

Du weißt sehr gut, dass es in unserer Dimension so etwas wie Konkurrenz in jeglicher Form nicht gibt. Jeder freut sich über den Erfolg des anderen und da wir nicht im Bewusstsein der Dualität leben, gibt es kein „besser oder schlechter als" in unserem Bewusstsein. Wir vergleichen unter keinen Umständen die Ebenen von Popularität miteinander. In unserem Bewusstseinszustand gehen wir in der Schönheit und Freude von allem auf, was ist. In deiner Dimension, in der Dualität, haben der Geist der Konkurrenz und Bewertung wie „besser und weniger als" und noch vieles mehr in dieser Richtung euch allen viel Leid gebracht – Äonen der Zeit hindurch. Und das hat auch nicht irgendwelchen erleuchteten Zwecken gedient; alles, was es gebracht hat, war, dass es euch in Trennung und Schmerz gehalten hat. Es ist für euch alle an der Zeit, wieder den Geist der Einheit anzunehmen und die Dualität und das Drama vollständig loszulassen, zu wahren 100 %.

Aurelia: Ja, ich vermisse diese Magie. Ich habe diese Trennung und die Begrenzungen satt. Ich vermisse es, das Leben der Leichtigkeit und Gnade manifestieren zu können, wie aufgestiegene Zivilisationen es genießen können und das volle Zurückerhalten meiner spirituellen

Gaben. Mein Ziel ist es, wieder auf Erden wandeln zu können in der vollständigen Mannigfaltigkeit, Unschuld und Schönheit meiner Göttlichkeit. Ich weiß, dass dies für mich im Entstehen ist. Dies ist mein ganzer Grund für diese Inkarnation, die tausende von Inkarnationen zu balancieren und zu heilen, die ich hier so lange Zeit über gehabt habe. Ich sehne mich danach, nach Hause in das Land von Licht und Liebe zu kommen, wo nur die Art von Tränen existiert, die Tränen reiner Freude und Ekstase sind. Mein gesamtes Wesen sehnt sich nach Hause.

Antharus: Wie kann ich dir heute helfen oder wie kann ich dir dabei helfen, mehr Magie in dein Leben zu bringen? Du weißt, bewusstes Träumen und die rechte Anwendung von Imagination sind die ersten Manifestationsschritte.

Aurelia: Ich möchte wieder auf den Schwingen eines Drachens fliegen, auf deinen Schwingen, wenn ich darf. Ich möchte die Ozeane auf dem Rücken eines geflügelten Pferdes überqueren, wie Pegasus. Ich möchte auch alle magischen Königreiche entdecken – auf dem Rücken eines Einhorns – und mit den Feen und den Gnomen in den magischen Wäldern tanzen. Ich möchte auch mit den Löwen und Tigern spielen und sanft an ihren Schnurrhaaren ziehen.

Antharus: Meine Liebe, dein inneres Kind, das Kind der Unschuld, das du einst verkörpert hast, sehnt sich nun danach, wieder zu spielen. Das ist ein gutes Zeichen. Es zeigt, dass du nun bereiter bist als jemals zuvor, die starren Strukturen deiner Dimension gehen zu lassen und dich wieder dem Spiel zuzuwenden wie ein geliebtes Kind des Universums. Obwohl wir in unseren Reichen verantwortungsvolle, reife Wesen sind und immer im Dienst des

Schöpfers stehen, bewahrt ein Aspekt von uns stets eine spielerische Natur. Du hast all diese Dinge in der Vergangenheit getan und du sehnst dich danach, sie wieder zu tun, und du hast sie für Äonen getan; und ebenso diejenigen, die diese Zeilen lesen werden.

Es wird dich überraschen, zu erfahren, dass es sogar während wir sprechen einen anderen Aspekt von dir in den höheren Reichen gibt, der Entzücken darin findet, sich zur Zufriedenheit des Herzens in allen magischen Aktivitäten die du gerade erwähnt hast zu engagieren und sich an ihnen zu erfreuen. Dies ist der unschuldige und schelmisch-kindliche Aspekt von dir, den Adama und Ahnahmar so sehr lieben, der nur Liebe und Freude kennt. Du verbringst viel Zeit damit, eine große Anzahl von Wesenheiten aus den magischen Königreichen mit deiner Liebe zu nähren und zu leiten. Jeder hat einen solchen Aspekt, nicht nur du. Dies ist der Aspekt, mit dem du dich wieder sehnsuchtsvoll bewusster rückverbinden möchtest. Wisse, dass du dich mit diesem Aspekt sehr oft in deinem Traumzustand verbindest, und diese beiden Aspekte von dir ziehen dann nachts oft aus, um viele großartige phantastische Abenteuer zu erleben.

Als ich vorhin die Imagination erwähnt habe, war dies kein Scherz. Die Imagination ist ein wundervolles Portal. Es ist möglich, sich etwas vorzustellen, was draußen im bewussten Verstand nicht existiert. Es ist das Herz und nicht der Verstand, der dies alles kennt und die Schlüssel dazu birgt. Es ist das Herz, das diese wundervollen Erinnerungen enthält. Der menschliche Verstand, der durch das menschliche Ego kontrolliert wird, ist sehr schnell dabei, die ganze magische Seite eines jeden schöpferischen Kindes abzulehnen. Wenn du dir etwas vorstellen kannst, wisse, dass du auf etwas zugreifst, das bereits existiert und das du bereits in einem anderen Zeit- und Raumgefüge irgendwo erfahren hast - in deinen multidimensionalen Aspekten. Imagination, mag man sie nun positiv oder negativ sehen, ist immer eine Rückverbindung zu einer Erfahrung der Vergangenheit, die im Zellgedächtnis gespeichert ist.

Wenn du dich danach sehnst, diese Dinge wieder zu tun, liegt das daran, dass dein Herz bereit ist, sich wieder auf bewussterer Ebene mit dem Aspekt von dir zu verbinden, der diese Ebene von Liebe und reiner Unschuld verkörpert. Lass mich dir noch mehr dazu sagen. Für gewöhnlich geschieht es nachts in Telos, während deiner Schlafenszeit, dass du dich mit diesem Aspekt von dir verbindest. Ziemlich oft, wenn Adama nachts nach dir sucht, findet er dich bei den Löwen und Tigern, bei den Einhörnern, den Pferden oder bei den Feen.

Aurelia: Regt er sich auf, wenn er mich erst suchen muss, wenn er meine Anwesenheit wünscht?

Antharus: Nicht nur Adama sucht dich von Zeit zu Zeit, sondern auch dein geliebter Ahnahmar. Sie regen sich nicht auf, denn sie wissen, wie groß deine Liebe für die vielen Königreiche ist und sie wissen auch, wie heilsam das für deine Seele ist. Übrigens müssen sie dich nicht ständig suchen. Du verbringst jede Nacht in deinem Schlafzustand viel Zeit mit ihnen. Wenn du weggehst, um mit den Wesenheiten der magischen Königreiche zu spielen, braucht einer

151

von ihnen nur eine Sekunde, um dich zu finden. Tatsächlich sind sie voll Entzücken, wenn sie dich so glücklich sehen.

Eines Tages wird das Leben auf der Oberfläche genauso glücklich sein, wie es jetzt in Telos und in anderen unterirdischen Städten ist. Es ist wichtig, dass du beginnst, für dich selbst ein neues Leben zu erträumen. Träume von neuen Arten des Seins und Lebens auf diesem Planeten. Füge dem, was du dir erträumst, viel Magie hinzu. Alles in der gesamten Schöpfung hat mit einem Gedanken angefangen und ging dann mit einem Traum des Gedanken weiter und einer Erlaubnis, diesen in eine neue Schöpfung hinein auszudehnen. Glaube an dich selbst und an deine Träume und letztendlich werden sie sich wahrhaftig manifestieren – in deinem täglichen Leben. Habe viel Spaß am Träumen oder beim Vorstellen; das kostet nichts und könnte sich sogar auf mehr als einem Weg als lukrativ erweisen.

Aurelia: Sag mir mehr über die Art und Weise, auf die wir mehr Magie in unsere Leben bringen können.

Antharus: All dies hat mit der Rückverbindung an den wundersamen Aspekt von dir zu tun, der das reine Kind der Liebe und Unschuld verkörpert. Ihr alle habt einen solchen Aspekt, aber nicht viele von euch sind sich dessen bewusst. Selbst unter denen, die sich bewusst sind, haben nur wenige sich die Zeit genommen oder das Interesse gehabt, gezielt damit vertraut zu werden. Dieser Aspekt von euch ist so wundervoll und schön! Er hält euren Schlüssel zu all der Zauberhaftigkeit des Universums. Alles, was ihr jemals sein oder tun wolltet – dieser Aspekt kann euch dabei helfen, es zu erreichen. Es ist ein anderer Aspekt von euch in einer anderen Dimension, aber ein Aspekt, der versteckt in den Grenzen eures heiligen Herzens lebt und auf euer Erwachen in die Realität seiner wundersamen Präsenz hinein wartet; der wartet, eure Bereitschaft zuzulassen, dass dieser Aspekt von euch wieder in euch selbst geboren wird und so gemeinsam mit euch all die Magie erschaffen kann, die ihr einst gekannt habt.

Dies ist ein Aspekt von euch, den ihr oft verstoßen, ignoriert und sogar vergessen habt. Dies ist der Aspekt von euch, der immer ganz eng mit der Totalität eurer Göttlichkeit verbunden geblieben ist. Dies ist der liebende und spielerische Aspekt von euch, den ihr so oft in der Starrheit eurer 3-dimensionalen Strukturen verachtet habt. Dieses innere Kind ist lichtvoll, unbegrenzt und ekstatisch-freudvoll und es gehört auch zu EUCH.

In der frühen Zeit von Lemuria, im Lande Pans, wart ihr und dieses wundervolle Kind eins. Das Leben war für lange Zeit wundervoll und perfekt. Es gab nur das Wunder der Liebe. Es gab noch keine einzige Form von Trennung. Als ihr euch letztendlich gestattet habt, in immer umfangreichere Stadien der Abtrennung von eurer Göttlichkeit und all den damit verbundenen Wundern zu verfallen, habt ihr einem anderen Kind in euch zur Geburt verholfen, dem Kind, das in Schmerz und Sorge ist; dem inneren Kind, das ihr alle so bewusst kennt, über dessen Heilung so viele Bücher geschrieben worden sind.

Ihr habt das Kind des Ego-Verstandes zur Welt gebracht, das euch und euer neues Kind tausende von Jahren in Trennung und

Schmerz gehalten hat. Ihr habt dieses zweite Kind in einem Ozean von Negativität eingesperrt; ihr habt es verleugnet und verstoßen, dieses Kind, und ihr habt es in Angst und als Gefangenen der vielen Emotionen gehalten, die sich aus euren vielen Entscheidungs-möglichkeiten während der Trennung ergaben. Dies ist das Kind, das jetzt aufschreit, um geheilt zu werden, das sich wünscht, sich mit dem anderen zu vereinen, das in so viel Perfektion und Wunder lebt.

Erlaubt euch jetzt selbst, dieses Kind aus der Perspektive der Entscheidung heraus, die ihr in jedem Moment eures Lebens habt, zu heilen, indem ihr euch selbst liebt, ebenso wie das aus dem Verstandesego heraus geborene Kind, dass sich so sehr in Trennung befand. Heilt es mit so viel Passion und Mitgefühl, dass all die Traumata der Vergangenheit Schicht um Schicht abfallen werden. Und das Kind des Ego wird immer mehr wissen, dass es ein Kind Gottes ist und glücklich und frei sein wird. Und ihr ebenso. Seid euch bewusst darüber, dass diese Kindesaspekte von euch ebenso innerhalb eures heiligen Herzens leben und dass sie sich danach sehnen, durch eure bedingungslose Liebe aus allen euren Seinsaspekten heraus wieder vereinigt zu werden.

Wenn die beiden durch eure Liebe zum Selbst
und das Annehmen eurer Göttlichkeit eins werden,
durch die vollkommene Akzeptanz dessen, wer ihr
als ein göttliches Wesen in inkarnierter Erfahrung seid,
dann werdet ihr „zu Hause" sein.

Wie der verlorene Sohn in euren Schriften, werdet ihr eingeladen werden, wieder „in das Haus des Vaters" zurückzukehren. Dann und nur dann werden all die Magie, all die Wunder und die Liebe, die ihr einst gekannt habt, euch wieder zur Verfügung stehen. Und das muss nicht Äonen dauern.

Die Liebe und Gnade, die durch den Schöpfer derzeit zugestanden wird, kann die Barrieren ziemlich schnell schmelzen lassen, wenn ihr die Feuer der Liebe aus euren Herzen heraus entzündet – mit genügend Hingabe, Passion, mit Fleiß und Bereitwilligkeit, alles zu heilen; wohl wissend, dass dieser Prozess nicht beendet sein wird, bevor die Vollkommenheit erlangt wurde. Erkennt auch, dass die Belohnungen am Ende des Tunnels der größten Liebe und Freude und Magie entsprechen, die euer gegenwärtiger Verstand sich nur vorstellen kann und dann fügt noch ein paar tausend Mal mehr hinzu.

Aurelia: Das ist wundervoll, Antharus. Danke für diese Erinnerung. Ich muss zugeben, dass ich auf der bewussten Ebene irgendwie diese beiden Kinder meines Herzens vernachlässigt habe. Danke dir. Kannst du uns jetzt noch mehr über die Magie erzählen, die uns in Zukunft erwartet?

Antharus: Denk daran, dass die Rückkehr der magischen Leben, die ihr alle so sehnsuchtsvoll wieder finden möchtet, nur das Ergebnis göttlicher Vereinigung sein kann, von eurer Ebene der Einheit und allem Leben. In den Lichtreichen könnt ihr für euch selbst einfach keinerlei Art von magischen Leben erschaffen, wenn ihr nicht völlig eins mit dem werdet, was ihr erschaffen möchtet. Das bedeutet, wenn ihr zur Verkörperung von Liebe und Einssein geworden seid und ihr nichts als Liebe ausstrahlt, verbindet sich alles Leben mit euch zu einer „Einheit". Von diesem Gesichtspunkt aus könnt ihr alles zu jeder Zeit erschaffen. Ihr könnt alles haben und alles tun, was auch immer es ist. Alle Königreiche vereinigen sich ebenso mit euch zu einer Einheit und alle Elemente und die Naturgeister halten sich in jedem Augenblick bereit dafür, euch zu assistieren und eure Wünsche zu erfüllen. Dies ist ihre große Freude und ihr Dienst am Leben.

Dies, meine Freunde, ist die große Partnerschaft
von Liebe und Brüderlichkeit für alle.

Die Tiere werden zu großartigen Spielkameraden werden, so sehr, wie ihr es euch gegenwärtig nicht vorstellen könnt; die Blumen und Pflanzen erneuern sich selbst beständig und in jedem Augenblick zu eurem Vergnügen, das Gras wirkt immer sehr lebendig, aber muss niemals gemäht werden. Ihr könnt euch selbst überall hin befördern, zu jeder Zeit, augenblicklich. Nie wieder werdet ihr IRS-Reports (*IRS = Integrated Report System, Berichtssystem für die Dokumentation und Kontrolle von Geschäftsdaten, A.d.Ü.*) ausfüllen oder eine Versicherung für Auto oder Haus bezahlen müssen. Ebenso wenig werdet ihr jemals wieder ein fast bankrottes Bankkonto überziehen müssen, um die monatlichen Rechnungen zu bezahlen. Das Leben ist überall freigiebig und reichhaltig, wo ihr hinschaut. Ihr werdet in Kristallpalästen leben und nie mehr Miete bezahlen oder Hypothekenraten leisten müssen.

Die Einhörner bewahren die Geheimnisse bezüglich aller versteckten Mysterien der vielen Königreiche, der bekannten und auch der euch derzeit noch unbekannten, und sie werden ihr Vergnügen daran finden, euch zu Millionen magischer Entdeckungen zu geleiten. Ihr werdet euch fragen, warum ihr so lange dazu gebraucht habt, endlich ins Land der Liebe und der Magie zu gelangen. Dies, meine Freunde, ist das Leben, das euch in der 5. Dimension erwartet. Trotzdem müsst ihr nicht auf dieses Ereignis warten, um endlich beginnen zu können, für euch selbst leichtere und magischere Leben zu erschaffen.

Beginnt jetzt damit und ihr werdet sehen, wie einfach dies sein kann. Es ist nicht die 3. Dimension, die euch begrenzt, sondern euer Mangel an Bereitwilligkeit, zu erkennen, dass ihr jetzt, in dieser gegenwärtigen Zeit, ein sehr vergnügliches Leben voller Wunder haben könnt. Wenn ihr nur an euch selbst glauben würdet und euch selbst öffnen würdet, um all die Gaben zu empfangen; das Leben wartet nur darauf, sie über euch auszuschütten. Hört auf, euer Gutes abzulehnen. Eure ablehnende Haltung ist der Hauptgrund dafür, dass so viele von euch ohne die Gaben auskommen müssen, die nur darauf warten, zu euch zu kommen. Es ist eure Ablehnung, die den Weg blockiert.

Aurelia: Und was hat das alles mit Drachen zu tun?

Antharus: Diejenigen unter uns Drachen, die Wesenheiten aus der 5. Dimension und aus höheren Dimensionen sind, bewahren die Schlüssel zu den vier Elementen und wir haben volle Meisterschaft über sie. Das wurde in unserer letzten Botschaft erklärt. Ihr habt von den magischen Drachen gehört und es ist die Meisterschaft über die Elemente, die uns dabei hilft, Magie so leicht zu erzeugen. Was davon mit uns Drachen zu tun hat, ist, dass wir gerne alle von euch, die dieses Buch lesen, lehren möchten, die Elemente zu meistern, so dass eure Manifestationen mit größerer Leichtigkeit und Gnade entstehen können.

Dies ist unser Versprechen an euch. Uns mag nicht gestattet sein, in die Entscheidung eures freien Willens und des Lernens von Prozessen einzugreifen, aber es wird uns ein Vergnügen sein, euch die Schlüssel der Meisterschaft über die Elemente ins Ohr zu flüstern, sowie ihr lernt, die ganze Zeit über höhere Formen der Liebe und Harmonie aufrechtzuerhalten. Es wird uns ein Vergnügen sein, den Fortschritt derer aufzuzeichnen, die uns darum bitten, auch wenn wir nicht die Einzigen sein werden, die dies tun. Mit jedem Fortschritt, den ihr auf eurer spirituellen Reise zur spirituellen Freiheit durch den Aufstiegsprozess hin zu verzeichnen habt, versprechen wir, euch den nächsten Schlüssel anzubieten und dann wieder den nächsten, um euch bei der Meisterung der Elemente zu assistieren. Hast du noch andere Fragen?

Aurelia: Ja, es gibt da etwas, was ich für die Leser klarer darlegen möchte. Meister Sananda hat mir vor einer Weile gesagt, dass ich dir trauen kann, weil du ein Drachen bist und ein Wesen aus Licht und Liebe. Aber er erwähnte auch, dass nicht allen Drachen und Reptilien getraut werden kann, weil es noch sehr viele von ihnen gibt, die in Trennung leben und dass es riskant sein könnte, jedem Drachen zu vertrauen. Er empfahl, achtsam zu sein, wenn man Drachen oder andere Reptilien-Wesen trifft. Kannst du das kommentieren?

Antharus: Leider stimmt das. Obwohl viele von uns Drachen und viele Wesenheiten der Reptilien-Rassen eine 5-dimensionale Ebene der Evolution erreicht haben, ist es nicht die gesamte Rasse, auf die dies zutrifft. Es gibt noch immer eine große Anzahl von Reptilienwesen, die als Menschen auf eurem Planeten inkarniert sind und vielen von ihnen kann man nicht trauen. Es gibt auch noch viele andere, die auf der Astralebene tätig sind und die euch hinters Licht führen würden und ihr müsst vorsichtig sein.

Dasselbe gilt für die menschliche Rasse. Manche sind so weit entwickelt, dass sie nur Licht und Liebe ausstrahlen und auch viele Menschen auf eurer Oberfläche leben immer noch in Trennung und würden euch ausbeuten. Bei allen galaktischen Rassen sind die meisten Wesen in Licht und Liebe, aber es kann auch dort eine Anzahl Abtrünniger geben, die sich noch in Trennung vom allgemeinen Stand auf der Astralebene befinden. Auf eurer Ebene muss man immer wachsam sein.

Es ist nicht wahrscheinlich, dass viele Drachen kommen werden, um euch eins auszuwischen; sie haben anderes zu tun. Aber ebenso wie bei jedem Wesen im Universum das zu euch kommen würde, werden manche Meister des Lichts sein, während andere Betrüger sind, die sich als Meister des Lichts ausgeben. Es ist immer weise, euren Scharfblick zu nutzen und eure Führung zu überprüfen. Prüft sie aus den Gefühlen eures Herzens heraus, nicht von der Ebene des Egoverstandes oder von der mentalen Ebene aus. Das müsst ihr bei jedem Wesen von der anderen Seite des Schleiers tun, das zu euch kommen mag. Es ist ein wichtiger Schutz. Es gibt Betrüger, die jeden Meister und jede Gruppe von

Lichtwesen imitieren können. Jedes aufgestiegene Wesen, das ihr kennt, muss sich auch mit einer großen Anzahl von Betrügern aus der Astralebene abgeben, die versuchen, euch fehlzuleiten oder euch in irgendeiner Weise von eurer Wahrheit und von eurem direkten spirituellen Weg abzubringen. Ihr könnt immer noch nicht vorsichtig genug sein, wenn es darum geht, welcher Stimme ihr zuhört. Selbst die wohlwollendsten Menschen können leicht von einer sehr schlauen Astralwesenheit irregeführt werden. Bis ihr den Reifegrad eures vollen Bewusstseins erreicht habt, müsst ihr immer vorsichtig sein. Nicht alles gechannelte Material kommt von den Meistern des Lichtes und der Weisheit. Die Betrüger sind normalerweise sehr gut darin, jene ausfindig zu machen, die nach Phänomenen Ausschau halten oder deren Ego sich wünscht, unbedingt ein Channel zu werden, koste es was es wolle – selbst wenn sie noch nicht den Einweihungsgrad erreicht haben, der erforderlich ist, um von einem Meister des Lichtes eingeladen zu werden, sein Channel zu sein.

Solange bis dieser Planet vollständig im Licht ist, behaglich eingehüllt im Komfort der 5. Dimension, müsst ihr immer wachsam bleiben und den Scharfblick bewahren, um die vielen Fallgruben des Aufstiegsprozesses zu umgehen. Diejenigen, die euch von eurem Weg und von eurem Aufstieg abbringen wollen, kommen in der Regel als Betrüger in der Verkleidung eines Meisters des Lichtes und der Weisheit, um Lehren anzubieten, die subtile und nicht immer nur subtile Verzerrungen enthalten. Geh in Frieden, meine Liebe und wisse, dass ich über dich wache, stets bereit, mich um dich zu kümmern und dir Unterstützung und Magie zu bringen!

7. Kapitel

Botschaft aus Posid

Galatril

Grüße und Segnungen an alle von euch, die heute hier versammelt sind! Wir sind gesegnet durch euer Interesse und eure Liebe und auch durch euren Willen, euch wieder mit uns zu verbinden. Wir sind heute hier, um unsere Liebe mit euch zu teilen und Führung und Unterstützung anzubieten. Wir bitten euch darum, dass ihr uns jetzt euer Herz öffnet, so wie wir unsere Herzen für alle von euch öffnen, um die größtmögliche Öffnung für den direkten Kontakt mit uns zu schaffen. Wir wurden heute gebeten, über das atlantische Erscheinen zu sprechen, das allmählich durch und zusammen mit dem bevorstehenden lemurianischen Hervortreten in Einigkeit und Einheit stattfindet. Mit großer Freude und Begeisterung verschmelzen unsere beiden früheren Zivilisationen ihre Energien, um eine neue Farbe von Liebe und Einheit auf diesem Planeten zu erschaffen. Gebt Acht auf diejenigen, die in eurer Dimension versuchen werden, die Illusion von zwei getrennten Ereignissen des Hervortretens zu erzeugen. Wir erinnern euch an das, was wir euch bereits zuvor erzählt haben. Wir, die aufgestiegene atlantische Zivilisation, steht völlig im Dienst des lemurianischen Hervortretens, und wir kommen zusammen mit ihnen, als ein Herz und als eine Lichtfamilie. Unsere Entdeckungsreise während der Zeit von Atlantis wird wieder verstanden werden und wir werden wieder unseren Platz in der Hierarchie der Wesen dieses Planeten einnehmen, zu der die hochrangigsten Priester und Heiler, Magier und Weisen gehören. Meine liebsten Brüder und Schwestern, nehmt zur Kenntnis, dass wir jetzt, nach der langen dunklen Nacht unserer Evolution, so viel Liebe und Weisheit mit euch allen teilen möchten. Wir sehnen uns danach, an eurer Seite zu sein, und euch auf eurer Reise zu begleiten.

Wir müssen nicht länger Buße für unsere früheren Handlungen tun. Tatsächlich übersteigt die Zeit, die wir seit dem Fall von Atlantis im Dienste des Planeten und der Menschheit zum Wohle des Ganzen gearbeitet haben, bei weitem den Schmerz und den Schaden, den wir zur damaligen Zeit angerichtet haben. Wir danken aus unserem ganzen Sein heraus der lemurianischen Bruderschaft des Lichtes dafür, dass sie uns bedingungslos beigestanden hat, als wir dies am meisten brauchten. Wir danken ihnen aus tiefstem Herzen für ihre beständige Liebe und für ihr emsiges Arbeiten mit uns während unserer langen Heilungsperiode. Es ist nun an der Zeit für uns, unsere Wahrheit über die Zeit von Atlantis auszusprechen. Es ist für jeden von euch an der Zeit, uns in dem neuen Licht wahrzunehmen, das wir angenommen haben.

Es ist nun Zeit für uns alle, uns die Hände zu reichen und unsere Herzen zu verbinden, um den Wiedererweckungen des neuen Lemuria die Erlaubnis zu geben, sich als Realität in eurer Welt zu manifestieren. Unsere Zeit in Atlantis war die größte Zurschaustellung eines Energiemissbrauchs, den dieser Planet und die menschliche Rasse jemals erfahren hat. Uns waren große Gaben zuteil, die wir auf Grund unserer getroffenen Entscheidungen verderben ließen. Wir haben schon zuvor zu euch über unsere ständigen Missetaten bezüglich unserer Handlungen während dem großen Zeitalter von Atlantis gesprochen. In unserer ersten Übermittlung haben wir um Vergebung gebeten und von euch allen viel Vergebung erfahren. Wir haben viel schwere Energien des Herzens, des Schmerzes und des Traumas entlassen, die noch aus der Zeit der Zerstörung von Atlantis übrig waren und wir danken euch allen für euer mitfühlendes Herz. Eure Vergebung wurde von uns als heilendes Balsam an unseren Herzen erfahren.

Diejenigen unter euch, die bereits in Atlantis gelebt haben und die den Fall mit durchlitten haben, sind in die tiefsten Bereiche ihrer selbst gegangen, um alle Qual und Misstrauen zu entlassen, die von dieser Zeit noch vorhanden waren. Zu unserem großen Entzücken und mit inniger Erleichterung sehen wir euch jeden Tag mit dieser Klärung und Heilung voranschreiten. Indem jeder von euch seine alten Themen und Widerstände klärt, die ihr gegenüber unseren Erfahrungen in Atlantis habt, sind wir alle in der Lage, uns vorwärts zu neuen und größeren Ausdrucksformen des „Herzens von Lemuria" zu bewegen. In Wahrheit sind wir nun alle eins in unser Bestätigung und Akzeptanz der höheren Dimensionen der Liebe. Es liegt nun an euch, diese neue

Dimension der Liebe in die Körperlichkeit eurer Dimension zu bringen. Wenn dies einmal stattgefunden hat, wird das gemeinsame Hervortreten der lemurianischen und atlantischen Bruderschaften auf dem Planeten für uns alle eine Realität. In der Tat sind wir hier bei euch in eurer Dimension gewesen, aber eure Frequenz hat euch nicht erlaubt, uns wahrzunehmen. Tatsächlich tretet ihr alle in die höheren Schwingungen eurer eigenen göttlichen Essenz ein und verbindet euch wieder mit unserer Schwingung. Nicht anders herum. Wenn dieser Moment kommt, werden wir uns alle gegenseitig als die wahre Familie wieder erkennen, die wir sind und die Etiketten „Lemurianer" oder „Atlanter" werden wegfallen, weil wir dann „eins" sind. Auch die Etiketten, die ihr auf Ländern oder Religionen habt, werden sich auflösen. Wir werden wieder alle in Einheit und Liebe leben.

Bevor das vollständige Hervortreten in eurer Dimension statt-finden wird, werden sich viele Ereignisse und Transformationen auf der Oberfläche entfalten. Es gibt heute in eurer Welt keine Opfer. Alle Situationen, weltweit und persönlich, denen ihr in eurem täglichen Leben begegnet, sind in die Manifestation gerufen worden, weil ihr sie erschaffen habt. Die größte Herausforderung, der ihr jetzt gegenübersteht ist, eure eigenen Wünsche auszu-balancieren, um sie mit dem größeren Wohl von allem in Harmonie zu bringen. Jeder von euch muss die Macht des Erschaffens vollständig verstehen, die ihr in jedem Moment inne habt. Die Segnungen der Transformation auf diesem Planeten manifestieren sich vollständig durch ihre höher schwingenden Energien, die mit jedem Tag zunehmen und die Realität verändern. Die Zeit daran nicht teilzunehmen ist vorüber und jeder von euch wird gebeten, sich an dem großen Abenteuer zu beteiligen. Jeder von euch ist aufgerufen, sich daran zu erinnern wer er in vergangenen Zeiten gewesen ist, an die Segnungen und die Schmerzen, die Freude und die Sorgen. Alle Erfahrungen der Vergangenheit werden ihren Platz, ihre Weisheit und ihre Anwendung in eurer kosmischen Zukunft haben. In den vergangenen Zeiten von Atlantis hatten wir uns entschieden, die verfügbaren Energien für selbstgerechte Zwecke zu manipulieren. Ihr habt eine Zeit in der Evolution eurer eigenen Reise auf diesem Planeten erreicht, in der die von uns allen gelernten Lektionen nun Früchte tragen werden. Eure Herzen müssen weiterhin geöffnet bleiben und alle alten und neuen Erfahrungen annehmen. Euer Verstand jedoch muss zusammen mit dem universellen Verstand die Wahrheit wieder erkennen. Atlantis wurde zu einer ungezügelten Zivilisation jenseits der Kontrolle. Die Verbindung mit den nährenden und fruchttragenden Energien des Herzens und der Seele wurde unterbrochen. Ein großer Teil der atlantischen Zivilisation war nur an der Gewinnung von Wissen und Macht auf Kosten der Wahrheit interessiert. Wir haben weder unsere göttliche Essenz geehrt, noch die Gnade, die uns gewährt war.

Eure Welt sieht sich heute wieder sehr vielen dieser Themen gegenüber. Die Verantwortlichen der gegenwärtigen Tage werden bezüglich ihrer Lenkung und ihren Motiven hinterfragt, so wie wir damals unsere Verantwortlichen hinterfragten. Die Antworten, die ihr von ihnen erhaltet, ergeben keinen harmonischen Akkord mit der Musik eurer Seelen. Die Worte, die eure Verantwortlichen sprechen, mögen manchmal korrekt erscheinen und die Argumente, die sie ausdrücken, mögen aufrichtig wirken. Nur

165

wenn ihr sie mit dem einzigen Maßstab untersucht, den ihr habt, nämlich mit eurem Herzen, wisst ihr, dass ihr mit Illusionen gefüttert werdet, mit Trugbildern und Verrat. Und ihr wisst auch, dass diese Illusion nicht länger standhalten kann, weil euer Schöpfer den „Neuen Tag des Lichts" für diesen Planeten beschlossen hat. Ihr habt alle die Dualität geschaffen, die ihr zu akzeptieren gekommen seid, und ebenso die Schleier, die ihr so sehr zu durchdringen versucht. Sie wurden geschaffen, um das Lernen von großen Lektionen zu vereinfachen und das Sammeln von wundersamen Erfahrungen. So wie wir unsere eigenen Schleier der Illusion zur Zeit von Atlantis erschaffen haben und dachten, wir könnten mit den Energien der Schöpfung und Manifestation ohne Konsequenzen spielen, so habt ihr bezüglich der Auswirkungen eures eigenen Energiemissbrauchs Scheuklappen auf. Mit dem Wort Energie beziehen wir uns nicht nur auf die Technologien, die ihr in eurer derzeitigen Zivilisation anwendet, um euren Lebensstil zu unterhalten. Wir sprechen nicht nur vom Schaden, welcher der Umwelt eures Planeten Mutter Erde zugefügt wird und der physischen Struktur der DNS in jedem von euch. Wir sprechen nicht nur von der Manipulation der Information, die in allen euren Medien in Form einer Methode von Bewusstseinskontrolle ausgeübt wird. Wir sprechen insbesondere vom Missbrauch der emotionalen Energie auf diesem Planeten. Der Emotionalkörper ist euer wahres Geburtsrecht und eine große Gabe, und ihr habt ihn zum Schweigen gebracht, indem ihr ihn täglich verleugnet. Als sich weiter entwickelnde Wesen der menschlichen Rasse wurdet ihr mit einer Emotionalkörper-Struktur beschenkt, die einzigartig ist und in etwas geringerem Ausmaß wurden es auch die Tiere und Pflanzen, die auf eurem

Planeten leben. Und dennoch fühlt ihr, dass dieser Emotionalkörper eure Schwachstelle ist, eure „Achillesferse", sozusagen. Viele von euch fühlen diesen Emotionalkörper als etwas, das sie am liebsten loswerden möchten. Ihr fühlt, dass ihr seine Auswirkungen mäßigen, lindern oder seine Botschaften an euch herunterspielen müsst. Das wahre Geschenk des Emotionalkörpers ist die Fähigkeit, dass jeder von euch sämtliche Szenarien über die Vielzahl eurer Lebenszeiten hinweg erfahren kann und diesen Erfahrungsreichtum zum großen Ganzen zurückbringen muss, zu uns allen, in den Körper Gottes. Die Unreinheit, die Irrationalität des Emotionalkörpers hat den vollen Ausdruck gestattet von allem was ihr seid, und daraus resultierend auch den vollen Ausdruck von allem, was der Geist ist. Aber dieses Konzept wird ignoriert und vergessen. Wir waren versucht, unsere Emotionen mit dem Verstand zu überschreiben, und wir vergaßen, dass unsere Gefühle der Zugang zu unseren Herzen und Seelen waren.

Ihr seid mit einer großartigen Gelegenheit belohnt worden, die gesamte Kraft Gottes durch eure Emotionalkörper hereinzubringen. Ihr seid fähig, diese Energien mit der Einzigartigkeit zu durchtränken, die jeder von euch besitzt. Diese Einzigartigkeit ist ein direktes Resultat aus den emotionalen Färbungen, die ihr Lebenszeit um Lebenszeit in dem elektromagnetischen und kristallinen Gitter des Planeten entwickelt habt. Eure Emotionen sind keine Energien, die ignoriert oder unterschätzt werden sollten. Es sind keine Energien, die aufgegeben werden sollten oder denen misstraut werden sollte. Sie sind wirklich und wahrhaftig eine Darstellung eurer ganz persönlichen Flamme, die genährt werden muss, um stark und rein zu brennen. Der Fehler,

167

den wir in unserer Zeit in Atlantis gemacht haben, war der irrige Glaube, dass wir uns aus unseren Herzen von allem was uns menschlich macht zurückziehen könnten, indem wir uns selbst in einen Zustand individueller Überlegenheit brachten. Dies war unsere größte Torheit, und sie ist es für viele, die heutzutage in eurer Welt an der Macht sind.

Das größte Geschenk des derzeitigen Bewohnens eines Körpers auf diesem Planeten liegt darin, dass ihr menschlich seid.

Ihr seid physische Manifestationen der göttlichen Gnade und dem Potenzial des Geistes. Ihr seid der Ankerpunkt für den Ausdruck des göttlichen Willens. Es gibt keine größere Freude, als diese Wahrheit zu erkennen und sie täglich zu leben. Ihr drückt durch euren Emotionalkörper auch die Verbindung aus, die zwischen dem Körperlichen und dem Feinstofflichen, zwischen Körper und Geist besteht. Jedes Mal, wenn ihr dabei seid, ein anderes Wesen zu berühren und euch dann durch die erzeugten Schwingungen mit dessen emotionaler Matrix zu verbinden, vereinigt ihr wieder die Reiche auf neue und wundersame Weise. Ihr kreiert Farben und Energien, die zuvor nie existiert haben, neue Ausdrucksformen und Geschmacksrichtungen der Liebe. Unser Fehler war der Glaube, dass wir große Maschinen und Energiesysteme brauchen würden, um auf diese Weise zu manifestieren. Wir vergaßen unsere Verbindung untereinander und traten stattdessen in Konkurrenz, um zu sehen, wer das größte Quantum Energie kontrollieren konnte, als wenn diese Macht uns näher an die Erkenntnis unserer Gottespräsenz gebracht hätte. Und natürlich konnte sie das nicht und sie tat es nicht. Nur unsere Verbindung zueinander konnte das leisten. Nur durch unsere gegenseitige

Liebe konnten wir Gott in uns berühren und uns mit ihm verbinden. Nur durch die volle Akzeptanz unseres gesamten emotionalen Selbst, in Beziehung zu allem und jedem, konnten wir wieder in unsere Seelen schauen. Es brauchte viele Lebenszeiten für unsere lemurianischen Brüder und Schwestern, um uns dies zu zeigen und uns zu helfen, diese Wahrheit zu erkennen. Sie unterstützten uns unaufhörlich mit Liebe und Fürsorge, während wir uns bemühten, unsere alten Bilder und Glaubenssysteme loszulassen. Sie präsentierten uns einen glorreichen Spiegel der wahren Identität göttlicher Wesen, der uns spiegelte, was wir in den Zeiten von Atlantis und Lemuria völlig abgelehnt und ins Lächerliche gezogen hatten. Heute präsentieren wir euch denselben Spiegel, dieselbe Liebe und dieselbe Unterstützung. Spürt uns und berührt uns durch eure Emotionalkörper. Wir sind hier. Fühlt die Stärke und die Passion für das Leben, das zum Vorschein kommt, in dem ihr euch mit eurem ganzen Selbst verbindet, wenn ihr die Pfade und Verbindungen wieder einrichtet, für die Energien, die euch umgeben. Verbindet euch durch eure Emotionen und berührt die Welt, die um euch herum ist. Gestattet euch, die Bäume zu fühlen, die Blumen, die Tiere in den Feldern, das Lied eines Vogels, die Blumen in eurem Garten und die Bequemlichkeit eurer Häuser. Dehnt euch aus und berührt die Herzen untereinander auf die tief gründigsten Weisen.

Gemeinsam erschaffen wir das neue Lemuria. Gemeinsam erschafft ihr die von euch gewünschte Öffnung zum Übergang in höhere Dimensionen. Wir warten auf euch, denn wir lieben euch so sehr und bewahren euch immer in unseren Herzen. Eure atlantische Lichtfamilie, die euch alle ihre Liebe und Freundschaft schickt!

Physisches Leben, die Einzigartigkeit

die in eurer Dimension erschaffen worden ist,

entbehrt nicht das Licht.

Es ist nicht dunkler, nur weil diese Dimension

dichter ist, als die, in der wir leben.

Es ist dunkler, weil ihr eure Liebe dafür

verloren habt.

Ahnahmar

8. Kapitel

Die innerirdische Stadt von Machu Picchu

Cusco gemeinsam mit Adama

Aus dem Herzen der innerirdischen Lichtstadt Machu Picchu, unserem Sitz des königlichen Glanzes, überbringen wir unsere große Liebe und wärmste Rückversicherung an euch alle, die diese lichtvolle Übermittlung hören oder lesen werden. So viele unter euch sind in der Tat unsere früheren Freunde und Familienmitglieder aus einer weit entfernten Vergangenheit! Im Namen unserer hiesigen aufgestiegenen Zivilisation senden wir euch allen unsere Segnungen, euch, die ihr so fleißig das Licht eurer Göttlichkeit sucht, und wir heißen euch willkommen inmitten unserer Energie.

Mein Name ist Cusco und ich bin dieses Mal mit unserem geliebten Bruder Adama von Telos hier, um euch von unserer Lichtstadt zu erzählen. Die Stadt in Peru (*Cusco*), die ebenfalls den gleichen Namen trägt, wurde vor langer Zeit in Erinnerung an meine Essenz so benannt, auf Grund der Unterstützung, die ich den Oberflächenbewohnern unserer Gegend in der vergangenen Geschichte zukommen ließ. Ich bin einer der Ältesten hier und habe die Präsidentschaft im Ältestenrat unserer Stadt inne.

Es tut meinem Herzen so gut, dieses Mal in der Gegenwart von Adama hier zu sein. Wir erahnen bereits die Freude, die wir haben werden, wenn ihr unsere veröffentlichte Übermittlung lest - wir werden in eure Ohren das Lied der Liebe und Freundschaft flüstern.

Drei Meilen entfernt von der äußeren Gemeinschaft von Machu Picchu in Peru liegt ein Ort namens "Alter Berg", übrigens ein Quechua Wort, und dort residiert eine weitere hoch entwickelte Zivilisation, die auch eine wunderschöne Lichtstadt bewohnt, die ebenso Machu Picchu genannt wird. Unsere Stadt ist Telos auf vielerlei Art und Weise ähnlich, vor allem in dem Sinne, dass unsere Leute ebenso ein 5-dimensionales Bewusstsein verkörpern. Wir sind schon seit einer ganzen Weil hier, schon fast so lange wie Telos am Mount Shasta existiert, nur ein paar tausend Jahre weniger.

Trotzdem ist die Geschichte unserer Stadt anders. Einst, Äonen zurück und parallel zur Zeit von Lemuria lebten wir auf der Oberfläche, bildeten kleine Gemeinschaften des Lichts und der wahren Brüderlichkeit, dort wo jetzt die Oberflächengemeinschaft von Machu Picchu liegt. Wir haben keineswegs schon immer im Untergrund gelebt. Aber schließlich, nach der großen Flut und der Zerstörung beider Kontinente, wurde es offensichtlich, dass der

Friede und die Schönheit, an der wir uns so erfreuten, letztendlich in Frage gestellt sein würde. Als die Negativität sich auf der Oberfläche auszubreiten begann – und das dunkler und gewalttätiger als je zuvor - wurde es für uns unerlässlich, ebenfalls eine Stadt innerhalb der Erde zu bauen, so wie es die Telosianer vor uns getan hatten. Auch wünschten wir uns, eine Lichtstadt zu erschaffen, um eine Verweilstätte des Lichts für die Mitglieder unserer Inka-Zivilisation zu erhalten, die letztendlich in die höhere Dimension aufsteigen würde.

Wir wollten unsere Kultur und all ihre Schätze im Untergrund retten, wohl wissend, dass diese sonst schließlich der weit verbreiteten Negativität zum Opfer fallen würden. So wie es die Lemurianer wenige tausend Jahre zuvor getan hatten, in dem sie ihre Stadt Telos im Untergrund gebaut hatten, um ihre Kultur und die wichtigsten Schätze Lemurias zu retten, schritten wir zur Tat, das Gleiche zu tun. Viele von euch fragen sich immer noch, wohin die Inkas gingen, als an einem gewissen Punkt der Geschichte ganze Gemeinschaften fast „über Nacht" von der Oberfläche des Planeten verschwunden sind. Und ich sage euch jetzt, dass sie in die innerirdische Lichtstadt von Machu Picchu gingen.

Für viele war das nicht weit. Sie gelangten durch eine geheime Passage im heiligen Tal in unseren Berg, gar nicht weit von dem Ort, an dem sie gelebt hatten. Obwohl die Zivilisationen der Erde aus einer breit gefächerten Vielfalt von Galaxien, Sternen- und Planetensystemen stammen, haben die meisten von euch sich in ihrer langen Inkarnationsgeschichte auf diesem Planeten entschieden, das breite Angebot von Möglichkeiten zu erfahren und sie haben mehr als einmal Verkörperungen in allen Hauptzivilisationen angenommen, welche die Erde durch ihre lange Evolutionsperiode hindurch beehrt haben. Das bedeutet also, ganz gleich woher ihr ursprünglich kommt, von welchem Planeten oder aus welchem Sternensystem oder Universum auch immer, in euren Inkarnationszyklen habt ihr alle zu einem gewissen Grad das Leben hier als Lemurianer, Atlanter, Mayas, Inkas, Ägypter usw. erfahren. Wozu macht euch das jetzt? Wisset, dass wir in unseren Reichen keine Etiketten mehr brauchen, um uns selbst zu identifizieren. Wir streben danach, in der Einheit des Schöpfers zu leben. Letztendlicher Wahrnehmung nach hat jeder seinen Ursprung im Herzen des Schöpfers und jeder hat ebenso seine Einprägungen und Aspekte seiner selbst überall in allen Universen, Galaxien und Planetensystemen hinterlassen.

Aurelia: Wer bewohnt eure Stadt jetzt?

Cusco: Zu Beginn wurde unsere innerirdische Stadt vornehmlich von unseren Leuten bewohnt, der aufgestiegenen Inka-Zivilsation. Schließlich gesellten sich einige lemurianische und atlantische Wissenschaftler zu uns und nach und nach erhöhten mehr Lemurianer und Atlanter unsere Anzahl. Unsere Stadt wird jetzt hauptsächlich, aber nicht ausschließlich, von Wesenheiten dieser drei Zivilisationen bewohnt. Unsere Anzahl hat sich seit den Anfängen beträchtlich erhöht, seit mehr Wesenheiten zu uns gestoßen sind. Aurelia, du hast mehrere Freunde und frühere Familienmitglieder, die hier leben. Deine Familie befindet sich nicht nur in Telos, du hast Familie in mehreren Städten der Inneren Erde.

Wir leben alle Zusammen in Einheit, im Geist vollkommener Harmonie und wahrer Brüderlichkeit. Weißt du, wenn du einmal aufsteigst, bist du nicht darauf begrenzt, nur an einem Ort zu leben. Es gibt dann viel Freiheit, umherzuziehen und das Leben an vielen Orten zu erfahren. Manche Leute kommen, um für eine Weile hier zu leben und ziehen dann weiter und andere bleiben für eine sehr lange Zeit. Unsere Lebensart kann sehr stark mit der von Telos verglichen werden. Unser Prozess des Kreierens entspringt den Gedanken, gerade so wie in Telos. Obwohl jede Stadt ihre eigenen Besonderheiten hat, leben alle aufgestiegenen Kulturen nach denselben universellen Prinzipien, und die Lebensart unterscheidet sich von einer Stadt zur anderen gar nicht so gravierend.

Der Umfang unserer Stadt hat nun eine Größenordnung von etwas über 1 Million Einwohner erreicht. Was unsere Stadt hauptsächlich von Telos unterscheidet ist, dass die innerirdische Gemeinschaft von Machu Picchu sich aus einer Mischung von drei Kulturen zusammensetzt, während in Telos die lemurianische Zivilisation die Hauptzivilisation ist. Viele Einwohner von Telos haben im selben Körper gelebt oder sind schon seit langer Zeit in der lemurianischen Kultur inkarniert, dass man sie fast als die Ursprünge der lemurianischen Rasse bezeichnen kann. Adama ist so eine Wesenheit und ebenso Ahnahmar, unter vielen anderen. Wie ihr wohl wisst, kamen vor ein paar hundert Jahren die spanischen Eroberer nach Südamerika und sie zerstörten rücksichtslos die meisten der schönen und eleganten Kulturen, die dort derzeit lebten. In ihrer Raffgier nach allem Gold, was sie nur in ihre Finger bekommen konnten, respektierten sie nichts und

175

niemanden. Damals gab es eine sehr friedfertige und blühende Inka-Kultur unserer Leute, die auf der Oberfläche in Machu Picchu lebten. Als das spanische Blutbad und die Zerstörung begann, luden wir sie ein, in unsere Stadt zu kommen und seither sind sie auf der Oberfläche nicht mehr gesehen worden. Sie gingen freiwillig von der Oberfläche, sie nahmen ihre Schätze mit sich und zogen ins Innere. Sie sind immer noch hier und leben und es geht ihnen gut bis zum heutigen Tag. In unserer Stadt sind wir Wesen auf dem Stand der oberen 4. und der 5. Dimension. Wie auch zutreffend für Telos können wir behaupten, dass es viele Ebenen und Dimensionen von unserer Stadt gibt. Einige davon sind physisch, so wie ihr es versteht, und andere Bereiche sind rein ätherische Ebenen. Wir können Telos so einstufen, dass es alle Ränge vom oberen 4-dimensionalen Bewusstsein hin bis zum Bewusstsein der 10. und 12. Dimension hält.

Aurelia: Was macht ihr und was ist eure Hauptausrichtung?

Cusco: Gegenwärtig sind wir gerade stark in die Rettung der „Regenwälder" involviert, die für das Leben und das Wohlergehen des Planeten so wichtig sind. Auf Grund der ganzen Gier und dem Mangel an Respekt und Ehrerbietung der Erde gegenüber, den die Oberflächenbevölkerung an den Tag legt, wäre eigentlich derzeit gar nichts mehr übrig davon. Wir versuchen, die Zerstörung in dem Maße aufzuhalten, wie es uns gestattet ist. Auch wenn es noch keinem von uns aus den höheren Dimensionen gestattet ist, direkt in eure Dimension einzugreifen, tun wir unser Bestes. Wir fördern den Frieden und die Harmonie. In unserer Arbeit mit der Natur leisten wir auch planetaren Dienst.

Wir sind ziemlich gut in unserem Verständnis der Schöpfung der Natur geworden und wenn die rechte Zeit da ist, werden wir dem Planeten dabei helfen, seine ursprüngliche Schönheit und Perfektion wieder herzustellen. Da wir nicht die Einzigen sein werden, die dies tun, werden wir uns dem größeren Team anschließen. Wenn wir in ein paar Jahren unter euch sein werden, wird es uns ein großes Vergnügen sein, euch zu lehren, was wir gelernt haben.

Für die Zwischenzeit sprechen wir eine formelle Einladung an euch alle aus, nachts unsere Kurse zu besuchen, wenn ihr das entwickeln wollt, was ihr als einen „5-dimensionalen grünen Daumen" bezeichnet. Wir können euch ebenfalls viele der wundersamen Naturgeheimnisse lehren, die dem Oberflächenwissen verloren gegangen sind. In nicht allzu langer Zeit werdet ihr voll Entzücken mit Leichtigkeit und Gnade all dieses Wissen in eurem täglichen Leben anwenden können, um die Schönheit und Perfektion der Natur um euch herum zu erschaffen, die wir hier erzeugt haben. In Telos haben sie sich dieses Wissen ebenfalls angeeignet und das ist der Grund, warum sie in ihren Umgebungen so viel Schönheit kreieren konnten. Ein weiterer Dienst, den wir von unserer Stadt aus leisten, betrifft die Arbeit mit Farbe. Weil es in eurer Welt so viel Umweltverschmutzung gibt und in eurer Atmosphäre nur noch so wenig Sauerstoff übrig ist, wäre ohne das tägliche Auffüllen von Sauerstoff und die Reinigung der Luft durch Millionen von Engeln und aufgestiegene Wesen das Leben in eurer Dimension an den meisten Orten schon gar nicht mehr möglich. Was wir als Kollektiv tun – nachts, wenn ihr schlaft – ist, dass wir große Strahlen einer speziellen grünen

Lichtfrequenz in die Atmosphäre der Oberfläche schicken, welche die Luft reinigen und die Erdatmosphäre erneuern und reparieren. Ohne das wäre die Todesrate auf diesem Planeten täglich weltweit gesehen um 1000 Mal höher. Es gibt auch viele Teams aus anderen Lichtstädten, die eine ähnliche, aber doch etwas unterschiedliche Arbeit tun wie wir. Eine große Anzahl von uns trägt zu eurem Wohlbefinden bei, indem sie dem reibungslosen Funktionieren der Erde helfen und die Menschheit am Leben erhalten, bis zum Tag der „großen Reinigung", der bald kommt. Erwartet, dass dieser sich irgendwann zwischen dem jetzigen Zeitpunkt und dem Ende dieser Dekade oder etwas darüber hinaus manifestiert.

Aurelia: Habt ihr Tunnel?

Cusco: Wir haben tatsächlich Tunnel, die in alle Richtungen gehen, über ganz Südamerika hinweg und darüber hinaus. Wir haben auch Tunnel, die direkt nach Telos führen. Wesenheiten wie Adama können zwischen Telos und Machu Picchu in weniger als ein paar Minuten eurer Zeitrechnung hin- und herreisen. Tatsächlich gibt es ein ganzes Netzwerk aus Tunnel im Untergrund, die sich über die gesamte Erde erstrecken. Wir haben auch eine sehr enge Verbindung mit der innerirdischen Stadt Quetzalcoatl beim Äquator. Diese Stadt wird von den antiken Inka- und Aztekenkulturen bewohnt. Sie leben dort auf sehr ähnliche Weise wie wir hier und wir pflegen einen sehr herzerwärmenden Austausch mit ihnen. Grundsätzlich haben wir den gleichen Ursprung und die gleiche Kultur wie sie und in der Vergangenheit haben wir uns gegenseitig in hohem Maße unterstützt. Es gibt einen direkten Tunnel zwischen den beiden Städten.

Aurelia: Habt ihr einen Anführer?

Cusco: Wir haben Führung, aber keinen wirklich Verantwortlichen in der Hinsicht, was ihr darunter versteht. Wir haben gelernt, uns selbst zu regieren. Diesen Stand spiritueller Reife haben wir bereits vor langer Zeit erlangt. Natürlich haben wir einen Hohen Rat wie alle Städte und dieser stellt den Regierungssitz unserer Stadt dar. Wenn Menschen einen Evolutionsstand erreicht haben, der hoch genug ist, wird der große Regent der Seele die göttliche Präsenz.

Aurelia: Wie sehen eure Heimstätten aus?

Cusco: Die meisten von uns leben in pyramidenförmigen Heimstätten aus kristallinem Material, das wir durch unseren Geist erschaffen. Viele unserer öffentlichen Gebäude und Lehrstätten haben eine runde Form und sind ebenfalls aus Kristallen vielfältiger Beschaffenheit und Farbe erstellt. Unsere Kreativität ist weitreichend und unsere Stadt ist sehr schön. In Telos ist es genau umgekehrt. Dort leben sie in kreisförmigen Heimstätten und die meisten ihrer öffentlichen Gebäude und Versammlungsorte sind pyramidenförmig, und sie zeugen stets von einer eleganten Erscheinung. Danke, Aurelia, dass du uns die Gelegenheit gegeben hast, uns den vielen Suchenden gegenüber durch deine veröffentlichten Bücher zum Ausdruck zu bringen. Wir segnen dich mit der Flamme unserer Liebe, unserer Dankbarkeit und Harmonie.

Aurelia: Gern geschehen. Auch ich musste einiges an Vergebungsarbeit hinsichtlich Atlantis leisten und diese Botschaft aus eurem Reich auf den Weg zu bringen ist meine Art zu zeigen, dass ich vollständig vergeben habe.

179

Ihr strebt danach,

eure physische Inkarnation zu verlassen

und in ein anderes Reich aufzusteigen,

in dem die Mühen der Körperlichkeit

euch nicht mehr behelligen werden.

Und wieder sagen wir euch, mit aller Bestimmtheit,

dass alles, was ihr umzuwandeln habt,

die Trennung ist, von der ihr fühlt,

dass sie eurem Körper innewohnt;

dem Körper, den zu lieben

ihr aufgehört habt.

Ahnahmar

9. Kapitel

Über die Auswirkungen und die Nutzung des weiterentwickelten planetaren kristallinen Gitternetzwerks

Adama

Das kristalline Gitternetz - oder kristalliner Lebensstrom, wie es auch bezeichnet wird - hat grundsätzlich zwei Bereiche, einen physischen und einen ätherischen. Die vorrangigen Anwendungen des Gitternetzes betreffen die Energieverstärkung (im Physischen) und das Speichern und Übermitteln von Informationen (im Ätherischen). Das Gitternetz ist eine direkte Leitung für das menschliche Bewusstsein, um die volle Wahrnehmung in den niedereren Erdendimensionen zu erlangen. Das menschliche Bewusstsein – oder auch der Gedankenfluss – stellt in Wahrheit das dritte Gitternetz dar, das während des Aufstiegs der Erde angepasst werden muss.

Das kristalline Gitternetz befand sich stets innerhalb des Planeten Erde und um ihn herum. Was ihr kürzlich erfahren habt, ist eine Verstärkung der Auswirkungen des Gitternetzes in der DNS, sowohl der des Planeten als auch eurer eigenen. Es handelt sich hierbei um ein direktes Resultat des Aufstiegs der Energien des kristallinen Gitternetzes in eine höhere und reinere Schwingung. Das, was ihr heute erfahrt, indem ihr während des Aufstiegs-prozesses mit dem kristallinen Gitternetz agiert, ist dasselbe, was der Planet selbst durchmacht. Durch diese Wechselwirkung mit dem Prozess des Planeten restrukturieren sich auch eure physischen Körper. Eure eigene kristalline Struktur steigt durch die Anpassungen eurer DNS auf. Meine Lieben, dies geschieht, indem ihr Tag für Tag durch die Energien des Herzens euren Stand der Liebe und euren Lichtquotienten erhöht und aufrecht-erhaltet. Es gibt wirklich keinen anderen Weg.

Warum geschieht dies? Es liegt daran, dass jetzt die Zeit für die Menschheit und die Erde gekommen ist, um sich auf eine viel höhere Existenzebene zu bewegen. Und auch, weil ihr euch von der Ebene eures Höheren Selbst aus dafür entschieden habt. Ihr seid zu dem Schluss gelangt, dass ihr lange genug in Trennung gelebt habt, und ihr habt die notwendige Unterstützung erbeten, um den Wandel innerhalb eurer selbst und auf eurem Planeten durchzuführen. Nach Messungen, die gemäß eures Wunsches durchgeführt worden sind, um euch aus den dichteren Energien, in denen ihr so lange verweilt habt, hinauszubewegen, sind die letzten 20 Erdenjahre hindurch die Gitternetze zu eurem Wohle neu kalibriert worden. Zuerst wurde das magnetische Gitternetz, der geomagnetische Lebensfluss des Planeten, angepasst. Dies ermöglichte es, in eine engere Verbindung mit den ätherischen Reichen zu gelangen und auch die Auflösung eines großen Teils des Schleiers der Dualität und der Illusion. Dann wurde das kristalline Gitternetz in eine höhere Schwingung angehoben und viele von euch fühlten sich berufen, aktiver mit diesen Energien zu arbeiten. Alle von euch erfahren die schwingungsmäßige Anhebung des Gitternetzes, ob ihr euch nun dessen bewusst seid oder nicht. Eure eigene Schwingung bringt sich selbst in die des Gitternetzes ein und so ist der Planet nun vollständig in den Aufstiegsprozess eingebunden.

Um bewusster mit dem Gitternetz umzugehen, müsst ihr ein umfassenderes Verständnis der Möglichkeiten seiner Nutzung erlangen. Ihr müsst in eurem Herzen das Versprechen abgeben, das Gitternetz nur in angemessener Weise zu nutzen, und nur zum Wohle des Ganzen. In vergangenen Zeiten wurde dieses Gitternetz oft für korrupte Zwecke benutzt, wie schon die Zeiten von Atlantis bezeugen. Während die gelernten Lektionen und die daraus gewonnene Erkenntnisse ganz ohne Frage wertvoll waren, habt ihr immer noch einen Weg zurückzulegen, um ein umfassenderes Verständnis darüber zu erlangen. Wisset, dass ein Missbrauch nicht noch ein weiteres Mal gestattet werden wird. Diejenigen, die auf die Idee kommen könnten, etwas derartiges zu versuchen, werden mit einer sehr schnellen Umkehr ihrer Energien gegen sich selbst konfrontiert werden und mit den karmischen Konsequenzen ihrer Handlungen.

Über viele Äonen – seit dem Untergang von Atlantis wie auch von Lemuria – wurde das ätherische kristalline Gitternetz weiter von der Atmosphäre des Planeten entfernt. Diese Maßnahme wurde ergriffen, um das Gitternetz vor weiterem Missbrauch und weiterer Korruption seiner Matrix zu schützen. Der Planet und die Menschheit erhielten die Erlaubnis, für sehr lange Zeit ohne seinen direkten ätherischen Einfluss zu leben und dies hat eure natürlichen spirituellen Fähigkeiten, die ihr spirituelle Gaben genannt habt, in großem Ausmaß verringert. Es hat dazu geführt, dass ihr mit 5-10 % eures vollen Potenziales leben musstet – und oft sogar mit noch weniger – verglichen mit den 100 %, die ihr einst genossen habt und die ihr jetzt wieder erlangen möchtet und nach denen ihr euch sehnt. Dieser Schritt wurde auch vollzogen, weil im Geiste Gottes erkannt und durch die Spirituelle Hierarchie übersetzt wurde, dass die Irrtümer von Atlantis sich sehr wohl noch einmal wiederholen könnten. Ich bin sicher, ihr wisst, dass, wenn dies gestattet wäre, es noch immer derzeit Inkarnierte gibt, die sehr gerne ein ähnliches Szenario wiederholen würden. Zum Glück sind diejenigen heute nicht mehr so zahlreich wie damals, und sehr bald werden sie sich entweder in ihre Göttlichkeit hineinbewegen und sie annehmen müssen oder sich verabschieden, um ihre Evolution anderswo fortzusetzen.

Wir verstanden den Untergang zur damaligen Zeit nicht. Wir mussten die Gesamtheit aller Gründe für das, was geschehen war und bezüglich der daraus gewonnenen Weisheit, begreifen und erfahren. Es war nicht unser Wunsch, irgendjemanden für die Ereignisse von Atlantis zu beschuldigen oder zu bestrafen. In Wirklichkeit hatten ja alle, die als Teil des großen Experimentes dort waren, dies freiwillig getan. Wir ehrten diejenigen für die von ihnen gespielte Rolle zur Erhöhung unseres Verständnisses aller

Aspekte des Geistes. Aber dieser extreme Missbrauch der Energien, der sogar das Leben des Planeten selbst bedroht hatte, zwang den Schöpfer dazu, die Evolution dieser Zivilisation vorzeitig zu beenden. Die Lektionen durften nicht zur Vollendung gelangen.

Nach dem Fall von Atlantis entfernten wir das ätherische kristalline Gitternetz. Diese Unterbrechung der Verbindung schuf wiederum den Nährboden für neue menschliche Lektionen und Ereignisse eurer Geschichte, die bald darauf eintraten. Es kam zu umfassenden Erfahrungen, die niemals zuvor in der reineren Atmosphäre des Gitternetzes möglich gewesen wären. Wir erlangten letztendlich ein Verständnis über den Untergang von Atlantis und der menschlichen Erfahrungen und des menschlichen Ausdrucks durch den freien Willen. Heute finden wir eine Welt vor, die erneut von Selbstzerstörung vergiftet ist, wenn auch nicht ganz so gefährlich oder zerstörerisch wie beim letzten Mal. Nun erinnert das Szenario eher an eine langsame und schmerzhafte Autoimmunerkrankung, bei welcher der Organismus sich selbst verzehrt.

Daher sind wir, meine Freunde, jetzt also wieder alle mit dem Gitternetz verbunden - ihr in eurem Reich und wir in unserem. Wir sind alle involviert in einen Prozess, der wieder zur Öffnung des Herzens von Lemuria führen wird. Die Lektionen aus der Unterbrechung der Verbindung mit Gott sind gelernt und aus jedem Blickwinkel erforscht und untersucht worden. Wir haben alles nur erdenklich mögliche Wissen daraus gesammelt und es ist Zeit, voranzuschreiten.

Durch eure aufgezeichnete Geschichte und in der Kunst wurde die Schöpfung als göttlicher Funke dargestellt, der sich in die Form hinein entzündet. Dies ist ein schönes und machtvolles Bild, das die gesamte Herrlichkeit und Gnade des Göttlichen birgt. Es inspiriert die Reinheit der Emotionen in denjenigen, die es sehen; doch das volle Gut der Manifestation verlangt mehr als nur Inspiration. Man kann in der physischen Welt nicht ohne den physischen Prozess der Kristallisierung manifestieren.

Kristalle, und der Prozess durch den ein physischer Kristall geformt wird, vereinen die höheren und niederen Aspekte des Göttlichen. Zu Beginn repräsentieren sie eine Vereinigung zwischen dem Göttlichen und den Elementalen, die ihren Sitz in der Erde haben. Das bedeutet auch ein Herunterladen von Informationen, da jeder Kristall ein Speicher für bestimmte Energien und Erfahrungen ist.

Viele unter euch haben eine oder mehrere Lebenszeiten in reinen kristallinen Formen verbracht. Sie haben später andere Kristalle mit Aspekten ihres Höheren Selbst programmiert, zum Nutzen und zur Wissensvermittlung für andere, die nach euch kamen. Viele von euch haben auch Kristalle mit Aspekten von sich selbst programmiert, so dass ihr euch selbst später dadurch wieder mit den Kristallen verbinden konntet.

Während der Geist, der in einem Kristall wohnt, nicht so aktiv wie euer eigener erscheinen mag, ist er tatsächlich doch gleich aktiv, wenn nicht sogar noch aktiver, wenn er direkt von einem bereitwilligen Geist in menschlicher Form aktiviert wird. Die scheinbar langsamere Schwingung in manchen Kristallen ist tatsächlich eine Funktion, die dem geduldigen Dienst über Äonen entspringt, wenn der Kristallgeist oft für Millionen von Jahren in eine einzige Örtlichkeit eingebettet war. Wir schulden den Kristallen viel für ihre Bereitwilligkeit an einer Stelle zu verharren und ihre Energien zu verankern, bis die Zeit gekommen ist, zu der ihre Energien wieder in die größere kristalline Matrix freigegeben werden können.

Als das ätherische kristalline Gitternetz im Rahmen des Dienstes dem Planeten wieder angenähert wurde, erweckte und verband es all die Hüter unserer Energien, die sich in physischer kristalliner Form befinden. Erneut wurde das physische kristalline Gitternetz dieses Planeten durch den göttlichen Willen aktiviert. Durch dieses physische Gitternetz hat der gesamte Aufstiegsprozess der Erde selbst begonnen und er wird sich fortsetzen, bis die Schwingung des Planeten eine dimensionale Anhebung erfährt und er sich wieder mit den höheren Aspekten seiner göttlichen Essenz vereinigt. Das menschliche Bewusstsein wird dann einen neuen und höheren Bewusstheitsstand erreichen.

Zu dieser Zeit werdet ihr, die ihr diese Reise zusammen mit der Erde angetreten habt, wieder beginnen, eure höheren Aspekte zu verkörpern und ihr werdet euch wieder mit uns vereinigen. Wir sind tatsächlich diese höheren Aspekte von euch und es steigen auch heute viele Kristalle zu höheren Formen des Dienstes auf. Dieses neue menschliche Bewusstsein wird durch höhere Information und Verständnis wachsen, das euch bereitwillig durch Kristalle mitgeteilt wird, wenn sie darum gebeten werden. Aber das höchste Bewusstsein wird durch die Herzöffnung entstehen, denn dies ist der Ort, an dem die Seele wohnt, und nicht durch Auswertung der gesammelten Erfahrungen. Das Herz wiegt nicht Trauma gegen Vergnügen auf oder gar Dienst gegen Gewinn. Es akzeptiert alle Aspekte des Selbst als wertvoll und notwendig für das Ganze.

Die Seele findet im Spiegel des kristallinen Gitternetzes – sowohl im physischen als auch im ätherischen Bereich – die höchste Repräsentation dessen, was sie in menschlicher Form auf diesem Planeten leben möchte. Denn auch dies ist ein wichtiger Aspekt des Gitternetzes. Es vereint alle Energien zu einem Fluss und verstärkt die Lebenskraft von allem, das Lebenskraft besitzt. Es verbindet alle Gedanken- und Herzenergien. Wenn ihr darauf zugreift – so wie es eure „Kristallkinder" tun – werdet ihr sofort Teil des größeren Ganzen.

 Durch das Gitternetz erreicht ihr die Herzen und den Verstand all derjenigen, die damit verbunden sind. Ihr könnt Antworten auf alle gestellten Fragen erhalten und die Heil- und Manifestations-energien, die notwendig sind, um jeglichen Dienst zu leisten, den ihr durchführen möchtet. Ihr berührt die höheren Aspekte des Selbst und auch alle anderen. Und ihr verstärkt eure eigene göttliche Essenz, sowohl in euch wie auch in allen anderen.

Die richtige Nutzung des Gitternetzes ist essenziell und die einwandfreie Absicht für seine Anwendung ist obligatorisch. Wir sind hier, um mit jedem von euch ganz individuell auf angemessene Weise daran zu arbeiten, Zugriff auf diese beiden

Gitternetze zu erhalten. Wir können euch keine allgemeingültigen Techniken dafür geben. Jeder von euch hat in diesem Gitternetz seinen eigenen einzigartigen Platz und eine Methode wird weder allen dienen noch in jedem Fall für die größte Bewusstheit förderlich sein. Viele von euch haben schon früher mit diesem Gitternetz gearbeitet und werden finden, dass diese Arbeit ganz natürlich wiederkehrt. Andere von euch werden es einfacher finden, sich mit persönlichen physischen Kristallen zu verbinden, die sie Zuhause oder in unmittelbarer Umgebung haben und nur darauf warten, von euch entdeckt zu werden.

Jeder von euch erfährt jetzt die Restrukturierung seiner DNS in eine reinere kristallinere Form. Ihr erfahrt physische, emotionale und mentale Anhebungen und Wiederausrichtungen. Diese mögen seltsam, schmerzhaft und unbequem für euer System erscheinen. Doch all dies ist lediglich euer Widerstand gegen die Anhebung. Bekräftigt, dass alle Anhebungen für euch zum Besten sind und ihr werdet viel Widerstand loslassen. Nutzt die Kristalle bewusst zur Heilung eurer vergangenen Traumata und zum Loslassen toxischer Energien. Verbindet euch mit uns über einen Kristall oder einfach durch euren Geist und bittet um Instruktionen für das kristalline Gitternetz. Dann klinkt euch in das kristalline Gitternetz ein und bittet um Anweisungen. Teilt das, was ihr entdeckt mit anderen, denn jeder von euch trägt ein Stück dieses neuen Bewusstseins in sich.

Wir segnen und lieben euch und wir bewahren euch immer in unseren Herzen. Haltet Ausschau nach uns in eurem Bewusstsein, denn *„wir sind auch ihr.“*

Wenn ihr erst einmal euer Bewusstsein

in den Zustand der Unsterblichkeit

entwickelt habt, werdet ihr merken,

dass alles einfach mühelos geschieht.

Ihr werdet merken,

dass das Voranschreiten der Jahre

euch nur weiser, reifer und stärker werden lässt.

Adama

10. Kapitel

Die Quelle ewiger Jugend und Unsterblichkeit

Adama

Aurelia: Adama, bitte sprich zu uns über die Quelle ewiger Jugend und Unsterblichkeit. Meinst du, dass wir sie durch unsere Gedanken und Absichten hervorbringen?"

Adama: Natürlich, doch dies ist nur ein Aspekt davon. *Wenn ihr wahrhaftig diesen Stand der Perfektion und des Bewusstseins erlangen möchtet, müsst ihr dies von ganzem Herzen, mit eurem gesamten Geist und mit eurer ganzen Seele wünschen. **Dies ist euer erster Schlüssel.*** Ihr müsst diesen Wunsch, und dass ihr diesen Stand der Perfektion erlangen möchtet, rund um die Uhr, an jedem Tag eures Lebens bekräftigen, aussprechen und wiederholen, und alle eure spirituellen Fähigkeiten so lange beanspruchen, bis ihr euer Ziel erreicht habt.

Beständigkeit ist euer zweiter Schlüssel. Wankelmütige Versuche haben nie große Resultate erzielt. Das Aufrechterhalten absoluter Beständigkeit in euren Absichten und eurem Willen, um das zu tun, was auch immer notwendig ist, um dieses Stadium zu erlangen, kann nicht genug betont werden.

Die Quelle der Jugend und Verjüngung
die ihr sucht, liegt immer in euch.

Sie ist da und wartet auf euer Erwachen und euer Bewusstwerden darüber. Die Schlüssel zu ihrem Auffinden waren niemals ein Geheimnis. Sie waren immer bekannt, doch ihr habt sie ignoriert. Über Äonen seid ihr mehr daran interessiert gewesen, sie durch eine Quelle im Außen zu finden, ein schnelles Mittel, das eine wahre spirituelle Transformation ersetzen würde. *Dies ist euer dritter Schlüssel.* Ich frage euch jetzt: Haben diese externen Quellen euch allen gedient, meine Freunde? Habt ihr in eurer Gesellschaft Alterungsprozesse, Krankheiten und Tod erfolgreich ausgelöscht? Oder baut ihr weitere Altenheime, Krankenhäuser und medizinische Einrichtungen?

Bis heute ist auf der Oberfläche des Planeten nur sehr selten eine Person bereit gewesen, die Schlüssel der Transformation in dem Maße anzuwenden, dass sie eine vollständige DNS-Transformation und Unsterblichkeit bewirkt haben. Trotzdem gab es durch die Zeitalter und Jahrtausende hindurch einige wenige Ausnahmen. *Eure DNS ist ein weiterer Schlüssel zur Quelle der Jugend und unendlicher Vitalität, der vierte Schlüssel.* Sie entwickelt sich in der Geschwindigkeit, in der ihr euer

Bewusstsein entwickelt und euren Liebesquotienten erhöht. Euer Körper ist ein Spiegel des Bewusstseins. Im Zuge der Entwicklung wird der Körper beginnen, das von euch erlangte neue Bewusstsein zu spiegeln. Die Quelle der Jugend ist immer in euch gewesen, doch ihr müsst euer Bewusstsein entwickeln, um sie zu aktivieren.

Eure Gedanken, eure Worte und Gefühle bringen den Bezug zum fünften Schlüssel. Wie ist die Qualität des internen Dialoges, den ihr mit euch selbst in jedem Augenblick führt? Reflektiert er, was ihr erreichen wollt? Wenn ihr jeden Tag einige Minuten Affirmationen gesprochen habt, mit welchen Gedanken beschäftigt ihr euren Geist dann für den Rest des Tages? Wie gut nehmt ihr eure Gedanken wahr, eure Gefühle und die Worte, die ihr mit euch selbst und mit anderen in jedem Moment sprecht? Wie empfindet ihr hinsichtlich eurer selbst und eures Körpers?

Wenn ihr erst einmal euer Bewusstsein in den Zustand der Unsterblichkeit entwickelt habt, werdet ihr merken, dass alles einfach mühelos geschieht. Ihr werdet merken, dass das Voranschreiten der Jahre euch nur weiser, reifer und stärker werden lässt. Ja, wir werden älter an Jahren und wir werden es mit Gnade, Edelmut und Würde, als Meister. Dies ist auch eure Bestimmung, diesen Grad der Meisterschaft zu erreichen. Erhaltet mit allen euch zur Verfügung stehenden Mitteln eure Beweglichkeit, euer Tempo und eure Stärke aufrecht. Ihr werdet herausfinden, dass ihr, je mehr ihr dies tut, immer eher in der Lage sein werdet, dies zu tun. Lasst euch nicht begrenzen durch das Alter oder durch das, was Leute sagen. Ihr seid unbegrenzte Wesen, die dies vergessen haben.

Die Quelle der Jugend, die ihr sucht, ist ein Seinszustand,
nicht so sehr ein Zustand des Tuns.

Um diese wundersame Quelle zu aktivieren, müsst ihr euch erst mit ihr vereinigen und dann zu dieser Quelle werden. *Dies ist euer sechster Schlüssel*, ebenfalls ein sehr wichtiger. Die wahre Quelle der Jugend ist eine Quelle aus reinem Licht, ein Werkzeug der 5. Dimension. Um sie in euch zu aktivieren, müsst ihr das Licht in all den Zellen eures physischen Körpers und auch in allen euren anderen Körpern und feinstofflichen Körpern erhöhen. Ihr müsst euren Emotionalkörper von allen negativen menschlichen Gefühlen reinigen, eure Gedanken wahrnehmen und beginnen zu denken, wie ein Meister denkt. Wenn ihr nicht sicher seid, wie ein Meister unter jeglichen gegebenen Umständen denken würde, geht in Meditation und stellt diese Frage. Was würde ein Meister tun, wie würde ein Meister dies sehen und wie würde ein Meister handeln? Wie fühlt es sich an, ein Meister des göttlichen Ausdrucks zu sein, so wie unsere Brüder und Schwestern in Telos? Euer Herz kennt all die Antworten und es hat sie immer gekannt. Ihr müsst nur wieder lernen, es aufzusuchen und euch auf seine Weisheit einzuschwingen.

Betrachtet eure Körper als „magische Formen", seht sie als die wandlungsfähigsten Maschinen, die jemals erschaffen wurden, die alles tun können, was ihr möchtet – ohne Schmerz oder Begrenzung. Sie können sich sogar überall in diesem Universum nahezu mit Lichtgeschwindigkeit hin teleportieren, wann immer ihr diesen Bewusstseinsgrad erreicht habt. Es liegt an euch, das Wahrnehmungsvermögen, das ihr bisher in Bezug auf euren

194

Körper gehabt habt, zu verändern und zu lernen, wie ihr das volle physische Potenzial nutzen könnt, mit dem dieses Vehikel ausgestattet ist.

Beginnt, eure neue Wahrheit zu leben und die Resultate nach denen ihr sucht werden sich einstellen. Es kann nicht anders sein. Dies ist der siebte Schlüssel. Hiermit ist die Quelle der Jugend real. Sie liegt in eurem ureigenen Geist und Herzen. Ihr werdet überrascht und voll Freude sein, wenn ihr entdeckt, wie einfach es ist, eure jugendliche Erscheinung zu erhalten.

Die Wesenheiten,

welche die „Dunkelkräfte" repräsentieren,

verstehen es sehr gut, Impulse zu setzen.

Sie sind weitaus fleißiger darin,

Impulse der Dunkelheit zu setzen,

als die Lichtarbeiter es hinsichtlich

der Impulsgebung des Lichtes

gewesen sind.

Meister Saint Germain

11. Kapitel

Die Einschätzung eures Besteuerungssystems

Adama

Aurelia: Adama, ist es spirituell angemessen und moralisch tragbar, dass wir als Kinder Gottes einem solch kontrollierenden System der Besteuerung unterworfen sind? Wie nimmst du unser korruptes Besteuerungssystem wahr?

Adama: Wir haben bestimmt kein Besteuerungssystem irgendeiner Art und wir würden so etwas auch nicht zulassen. Eine erleuchtete Regierung muss ihre Bürger nicht besteuern. Euer Steuersystem ist eine streng manipulative 3-dimensionale Kreation, spirituell unmoralisch, und stellt ein primitives Verständnis an Führung und Management zur Schau.

Wir bestätigen eure Wünsche, in dieser Hinsicht souverän und eurem göttlichen Geburtsrecht nach steuerfrei zu sein. Ihr seid die

197

geliebten Kinder eines sehr liebevollen und wohlhabenden Vaters und seiner Energiequelle. Euer Schöpfer besteuert euch nicht und daher sollte es auch niemand anderer tun. Wie so viele andere Dinge in eurer Gesellschaft, die ihr nicht mögt und denen ihr nicht zustimmt, existieren Steuern ganz einfach, weil ihr es zulasst. Ihr habt eure Kraft abgegeben und euer Recht, souverän zu sein. Dies wird so weitergehen, bis ihr im Kollektiv eure Kraft zurückholt.

Seid versichert, dass ihr innerhalb von 5 bis 10 Jahren von jetzt an, und hoffentlich früher, für immer steuerfrei sein werdet. Da das Licht mit jedem vergehenden Tag immer heller auf dem Planeten scheint, wird auch euer Steuersystem darauf reagieren und letztendlich völlig abgeschafft werden. In der 5. Dimension existiert kein Steuersystem und wenn so viele von euch wählen, dorthin zu gehen, werdet ihr überall auf der anderen Seite des Schleiers nicht einen einzigen Steuerbeamten finden. Sie werden alle in der 3. Dimension versammelt sein und sich fragen, was geschehen ist!

Wir sind eine freie und verantwortliche Gesellschaft. Jeder Einzelne von uns übernimmt die gleiche Verantwortung für das weise und erfolgreiche Wirtschaften unserer Gesellschaft. Alles, was wir brauchen oder benutzen, wird durch ein gut entworfenes „Tausch-System" ausgetauscht, das einen „gerechten Tausch" erzeugt. Auf diese Weise können wir die Dinge bekommen und handeln, womit immer wir möchten und es gibt nie irgendeinen Verlierer. Dies verleiht uns einen großen Spielraum und viel Freiheit in unserem Tausch-System und es macht Spass zu tauschen. Jeder bekommt alles notwendige und niemals auf Kosten eines anderen.

Wir werten unsere Freiheit über allem anderen. Wir würden niemals erlauben, dass ein Steuersystem existiert. Es würde uns unserer nicht zu verleugnenden Rechte auf Fülle, Freiheit und dem Streben nach Glücklichsein berauben. Auf der Oberfläche haben euch die Regierungen dahingehend programmiert, dass ihr Steuern zahlen müsst, und dies ist ein höchst irriges Konzept. Ihr seid nicht nur mit Einkommenssteuern belastet, auch mit – um ein paar zu nennen – Handelssteuern, Grundsteuern, Betriebssteuern, einige eurer Nahrungsmittel werden besteuert, als ob Essen und Ernährung eures Körpers ein Luxus wäre, und hunderte weiterer noch subtilerer Steuerarten sind in den Preisen versteckt oder inbegriffen. Trotzdem sind es Steuern und tragen dazu bei, eure Lasten zu vermehren.

In eurem Erdenleben war diese Art Kontrolle nie dazu bestimmt, Teil eurer Realität und eine solche Belastung zu werden. Warum lasst ihr es dann mit so viel Angst und Gleichgültigkeit zu? Warum erlaubt ihr den Verantwortlichen, die ihr wählt, euch in jeder Hinsicht zu unterdrücken? Und warum denkt ihr immer noch, dass das Bezahlen so vieler Steuern in jedem Aspekt eures Lebens eine normale Sache sei, das geringe Einkommen zu teilen, von denen die Mehrheit von euch leben muss?

Jegliche Regierung oder Führung, die ihre Leute so schwerwiegend besteuert um finanziell funktionieren zu können, demonstriert ein sicheres Zeichen armseliger Verwaltung. Mit etwas mehr Bewusstsein und Integrität könnte eure Regierung sehr gut und mit großem Wohlstand agieren, ohne die Leute besteuern zu müssen, die sie regiert. Bürger anderer Planeten sind von ihren Regierungen nicht besteuert worden und niemand entbehrt irgendetwas, auch die Regierungen nicht.

Aurelia: Aber Adama, wie sollen wir das tun? Diejenigen, die sich weigern, ihre Steuern zu zahlen, wandern ins Gefängnis, sie werden ohne Ende belästigt, ihnen werden ihre Fahrzeuge weggenommen und sehr oft ihr Land und ihre Heimstätten.

Adama: Wir wissen dies, meine Lieben, wir wissen es nur zu gut; und das alles wird sich in eurem Land ändern und fortschreitend auch sonst überall auf der Welt. Daher raten wir euch diesmal nicht, große Wellen zu schlagen und euch zu weigern, eure Steuern zu zahlen. Wenn ihr dies jetzt tätet, würden zu viele von euch Schaden nehmen. Ihr habt genügend Herausforderungen in eurem Leben, so wie es jetzt ist, und wir wollen euch nicht noch mehr leiden sehen. Das Konzept, steuerfrei zu werden, muss sich erst in eurem Bewusstsein entwickeln und dann im Bewusstsein der Mehrheit, um reibungslos und auf erleuchtete Art und Weise umgesetzt zu werden.

Wenn die Mehrheit der Menschen eines Landes, sagen wir ungefähr 70-80 % eine neue Wahrheit für sich selbst als souveräne Wesen angenommen haben und in ihrem Herzen eine aufrichtige und kraftvolle Entscheidung treffen, dass es nicht länger ihrer Wahrheit entspricht, der Besteuerung zu unterliegen und sie ihren Schöpfer anrufen, um ihnen dabei behilflich zu sein, ihre neue Wahrheit als souveräne Wesen umzusetzen - seid versichert, dass dies dann geschehen wird und es würde nicht sehr lange dauern. Doch das Kollektiv muss dies erst aus dem Herzen heraus wählen und sein Opferbewusstsein loslassen. Das ist Bedingung. Wisset aus ganzem Herzen, dass eure Souveränität zuerst aus dem Inneren des Selbst kommen muss. Wisset mit absoluter Überzeugung, dass ihr als göttliche Wesen, als Kinder eines sehr liebevollen Vaters, das volle Recht auf die Freigebigkeit dieses Planeten und dieses Universums habt. Dies ist nicht nur für einige wenige reserviert.

In eurer Gesellschaft gibt es Menschen, die mit der Absicht inkarniert sind, in naher Zukunft weisere Regierungsformen zu bilden. Sie sind zahlreich genug, um dies zu vollbringen und sie haben genügend Reife erlangt, um sehr bald ihren Platz einnehmen zu können. Sie sind zwischen ihren Inkarnationen geschult worden, genau dies zu tun und sie wissen bereits, wie sie diese positiven Veränderungen reibungslos umsetzen können. Sie sind versiert in der Kunst des Führens, in der Absicht neue Regierungsformen zu bilden, die zum Wohle aller sind. Wenn eine Regierungsform zum Wohle des Kollektivs handelt, anstatt nach persönlicher Willkür, wird jeder mit Fülle gesegnet und hat alles, was er braucht, um das Leben genießen zu können. Niemand muss leer ausgehen. Sehr bald, meine lieben Kinder, wird es das „Haben oder nicht Haben" nicht mehr geben. Jeder wird reichlich versorgt sein, um zu leben und gut zurechtzukommen, einschließlich der Regierung.

Habt noch etwas Geduld und entwickelt euer Bewusstsein weiter, um die vielen irrigen Glaubenssysteme loszulassen, die euch eingeprägt wurden. Denjenigen, die inkarniert sind, um neue Regierungsformen einzuführen, wird nicht gestattet werden, ihren rechtmäßigen Platz einzunehmen, bis ihr zunächst ausreichende Veränderungen in eurem Herzen und dann in eurem Bewusstsein vorgenommen habt. Es ist wichtig, dass ihr darauf besteht und diese Veränderungen aus dem Herzen eures Schöpfers heraus und aus der Liebe und dem Mitgefühl eures eigenen Herzens vollbringt. Es ist auch wichtig, dass ihr dies so lange tut, bis es geschieht.

Erinnert euch daran, dass es immer das Kollektiv ist, das die Macht zur Entscheidung hat. Eure Regierungen reflektieren nur die Gesamtsumme des kollektiven Bewusstseins derjenigen, die sie regieren. Sie sind ein Spiegel, meine Freunde, lediglich ein Spiegel! Ihr alle müsst euch zuerst ändern, und dann werdet ihr sehen, wie reibungslos sich eure Regierung entwickeln und verändern wird. Es liegt an euch allen, den Weg durch das Feuer in euren Herzen zu bereiten.

Aurelia: Aber Adama, 80 % der Bevölkerung ist viel; es wird ewig dauern, bis alle ihr Bewusstsein dahingehend entwickelt haben.

Adama: Nicht so lange, wie du denken magst. Ich habe es schon zuvor erwähnt und viele andere Meister haben dies auch getan. Auf eurem Planeten werden bald Ereignisse stattfinden, die der Menschheit dabei helfen werden, aufzuwachen und ihr Bewusstsein auszudehnen. Diese Ereignisse schweben jetzt über euch. Die Menschen werden sich freiwillig ändern oder ihre Inkarnation verlassen. Der Missbrauch eures Planeten und seiner Bewohner durch die Regierungen wird nicht länger toleriert werden. Diese Entscheidung hat eure Erdmutter jetzt für die

Evolution ihres Körpers getroffen und sie wird ausgeführt werden. Außerdem wird keine Gruppe von inkarnierten Menschen die Macht haben, dies aufzuhalten. Die „Friss oder Stirb" – Warnung, die vor einiger Zeit ausgesprochen wurde, ist nun gültiger, als jemals zuvor.

Ihr seid nicht allein, meine Lieben. Ihr habt jetzt mehr Unterstützung auf eurem Planeten von überall her aus dem Universum, als je zuvor. Keinem Planeten wurde jemals ein so großes Ausmaß an Assistenz zugestanden, wie es hier der Fall ist. Seid guten Mutes, eure Befreiung ist bald da. Wenn ihr nur wahrnehmen könntet, wie viel Aufwand betrieben wird, um diesem Planeten zu helfen und wie sehr jeder von euch innig geliebt wird, würde das alle eure Schmerzen augenblicklich zum Schwinden bringen und in eine ewige Quelle der Freude verwandeln. Wir lieben euch alle sehr, und bitte, haltet noch eine Weile durch! Ich bin immer bei euch.

Teil 3

Die heiligen Flammen
und ihre Tempel

Die Schwingung der Vergebung

gehört der Schwingung des Herzens an.

In das Herz zu gehen ermöglicht es euch,

den Verstand und den Körper

von diesem Geschenk in Kenntnis zu setzen,

nicht nur in dieser Lebenszeit,

sondern ebenso in allen anderen Lebenszeiten.

Adama

12. Kapitel

Die sieben Flammen Gottes für die sieben Tage

Adama

Nun möchte ich euch einen kurzen Überblick über die sieben Hauptstrahlen oder Flammen vermitteln. Es wäre sehr hilfreich für jeden von euch, wenn ihr euch täglich auf die Energien von jeweils einem der sieben Hauptstrahlen ausrichten würdet, welcher den Planeten von der Schöpferquelle aus an diesem Tag durchströmt. Alle Energien der sieben Strahlen durchströmen den Planeten täglich, doch ein bestimmter Strahl ist an jedem Wochentag vorherrschend.

Auf diese Art und Weise mit den sieben Strahlen zu arbeiten, wird euch grundlegend helfen, die Energien der sieben Strahlen in all euren Hauptchakren und in allen euren Lebensbereichen auszubalancieren und eurem gegenwärtigen Leben eine größere Balance und Leichtigkeit bringen. Im Prozess des Aufstiegs und

207

Erleuchtung müssen alle sieben Hauptstrahlen – und später ch die fünf geheimen Strahlen – ausbalanciert und gemeistert werden, um euch noch größerer Weisheit und Meisterschaft in eurer kosmischen Zukunft zu öffnen.

In Telos arbeiten wir täglich intensiv daran, die spezifischen Energien jedes einzelnen Wochentages in unseren Herzen, in unserem Geist und in unseren täglichen Aktivitäten zu verstärken. Wir laden euch ein, damit zu experimentieren. Ihr könntet angenehm überrascht sein, wie viel wirkungsvoller die Energien sind, wenn sie verstärkt werden und wie sie euch auf diese Weise von viel größerem Nutzen sein können.

Sonntags verstärkt sich der Gelbe Strahl
der Weisheit und des göttlichen Geistes.

Fokussiert euch täglich in allen Dingen auf den Geist Gottes, doch insbesondere am Sonntag. Der göttliche Geist wird euren eigenen Geist immer höherer Weisheit zugänglich machen. Wahre Weisheit entspringt immer dem Geist der höheren Perspektive und des höheren Bewusstseins. Wenn ihr den göttlichen Geist mit eurem eigenen verbindet, werdet ihr damit beginnen, Entscheidungen derart zu treffen und euer Leben auf eine Art und Weise zu lenken, die euch mehr Zufriedenheit und größere Leichtigkeit bringt.

Montags verstärkt sich der Königsblaue Strahl
des göttlichen Willens.

Richtet euch in all euren Lebensbereichen auf den göttlichen Willen aus, indem ihr euch vollständig diesem göttlichen Willen überantwortet; ganz gleich, wie eure gegenwärtigen Lebensumstände auch sein mögen. Dies ist der schnellste Weg für euch, um eure spirituelle Meisterschaft und spirituelle Freiheit zu erlangen. Indem ihr euch auf den göttlichen Willen ausrichtet, werdet ihr merken, dass sich auch euer Leben auf größere Harmonie ausrichtet. Badet euren Geist, euren Körper und eure Seele täglich in dieser Energie und bald werdet ihr die vielen Segnungen erlangen.

Dienstags verstärkt sich der Rosarote Strahl der göttlichen Liebe.

Richtet euch auf den transformierenden und heilenden Einfluss der Energien der göttlichen Liebe aus. Die Liebe ist der Stoff, der alle Dinge kreiert, transformiert, heilt und harmonisiert. Nehmt euch in eurem Leben Zeit, diese Flamme der göttlichen Liebe einzuatmen und mit ihr zu verschmelzen. Liebe ist der Schlüssel zur Macht der Vervielfältigung aller guten Dinge, die ihr euch wünscht. Indem ihr mit dieser Flamme immer stärker verschmelzt, lösen sich die Begrenzungen nach und nach auf und ihr werdet zum Meister eures Schicksals.

Mittwochs verstärkt sich der Smaragdgrüne Strahl der göttlichen Flamme der Heilung, der Präzipitation und der göttlichen Fülle.

Richtet euch in allen Aspekten eures Lebens auf die Energien der göttlichen Heilung aus. Es handelt sich um eine ausgleichende und beruhigende Energie, die euch helfen wird, die vielen

Verzerrungen wieder neu auszurichten, die ihr durch euer Leben erzeugt habt. Ruft dieses strahlend grüne und flüssig erscheinende Heilungslicht an und visualisiert es für alle Bereiche eures Lebens, welche Transformation benötigen. Der Grüne Strahl regiert auch die Gesetzmäßigkeiten der göttlichen Fülle und des Wohlstands. Ruft diese wundervolle Smaragdgrüne Flamme auch an, um den Weg für alle eure physischen und spirituellen Manifestationen und Präzipitationen zu ebnen.

Donnerstags verstärkt sich der Goldene Strahl der Auferstehung.

Richtet euch auf die Energien dieser Flamme der Wiedererweckung und Wiederherstellung eurer ererbten Göttlichkeit aus. Ihr seid göttliche Wesen, die das menschliche Leben erfahren und daraus lernen. Da ihr euch bewusstseinsmäßig verirrt habt, ist eure Göttlichkeit verschleiert worden. Indem ihr diese purpurnen und goldenen Energien der Wiederauferstehung anruft und euch mit ihnen verbindet, werdet ihr beginnen, all die Gaben und Attribute eurer Göttlichkeit wieder zu erwecken. Diese wundervolle Flamme bereitet euch für das abschließende Ritual des Aufstiegs vor. Der Aufstieg war und ist immer noch der Hauptzweck für eure vielen Inkarnationen auf diesem Planeten.

Freitags verstärkt sich der strahlend Weiße Strahl
der Reinheit der Aufstiegsflamme.

Aufstieg ist die alchemistische Hochzeit, oder göttliche Vereinigung, eures menschlichen Selbst mit eurer göttlichen Essenz durch den Prozess der Klärung aller fehlgeleiteter göttlicher Energie durch eure vielen Lebenszeiten hindurch. Richtet euch darauf aus, alle Negativität, falschen Glaubenssätze, Geisteshaltungen und Gewohnheiten, die für eure spirituelle Meisterschaft nicht förderlich sind, zu klären und zu reinigen. Erfüllt euer Aurafeld, jede Zelle eures physischen Körpers, eure mentalen, emotionalen und ätherischen Körper mit dieser reinen strahlend Weißen Aufstiegsflamme. Tut dies in eurer täglichen Meditation mit allen Strahlen. Dies ist für euren spirituellen Fortschritt unerlässlich.

Samstags verstärkt sich der durchdringende Violette Strahl der Umwandlung und Freiheit.

Richtet euch an diesem Tag auf die vielen Töne und Frequenzen des Violetten Strahls aus. Dieser Strahl ist sehr magisch. Die Violette Flamme birgt die Frequenz des Wandels, der Alchemie, der Freiheit von Begrenzungen, der Herrschaft, der Diplomatie und Vieles mehr. Indem ihr euer Aurafeld und euer Herz mit den Wundern dieser Violetten Flamme erfüllt, wird ihre Frequenz beginnen, euer Leben von Hindernissen und Karma zu reinigen, die euch den Weg zur Realisierung eurer Meisterschaft und Göttlichkeit behindern. Nutzt die Violette Flamme täglich so oft wie möglich, insbesondere jedoch am Samstag, wenn dieser Strahl verstärkt wird. Dies wird euch von großem Nutzen sein.

Wie ihr seht, meine lieben Freunde, sind alle diese Strahlen wichtig. Keiner von ihnen kann vernachlässigt werden. Sie alle arbeiten in großer Harmonie zusammen, um der Wiederherstellung eurer Seele und eures verlorenen Paradieses zu assistieren. Selbstwahrnehmung und göttliche Meisterschaft kommen aus den täglichen und fleißigen Anwendungen dieser sieben Flammen, da ihr die „verantwortlichen" Architekten eures Lebens seid. Diese unsterblichen und ewigen Flammen Gottes werden für euch arbeiten, so wie ihr mit ihnen arbeitet. Niemand kann und wird in euren freien Willen eingreifen und niemand kann diese Anwendung für euch tun. Spiritueller Fortschritt findet als Resultat der täglichen Anwendung der Gesetze Gottes statt, durch die Energien Gottes in den sieben Hauptstrahlen und durch die Klärung von Karma und des Emotionalkörpers.

Es ist sehr wichtig, dass ihr euch täglich etwas Zeit nehmt, um eure spirituelle und innere Arbeit zu tun. Das Anrufen dieser Flammen der göttlichen Liebe und Attribute eröffnet das Verständnis zu einer umfassenderen Anwendung der kosmischen Gesetze. Atmet, ruft sie an und erfüllt euch selbst mit diesen wunderbaren Flammen Gottes. Sucht in eurer Meditation ein tieferes Verständnis dieser Flammen zu erlangen, indem ihr euer Gottselbst und eure geistigen Führer kontaktiert und intensiv anwendet, was euch gezeigt wird. Strebt danach, den Schleier der sterblichen Illusionen zu heben und danach, euch mit der Magie und den Kräften der ursprünglichen Absicht Gottes für eure ewige Reise in eine immer größer werdende Bestimmung und Absicht rückzuverbinden. Unsere Assistenz steht euch auf eure Bitte hin ebenfalls zur Verfügung; eine einfache Bitte, durch ein Gebet aus eurem Herzen, holt uns zu eurer Unterstützung sofort in euer Kraftfeld.

13. Kapitel

Die Erleuchtungsflamme,
eine Aktivität des zweiten Strahls
und die Meditation
Die Reise zum Tempel der Erleuchtung

Adama gemeinsam mit Meister Lanto

Ich grüße euch, meine Lieben, hier ist Adama. Ich bin heute hier in eurer Mitte gemeinsam mit mehreren Wesenheiten, welche die meisten von euch bereits kennen oder von denen sie zumindest schon gehört haben. Unter diesen Anwesenden sind unser Bruder Ahnahmar und der Hüter und Meister des zweiten Strahls, Meister Lanto.

Aurelia: Hallo. Adama, wir würden heute gerne mit euch die Attribute und die Nutzung des Erleuchtungsstrahls erörtern, um ein besseres Verständnis über ihn zu erlangen. Du musst bereits unsere Gedanken gelesen haben, da du Meister Lanto mitgebracht hast. Wir heißen euch alle in unserer Mitte und in unseren Herzen willkommen; wir fühlen uns geehrt, eure Präsenz bei uns zu haben.

Adama: Ich danke euch, meine Freunde. Es ist auch für uns ein Vergnügen und eine Ehre, unsere Liebe und Weisheit wieder mit euch allen zu teilen und später noch durch unsere veröffentlichten Bücher mit einer größeren Anzahl von Menschen. Zu dieser entscheidenden Zeit des Erdenübergangs in ein höheres Bewusstsein und eine höhere Dimension ist es für jede hier inkarnierte Seele wichtiger als jemals zuvor, zu verstehen, was energetisch und physisch auf eurem Evolutionsplaneten vor sich geht.

Gewiss habt ihr alle mehr als je zuvor den Wunsch nach Erleuchtung, um eure göttliche Essenz vollständig zu verstehen und euch ihrer zu erinnern. Auch um zu wissen, was ihr hier auf diesem Planeten tut und um die Absichten und Ziele zu entdecken, die ihr euch für eure Erfahrung gesteckt habt. Es ist jetzt an der Zeit für euch alle, eure Vorteile aus der wundervollen Gelegenheit der spirituellen Befreiung durch den Aufstieg zu ziehen, die euch derzeit angeboten wird. Durch die große Liebe, die euer Schöpfer für jeden Einzelnen von euch hegt, und durch die ehrfurchtsgebietende göttliche Gnade, die euch aus seinem Herzen geschenkt wird, könnt ihr nun von der selbst gewählten Trennung von Gott befreit werden, in der ihr euch seit so langer Zeit befindet. Ihr wart sehr lange in einem Zustand des spirituellen Schlummers, der euch viel Unannehmlichkeiten gebracht hat, Unglücklichsein, Schmerz und Begrenzung. Durch die selbst auferlegte Ignoranz und Abtrennung habt ihr euch entschieden, dies zu erfahren. Ihr habt vergessen, wie ihr euer Leben als die göttlichen Wesen manifestieren könnt, die ihr wahrhaftig seid. Viele von euch haben genug von diesem unnatürlichen Seinszustand und haben nach dem Einschreiten eures Schöpfers gerufen. Lebenszeit um Lebenszeit wurden euren Seelen irrige Glaubenssysteme über Gott und euch selbst auferlegt und ihr seid den begrenzenden Lehren der Religionen gefolgt, deren Oberhäupter vornehmlich vorsahen, euch in spiritueller Ignoranz, Kontrolle und Unterwerfung zu halten. Meistens haben jene Religionen und Dogmen, an die ihr so sehr glaubt und die ihr so verkörpert habt, euch in einen endlosen Strom aus irrigen Konzepten verwickelt, der verhindert hat, dass ihr euch in euren vielen Inkarnationen durch die Augen eurer Göttlichkeit erfahren konntet.

Es ist unser Wunsch, zu euch über eine Ebene der Spiritualität zu sprechen, die in ihrer Essenz rein ist. Wahre Spiritualität ist ein sehr einfaches Konzept und könnte in einem kleinen Büchlein zusammengefasst werden. Wir haben dies schon mehrmals gesagt. Es ist so simpel, dass die meisten Leute komplett vergessen haben, wie man spirituell „ist" und dies verkörpert. Ihr schaut immer nach den kompliziertesten Konzepten, die ihr nur finden könnt. Durch die Zeitalter hindurch sind Millionen von Büchern über Spiritualität geschrieben worden, die sehr ausgeklügelte und komplizierte Ideologien über Gott enthalten. Und tatsächlich nur sehr wenige – wenn überhaupt – belegen die simplen Wahrheiten, die wahre Spiritualität ausmacht. Eine sehr große Anzahl eurer spirituellen Bücher sind von jenen geschrieben worden, die wir als spirituell blind betrachten, und die sich wünschen, die

Oberhäupter der Menschen zu sein, die ebenfalls spirituell blind sind. Wahre Spiritualität ist ein Seinszustand, ein reiner Zustand des Bewusstseins, der euch in die Bewusstheit von Liebe, Licht, wahrem Leben und eure Göttlichkeit zurückbringt. Im Allgemeinen kann Spiritualität nicht durch die vielen Dinge gewonnen werden, die ihr tut oder nicht tut, und auch nicht durch eure Gesellschaft, eure religiösen Organisationen und eure Regierungen, denen ihr euch so eifrig fügt. Sie „IST" ganz einfach. Darum sind all die Rituale, Praktiken und Konzepte mit Richtlinien zum „Tun" oder „nicht Tun", die ihr akzeptiert oder ablehnt, von denen ihr meint, dass sie euch zum Besten dienen, nur grundlegende Richtlinien durch wohlmeinende Leute. Diese Richtlinien könnten euch dienlich gewesen sein, wenn ihr sie aus der richtigen Perspektive heraus angewandt hättet, aber sie könnten niemals wahre Spiritualität in eure Seele einprägen. Ihr allein könnt dies tun – in Kommunikation mit eurer göttlichen Essenz.

Aus diesem Grund ist die Absicht unserer Abhandlungen und Schriften, eine Lehre darzubringen, der die Menschen einfach folgen können; eine Lehre, die euch helfen wird, euch zurück zum Bewusstsein des „Gottes im Inneren" zu bringen - als großer Architekt eures Lebensstromes. Wir wünschen uns, dass ihr, so wie wir es taten, die Freude und die Glückseligkeit eures eigenen Lebens, gemäß eures eigenen, einzigartigen Pfades, wieder entdecken möget, vollständig mit dieser göttlichen Essenz verbunden, die euer Herz schlagen lässt. Wir wünschen uns, dass ihr euch zu allen Zeiten daran erinnern mögt, dass diese göttliche Essenz, die in jedem von euch lebt und aktiv ist, die einzig wahre „Quelle" von allem ist, was ihr sein könnt, von allem, das ihr wissen könnt und von allem, das ihr als göttliche Wesen in eurem täglichen Leben manifestieren möchtet. Der Fluss des Lebens, der Liebe, der unbegrenzten Fülle und jeder guten und perfekten Gabe, die ihr genießen und gerne empfangen möchtet, liegt innerhalb von euch, wohl wartend auf eure Erkenntnis und eure Hingabe daran, ihn anzurufen. Und mit dieser Einleitung werde ich nun über die Erleuchtung sprechen, über eines der Attribute der Gottesflamme, die euch in hohem Maße bei eurem Prozess des Wiedererwachens unterstützen kann.

Aurelia: Adama, was sind die Attribute des zweiten Strahls der Erleuchtung?

Adama: Der Strahl der Erleuchtung hat hauptsächlich mit der Weisheit Gottes zu tun, mit wahrem Wissen und Erleuchtung in all ihren vielfältigen Facetten. Er repräsentiert die Erleuchtung des Christusbewusstseins und dessen Erkenntnis, Wahrnehmung und Frieden aus dem Herzen der Allwissenheit Gottes. Er ist buchstäblich eine grenzenlose Ausdehnung des göttlichen Geistes. Viele der Seelen, die durch göttliche Berufung hin auf dem Strahl der Erleuchtung inkarniert sind, werden Lehrer für die Menschheit. Viele der großen Meister der Weisheit, von denen ihr schon gehört habt, und die in der Vergangenheit als große Menschheitslehrer inkarniert sind, waren Wesen, deren grundlegender Seelenpfad der Strahl der Erleuchtung ist. Einige unter ihnen sind die Meister Jesus/Sananda vor 2000 Jahren, Maitreya, Buddha, Konfuzius, Djwhal Khul, Lanto, Kuthumi und viele andere. Die Meister aller anderen Strahlen sind auch von Zeit zu Zeit inkarniert, um Lehrer für die Menschheit zu werden, da die Menschheit lernen muss, in perfekter Balance die Einweihungen aller Strahlen zu verstehen und zu meistern, um sich für den Aufstieg zu qualifizieren. Jeder ist auf einem der zwölf Strahlen erschaffen worden und es gibt Millionen von Wesen auf jedem Strahl. Versteht bitte, dass kein Strahl besser ist, als ein anderer, wie einige von euch meinen könnten. Alle Strahlen müssen gleichermaßen verkörpert, verstanden und integriert werden.

Der Erleuchtungsstrahl ist mit dem Kronenchakra verbunden, das als die tausendblättrige Lotusflamme bekannt ist. Indem ihr den Erleuchtungsstrahl in eurem Kronenchakra anruft, beginnen die tausend Blütenblätter eures Kronenchakras wieder mit dem Prozess der erneuten Erleuchtung durch die Ausdehnung des Potenzials, euch wieder mit dem wahren Geist Gottes zu verbinden, welches tausende Jahre in euch geruht hat. Jedoch hat der Geist Gottes euch nie verlassen und ihr möchtet ihn nun wieder erwecken. All die Bereiche der Dunkelheit, die ihr durch Ignoranz erzeugt habt, sind grundsätzlich Bereiche des schlafenden Bewusstseins, die euch davon abhalten, den „Geist Gottes" in seiner reinen Form zu erfahren. Wenn ihr die Erleuchtungsflamme in eurem Kronenchakra und in der Gesamtheit eures Bewusstseins anruft und eure Absicht bekundet, all die Attribute eurer Göttlichkeit anzurufen, wird euer Höheres Selbst die Energien, die ihr anruft dazu nutzen, schrittweise die dunklen Bereiche, die so lange Zeit geschlummert haben, zu erhellen und zu aktivieren.

Aurelia: Hat der Strahl der Erleuchtung eine Essenz oder eine Farbe?

Adama: Der Strahl der Erleuchtung ist Goldgelb wie die Sonne und sehr strahlend. Der „Tempel der Erleuchtung" ist für diesen Strahl der Hauptfokus auf diesem Planeten. Er liegt beim Titicaca See in Südamerika. Die Hüter dieses Strahls sind Gott und Göttin Meru, welche die Energien der Erleuchtung seit tausenden von Jahren in diesem höchst ehrfurchtsgebietenden ätherischen Tempel aufrecht gehalten haben. In Telos haben wir auch noch eine kleinere Version dieses majestätischen Tempels des zweiten Strahls geschaffen, so wie wir es für all die verschiedenen Strahlen getan haben.

In der Zeit von Lemuria hatten wir tausende von Tempeln auf unserem Kontinenten, die mehrere hundert Attribute des Schöpfers repräsentiert haben, und es gab Tempel für jeden Aspekt unserer Evolution. Wir hatten über hundert Tempel, die allein den verschiedenen Strahlen gewidmet waren. Meine Lieben, versteht, dass es noch viele Strahlen gibt, derer ihr euch noch gar nicht bewusst seid. Ihr wisst über sieben Bescheid und nun über zwölf, und ihr wisst auch, dass es noch viel mehr Strahlen gibt. Es ist nicht notwendig, dass ihr euch zu dieser Zeit aller Strahlen bewusst seid, doch es ist von äußerster Wichtigkeit für diejenigen, die ihren Aufstieg in dieser Inkarnation vollziehen möchten, Meisterschaft über die ersten sieben Strahlen zu erlangen und später auch über die weiteren fünf Strahlen.

Aurelia: Durch welche Einweihungen könnte jemand gehen, während er mit dem Strahl der Erleuchtung arbeitet?

Adama: Es werden die Einweihungen sein, sich über alle irrigen Glaubenssysteme bewusst zu werden, die ihr über euch selbst habt, die euer Bewusstsein beeinflusst haben und euch in so viel Schmerz und Begrenzung verharren ließen. Es geht hier um das Heraustreten aus der Ignoranz und um die Vereinigung mit dem Geist Gottes. Sowie ihr den Strahl der Erleuchtung integriert, könnt ihr den Geist Gottes anrufen, auf dass er seine perfekte Arbeit in eurem eigenen Geist verrichte, um diesen zu transformieren und zu entfalten.

Es gibt das menschliche Gehirn und den Geist Gottes, was nicht dasselbe ist. Der Geist Gottes repräsentiert ein universales Bewusstsein, das alles weiß und keine Begrenzungen enthält. Das menschliche Gehirn wird vom menschlichen Ego regiert und ist durchzogen von Ängsten, Begrenzungen, und irrigen Glaubenssystemen über das Selbst. Es ist durch das menschliche Ego und dessen eigene Ängste und das Bewusstsein der Trennung geprägt worden. Jedoch ist es ein Werkzeug für eure Evolution gewesen und hat euch wohl gedient. Während sich euer menschlicher Verstand entwickelt, ist er bestimmt, sich letztendlich mit dem Geist Gottes zu vereinigen. Nehmt euch also nicht vor, ihn loswerden zu wollen, wie einige von euch dies am liebsten tun würden. Er gehört zu euch und ihr müsst ihn als einen integralen Aspekt von euch selbst annehmen.

Was ihr unbedingt tun solltet, ist, ihn durch richtiges Wissen, wahre Weisheit und durch Überantwortung all eurer alten Glaubenssysteme zu transformieren, die euch nicht länger dienen und die euch in Begrenzung und Ignoranz halten. Wenn ihr diese innere Arbeit tut, um eure Transformation voranzubringen, wird euer Ego sich letztendlich derart weiterentwickeln, dass es sich mit dem Geist Gottes durch die einprägenden Aktionen der Erleuchtung vereint. Im Aufstiegsprozess werden sich alle Aspekte von euch, einschließlich des menschlichen Verstandes und eures Egos, vollständig mit dem Geist Gottes und allen Attributen eurer Göttlichkeit vereinen. Betrachtet dies als einen sich bis in alle Ewigkeit fortsetzenden Prozess, denn es wird immer wieder eine weitere Ebene geben, der es sich zu öffnen und von der es zu lernen gilt. Der Prozess, dem ihr euch überantworten müsst, um euren Verstand, euer Herz und alle Aspekte eurer Göttlichkeit zu öffnen, kann nicht über Nacht geschehen. Dies ist die Reise, die ihr vor eurer Inkarnation für euch selbst geplant habt, um das Ziel zu erreichen, das ihr euch für euren evolutionären Pfad gesetzt habt.

Schrittweise werdet ihr das benötigte Wissen, das Verständnis und die Weisheit in euer Bewusstsein integrieren. Wenn ihr dies tut, werden sich an einem bestimmten Punkt die Schleier heben und ihr werdet euren Verstand mit der Gesamtheit des göttlichen Geistes vereinen. Wenn ihr eure Hausaufgaben nicht machen möchtet und es vorzieht, in eurem gegenwärtigen Zustand zu bleiben, weiterhin eure irrigen Konzepte und Glaubenssysteme aufrechtzuerhalten, ist dies eure Entscheidung; niemand wird euch hinein „zwingen". Seid euch auch darüber bewusst, dass ihr dann weiterhin mit den Konsequenzen leben müsst, in eurer Evolution zurückgehalten zu werden, während andere, die ihr kennt und liebt auf die nächste Ebene erhoben werden mögen.

Eure eigene Evolution ist euer erstes Ziel für eure Inkarnation und dies verlangt eure Bereitwilligkeit und eure Bereitschaft, sich völlig einzubringen. Es geschieht nicht einfach automatisch. Es ist wirklich ein Wunsch der Seele und es muss der grundlegendste Wunsch und Fokus eurer Inkarnation werden. Dies bedeutet nicht, dass ihr nicht euer 3-dimensionales Leben genießen könnt. Es gehört dazu, dass ihr euer Leben liebt und es auskostet; all dies muss als eins integriert werden. Eure Transformation zu dieser Zeit des Erdenübergangs erwartet eure gesamte Verpflichtung und Hingabe. Das ist eure allerwichtigste Anweisung und Mission, die ihr jetzt für euch selbst erfüllen könnt. Es ist jetzt Zeit für euch alle, eure Prioritäten zu setzen - tut dies als die Meister, die ihr zu werden wünscht.

Gruppe: Wie können wir bewusst unseren menschlichen Verstand so weit entwickeln, dass er sich mit dem göttlichen Geist vereint?

Adama: Ruft jeden Tag die Erleuchtungsenergien an, sich mit eurem menschlichen Gehirn zu vereinen. Strebt danach, euer Bewusstsein auf jede nur erdenkliche Weise auszudehnen, wie zum Beispiel durch inspirierenden Lesestoff, Meditieren, die Natur etc. Ihr werdet den Verstand nicht einfach mit Informationen füttern wollen, sondern ihr werdet euch wünschen, euer Herz und eure Seele mit all dem nähren zu wollen, was edel, schön und erleuchtend ist. Geht in euer Herz und beginnt, eure Energien mit dem Göttlichen innerhalb eurer selbst zu vereinen. Im Aufstiegsprozess wird euer transformierter Verstand sich mit dem heiligen Herz vereinigen. Doch das Herz wird zuerst aufsteigen und ihr werdet göttliche Vereinigung erfahren. All eure Chakren werden vereinigt werden und ihr werdet euch nicht länger vom Rest eures „du" und dem Universum abgeschnitten fühlen. Sie werden als unterschiedliche Kräfte bestehen bleiben und dennoch gleichzeitig alle vereinigt sein. Ihr werdet auch noch viele Chakren dazu erhalten. Ihr seht, wie kraftvoll dies ist. Aus diesem Grund ist ein Aufgestiegener Meister ein erleuchtetes Wesen. Ihr müsst nicht auf die Erlaubnis oder Genehmigung von irgendjemandem warten, um diesen Prozess zu beginnen. Fangt jetzt an, wenn ihr möchtet, dass diese Erleuchtung innerhalb eurer selbst stattfinden soll.

Gruppe: Wenn ich den Erleuchtungsstrahl während meines Schlafes anrufe, durch welche Einweihungen und Prozesse würde ich dann hindurchgehen? Wohin würde ich gebracht werden?

Adama: Wir empfehlen, dass du den Erleuchtungsstrahl in deinen Wachstunden anrufst. In deinem Schlafzustand weißt du bereits alles darüber. Es handelt sich um das Bewusstsein in deiner Wachzeit, in dem du die Weisheit integrieren solltest, die du während des Schlafes erlangt hast. Derjenige, der du auf der anderen Seite des Schleiers bist, als bewusstes Selbst, ist sehr gut informiert und hat kein Problem.

Aurelia: Wenn ich in meinem Schlafzustand irgendwohin gehe, weiß ich, dass es zu dieser Zeit nicht notwendig ist, mich bewusst daran zu erinnern, wo ich gewesen bin und was ich gelernt habe. Ich fühle, dass es wichtiger ist, dass das Wissen, das ich während der Nachtzeit gewonnen habe, in mein tägliches Leben integriert wird.

Adama: Genau. Es ist dir noch nicht bestimmt, dich an all deine nächtlichen Abenteuer zu erinnern, denn diese sind so wunderbar, dass – wenn du dich daran erinnern würdest – du kein Interesse mehr daran haben würdest, deine 3-dimensionale Erfahrung zur Vervollständigung zu bringen und dies würde dich auf deinem Pfad zurückwerfen. Wenn du einmal deine Absicht zusammen mit deinen geistigen Führern und Meistern bekundet hast, was du an bestimmten Dingen während deiner Schlafenszeit tun und lernen möchtest, werden sie dich an alle möglichen wundervolle Orte bringen, die dich dabei unterstützen werden, deine Ziele zu erreichen; doch du wirst dich nicht daran erinnern. Wenn du beispielsweise zum Tempel der Erleuchtung gehen willst, werden sie dich dort hinbringen. Es gibt mehr als einen auf diesem Planeten und du kannst sie alle besuchen, wenn du möchtest. In der Tat hast du dies bereits mehr als einmal getan. Doch es ist gut für dich zu wissen, dass du auch bewusst in deinem Wachzustand dorthin gelangen kannst. Wir haben einen Erleuchtungstempel in unserer Stadt. Wir haben eine Lichtbrücke zwischen dem Tempel in Telos und dem in Südamerika gebaut. In unserem Reich sind sie energetisch nicht getrennt; wir alle arbeiten zusammen wie eins.

Gruppe: Arbeiten wir während einer Lebenszeit immer nur mit einem Strahl?

Adama: Nicht wirklich. In einer Inkarnation arbeiten die meisten von euch mindestens mit zwei Strahlen; mit einem primären Strahl und einem sekundären Strahl, mit dem ihr mehr erlangen könnt. Letztendlich müsst ihr alle Strahlen integrieren und ausbalancieren. In einer Lebenszeit könntet ihr auf dem zweiten oder dritten Strahl arbeiten, doch ihr wart in Inkarnationen, in denen ihr ebenso mit allen anderen Strahlen gearbeitet habt. Der

Strahl, mit dem ihr in diesem Leben arbeitet, ist nicht unbedingt ein Indikator für euren ursprünglichen Monadenstrahl. Wenn ihr eure Akasha-Aufzeichnungen lesen könntet, würde sich euer Monadenstrahl, auf dem ihr ursprünglich erschaffen wurdet, als der Strahl erweisen, der eine gewisse Tendenz zu weiteren Inkarnationen auf diesem Strahl besitzt. Wenn ihr nach Meisterung und Balancierung aller Strahlen aufsteigt, kehrt ihr normalerweise zum Dienst auf eurem Monadenstrahl zurück.

Aurelia: Wie balanciert der Erleuchtungsstrahl unseren mentalen-, emotionalen-, physischen- und Seelenkörper aus?

Adama. Der Erleuchtungsstrahl balanciert nicht allein alle eure Körper aus. Sein Hauptzweck ist, dabei zu helfen, Weisheit, Wissen, Erleuchtung und Integration des göttlichen Geistes zu erlangen. Jeder Strahl hat seine eigenen Tätigkeiten und sie alle balancieren sich gegenseitig gleichermaßen aus. Eure Welt ist gerade jetzt mit Desinformation überflutet. Darum wird richtige Information so sehr benötigt und deshalb ist das Unterscheidungsvermögen, das ihr entwickelt, so wichtig; übrigens auch ein Attribut des zweiten Strahls.

Gruppe: Adama, könnten Gandhi, Martin Luther King und John F. Kennedy als Wesenheiten des zweiten Strahls betrachtet werden?

Adama: John F. Kennedy war ein Wesen des ersten Strahles, des Strahles der Führungsqualitäten und des göttlichen Willens. Gandhi war ein Wesen des dritten Strahles der Liebe und des Mitgefühls. Martin Luther King war auch ein Wesen des ersten

Strahls. Führungsqualitäten zu besitzen ist meistens eine Aktivität des ersten Strahles, aber nicht ausschließlich. Nicht nur Wesen des ersten Strahles übernehmen Führungsrollen in eurer Welt. Auch Wesen aller anderen Strahlen bringen von Zeit zu Zeit ihre Gaben in Führungsrollen ein, damit alle Strahlen sich zeigen können. Um aufzusteigen müsst ihr über alle Strahlen gleichermaßen Meisterschaft erlangen.

Gruppe: Kannst du den Missbrauch des zweiten Strahles erklären?

Adama: Es würde bedeuten den zweiten Strahl zu missbrauchen, wenn man Wissen auf falsche Weise nutzt oder wenn man bewusste Ignoranz unterhält, wie zum Beispiel, wenn man Dinge nicht so sehen will, wie sie sind. Illusionen über das Leben und über das Selbst zu unterhalten ist ebenso ein Missbrauch des zweiten Strahls.

Wir werden jetzt für einen Moment über das Herz reden. Der menschliche Verstand und das Gehirn sind Werkzeuge der 3. Dimension, die ursprünglich dazu geschaffen wurden, immer im Dienste des Herzens zu stehen. Euer Herz ist mit dem göttlichen Geist verbunden und bis ihr einen Zustand der Vereinigung mit dem Selbst erreicht habt, muss euer mentaler Verstand, oder Egoverstand, immer bewusst im Dienst des Herzens bleiben. Letztendlich wird dies zu einem natürlichen Zustand des Seins. Wenn ihr ständig aus eurem menschlichen Verstand heraus arbeitet oder agiert, statt durch euer Herz, und euch nicht mit dem höheren Lebenszweck verbindet, erzeugt dieser Zustand des Bewusstseins einen Missbrauch des zweiten Strahles – durch spirituelle Ignoranz, Kontrolle und Manipulation durch den Egoverstand. Manche Menschen besitzen eine großartige menschliche Intelligenz, doch keinerlei spirituelle Weisheit. Und sie setzen oft diese große Intelligenz im Dienst des sich verändernden Ego ein, anstatt nach der Einheit mit allem was ist zu suchen. Die Regierungsoberhäupter wissen beispielsweise besser als ihr über ihre Handlungen Bescheid. Ihr habt Zugang zu viel Wissen über die Korruption und die Heimlichkeiten, die innerhalb eurer Regierungen stattfinden. Dieses Verhalten ist ein schwerer Missbrauch des zweiten Strahles und dem Einbringen von Führungsqualitäten. Versteht ihr?

Aurelia: Ja. Es hört sich an, als könnte es ziemlich verheerend werden.

Adama: Nun, es ist, wie es ist. Ihr könnt nur eure eigene Perspektive von Dingen ändern und die Energien der Liebe, des Friedens und der Harmonie zuerst für euch selbst annehmen, und dann, wenn ihr genug davon besitzt, könnt ihr sie auf alle anderen um euch herum ausstrahlen; einfach, indem ihr seid, wer ihr seid. Wenn alle in der Bevölkerung damit beginnen, den Geist Gottes durch das Herz zu erfassen, beginnen auch eure Regierungen sich zu verändern - als Spiegel des neuen Kollektivbewusstseins. So wie ihr euch verändert, so wie das Kollektiv im Bewusstsein reift, werden sich auch eure Regierungen verändern. Auf diese Weise beginnt ihr zu erkennen, dass es niemals um sie geht, sondern um euch alle gemeinsam. Eure Regierungen reflektieren immer das Bewusstsein der Menschen, über die sie regieren. Wenn ihr euch entwickelt, werdet ihr die Weisheit erlangen, erleuchtetere Wesen zu euren Oberhäuptern zu wählen. Sie sind eure Spiegel.

Aurelia: Was sind die Nebenwirkungen aus dem Missbrauch des Kronenchakras und wie würde sich dies im physischen Körper zeigen?

Adama: Ihr wisst, das Kronenchakra ist ein Instrument und der Sitz des göttlichen Geistes im physischen Körper, um Wissen, Weisheit und Erleuchtung zu reflektieren. Diejenigen, die permanent Menschen in die Irre führen, sie kontrollieren und manipulieren und ihr menschliches Wissen lediglich zu ihrem eigenen Nutzen verwenden, werden letztendlich die Ernte ihrer Schöpfung einbringen. Schließlich erfahren sie die Auswirkungen ihrer Schöpfung selbst als Karma. Einige dieser karmischen Auswirkungen können sich als mentale Krankheiten zeigen, wie etwa Alzheimer, Parkinson, Gedächtnisverlust oder eine mentale Dysfunktion oder auch eine andere Krankheit. Wenn ihr älter werdet, ist es euch bestimmt, weiser zu werden und den Geist Gottes immer mehr anzunehmen. Das Gegenteil ist in eurer Gesellschaft verbreitet, wenn die Menschen älter werden. Viele Menschen in Altersheimen oder psychologischen Einrichtungen haben ein Stadium der mentalen Desorientierung erreicht, bis zu dem Punkt hin, an dem sie nicht einmal mehr in der Lage sind, sich an ihren eigenen Namen zu erinnern oder ihre Lieben wieder zu erkennen. Auf der menschlichen Ebene könnt ihr niemals irgendetwas bewerten, weil eure Wertungen nur ein sehr begrenztes Verständnis umfassen.

Lasst uns nun eine Meditation durchführen und gemeinsam den Tempel der Erleuchtung auf der ätherischen Ebene besuchen.

Meditation

Die Reise zum Tempel der Erleuchtung

Wir haben einen Tempel der Erleuchtung in Telos, der ein kleiner Nachbau des Haupttempels der Erleuchtung für den Planeten am Titicaca-See in Südamerika darstellt. Der majestätische und ehrfurchtgebietende südamerikanische Tempel untersteht der Führung von Gott und Göttin Meru, die sehr hoch entwickelte Wesen und Hüter dieses Strahls auf dem Planeten sind. Wir werden euch nun zu dem Tempel in Telos führen, der dieselbe Energiefrequenz inne hat.

Ich bitte euch nun, euch in eurem Herzen zu zentrieren und eure Absicht darauf auszurichten, mit uns auf eine Reise zum Tempel der Erleuchtung in unsere unterirdischen Stadt zu gehen. Bittet eure geistigen Führer und euer Höheres Selbst, euch in voller Bewusstheit anzuleiten, um mit uns dorthin zu gelangen. Wir haben eine geräumige Merkabah, die euch alle ganz bequem aufnehmen kann, und wir laden euch ein, für diese Reise einzusteigen.

Seht euch nun selbst, wie ihr in Telos am Tor dieses Tempels ankommt. Aus der Entfernung seht ihr eine achtseitige goldgelbe Struktur mit der Ausstrahlung einer Sonne. Sie sendet ihre Strahlen der Erleuchtungsenergie über mehrere hundert Kilometer hinweg, bis in die Atmosphäre der Planetenoberfläche und ist auch mit dem kristallinen Gitternetz verbunden, das diese Energie sehr schnell überall hin auf der Oberfläche des Globus verteilt.

Seht euch selbst, die 24 Stufen zu diesem Lichtportal emporgehen. Oben angelangt, werdet ihr von einigen unserer Leute aus Telos willkommen geheißen. Es sind die Torwächter. Sie laden euch ein, einen speziellen Bereich des Foyers vor dem Portal zu betreten, um in einen Strom aus goldenem Licht zu treten, der eure Energiefelder klären und vorbereiten soll, so dass ihr im Tempel empfangen werden könnt. An dieser Stelle wird jedem von euch ein lemurianischer Begleiter zugewiesen, der euch während dieser Erfahrung begleiten wird und euer Mentor ist, wenn ihr nun durch das Portal geht. Auf der anderen Seite werdet ihr durch ein großartiges Team von Meistern des zweiten Strahls begrüßt; von den Meistern Sananda, Lanto, Konfuzius, Djwhal Kuhl und Kuthumi; sie alle umarmen euch mit ihrer Herzensenergie.

Sie entbieten euch ihr innigstes Willkommen und weisen euch auf einen wunderschönen Zugangsweg – wie ein großes Portal – an dem alles, was ihr seht, wie aus reinem Sonnenlicht strahlt. In eurer Sprache gibt es keine Worte, die beschreiben könnten, was ihr seht und erfahrt, aber das ist nicht so wichtig. Nutzt eure Vorstellungskraft, um dies wahrzunehmen. Die Vorstellungskraft ist eine Gabe des göttlichen Geistes, mit der die gesamten Eindrücke der Erfahrungen aus Vergangenheit und Gegenwart gespeichert werden, damit ihr später in bewusstem Zustand auf sie zurückgreifen könnt. Erlaubt eurem Herzen und Bewusstsein in allem aufzugehen, was ihr seht, und all das in euch aufzunehmen, was ihr mit den Augen der Seele wahrnehmt. Seht, wie hier alles die goldene Sonne der Liebe des Schöpfers für diesen Strahl reflektiert.

Atmet all die Energien der zahlreichen Fontänen aus goldenem Licht ein, die aus dem Zentrum und entlang der Wände der großen „Halle der Erleuchtung" entspringen und nehmt sie wahr. Seht die Blumen, die in Goldtönen schimmern und farbenprächtig ihren himmlischen Duft überall hin verströmen. Stellt euch eine große Anzahl goldgelber Blumen in unterschiedlichen Schattierungen und Größen vor, die zusammen in einer harmonischen und überwältigend schönen Anordnung wachsen und überall, wo ihr hinschaut, eine Symphonie der Liebe, Erleuchtung und Weisheit bilden. Richtet eure Aufmerksamkeit auf die Details der Böden, Wände und Decken und auf all die Schönheit, die euch umgibt.

Wenn ihr auf die Vorderseite des großen Tempelraumes zugeht, seht ihr ein großes Gefäß, in dem die unauslöschliche Flamme der Erleuchtung lodert. Nehmt auch die Meister der Weisheit wahr, die um die große Erleuchtungsflamme im Zentrum der „Halle der Erleuchtung" versammelt sind. Seht, wie sie durch beständiges Verströmen von Liebe, die unauslöschliche Lichtflamme erhalten und nähren. Ohne das Nähren der Flammen Gottes durch diejenigen, die sich diesem Dienst hingeben, könnten diese Flammen nicht existieren und würden erlöschen. Der einzige Brennstoff für diese Flammen entspringt den Feuern der Liebe und Hingabe aus den Herzen derjenigen, die zu ihr hinstreben. Durch ihre Liebe und Hingabe halten sie die Flammen aufrecht und lodernd zum Wohle der Menschheit und des Planeten selbst.

Atmet weiterhin tief ein, ihr Geliebten. Es ist eine sehr spezielle Gabe, die euch jetzt hier dargeboten wird. Die Tore dieses Tempels sind normalerweise verschlossen für Wesen, die noch nicht aufgestiegen sind. Ihr seid heute hier durch eine besondere Dispensation und ich ermutige euch, Lord Maitreya und den anderen erwähnten Meistern, eure tiefste Dankbarkeit darzubringen, all denjenigen, die aus freiem Willen zugestimmt haben, die Energien hier für euch aufrechtzuerhalten, so dass euch der Zutritt gestattet werden konnte. *(All denjenigen, die dieses Material lesen und sich wünschen, die gleiche Erfahrung zu machen kann das gleiche zugestanden werden, wenn ihr Wunsch rein und ernsthaft ist.)*

Schenkt eure Aufmerksamkeit weiterhin dem Begleiter, der euch zugewiesen wurde. Durch die Interaktion mit ihm kann viel Weisheit und Verständnis übermittelt werden. Jetzt werdet ihr eingeladen, euch in einen Stuhl aus goldenem Kristall zu setzen, der vor dem Meister der Goldenen Flamme steht. Fühlt die Energie, fühlt, wie die brillante Goldene Flamme jede Zelle und jeden Partikel eures ätherischen Körpers durchdringt. Wir bitten euch nun, diese Energie, so tief ihr könnt, einzuatmen, wenn ihr euch nun auf diese wundervolle helle Flamme der Erleuchtung vor euch ausrichtet. Sie ist ungefähr 18 Meter hoch und wird rund um die Uhr durch die Liebe unserer Leute genährt, durch die Liebe der Aufgestiegenen Meister und Engelwesen.

Verbindet euch in eurem Herzen mit dem Geist Gottes und mit den Meistern der Weisheit, die diese Flamme nähren, wenn ihr euch mit dem Atem auf diese Flamme ausrichtet. Verbindet euer Herz mit ihren Herzen und bittet sie darum, dass sie ihre Liebe und Hingabe in eure DNS und alle eure Chakren einbringen mögen. Gebt auch euer sich veränderndes Ego hier hinein, denn es ist auch göttlich und ein wesentlicher Teil von euch. Es ist kein Teil von euch, den ihr loswerden könnt, aber es ist ein Teil von euch, der zurück zu seiner ursprünglichen Bestimmung transformiert werden muss und der sich beim Aufstieg wieder mit dem Göttlichen vereinigen wird. Auch dieser Teil braucht es, von eurer Selbstliebe verstanden und genährt zu werden. Nehmt die abgetrennten Aspekte von euch, euren menschlichen Verstand, euer sich veränderndes Ego und gebt diese Teile einfach in die Erleuchtungsflamme hinein.

Sprecht zu diesen Teilen von euch, mit großer Liebe und Mitgefühl, wie ihr zu einem jungen Erwachsenen oder einem Kind sprechen würdet. Sagt dem menschlichen Ego, dass es auch göttlich ist und geliebt wird und bittet es, sich der großen Weisheit der Erleuchtungsflamme zu überantworten, um ihre Liebe und ihre Wärme zu empfangen. Tut dies, um euer Leben mit der Integration von Weisheit und innerem Wissen zu leben.

Wenn ihr in euren Körper und in euer tägliches Leben zurückkehrt und schwierige Entscheidungen zu treffen habt, haltet euch immer diese wunderschöne Goldene Flamme der Erleuchtung und Weisheit vor Augen. Bittet darum, dass ihr zur größtmöglichen Einsicht gelangt, über das, was auch immer notwendig ist und was ihr zu diesem Zeitpunkt wissen müsst oder für die Entscheidung, die ihr zu treffen habt. Auf diese Weise werdet ihr aus der Unbewusstheit und dem spirituellen Schlummer herauskommen und Einsicht erlangen.

Dann werden eure Gedanken eins mit den Gedanken Gottes werden und dies wird euch dabei helfen, Begrenzungen zu überwinden. All die Flammen können euch in ihrer einzigartigen Weise dabei helfen, euren grenzenlosen Geist wieder zu erlangen, so dass ihr erneut als kluge Meister und Weise auf der Erde wandeln könnt.

Bittet auch darum, dass diese Energie und dieses Wissen in eurem Bewusstsein integriert werden mögen. Ihr mögt euch nicht an alle Einzelheiten erinnern, aber das Wissen wird in eure Seele eingehen und das ist das Wichtigste. Ihr tragt in euren Seelen viele irrige Glaubenssysteme, die euch in Schmerz und Begrenzung halten.

233

Bittet darum, dass diese an die Oberfläche eures Bewusstseins kommen, um von der Erleuchtungsflamme erfasst, gereinigt und geheilt zu werden. Dies ist ein stetiger Prozess, der eure Absicht und vollständige Beteiligung verlangt. Im Prozess des Aufstiegs wird sich die Vollendung dieses Prozesses manifestieren.

Verschmelzt mehr und mehr mit dem Geist Gottes, der die Intelligenz des Herzens repräsentiert. Wenn ihr das Gefühl habt, dass es jetzt gut ist, steht auf und geht mit eurem Begleiter umher und richtet Fragen an ihn, auf die ihr Antworten sucht. Der Tempel ist sehr geräumig mit vielen Bereichen, Abteilungen und Kammern. Geht weiter durch den Tempel, verweilt mit eurer Seele und eurem Herzen in dieser schönen Energie, welche die Sonne eurer Göttlichkeit repräsentiert. Durch den Geist Gottes und die Erleuchtungsflamme wird euch Zugang zu allem Wissen ermöglicht und wenn ihr euch vollständig damit in Einklang bringt, gelangt es in euer Bewusstsein.

Kehrt nun zurück zu eurem Tagesbewusstsein und in euren physischen Körper. Versucht, so viel wie möglich von eurer Reise zum Tempel der Erleuchtung zurückzubringen. Wisset, dass ihr jetzt die Erlaubnis habt, zu jeder Zeit und wann immer ihr wollt, hierher zurückzukehren, so lange ihr in Ausrichtung mit den Liebesenergien des zweiten Strahls bleibt.

Es gibt viele Aufgestiegene Meister der Weisheit, die im Tempel der Erleuchtung dienen. Sie sind auch mit dem Ashram des zweiten Strahls verbunden, zu dem viele Seelen nachts kommen, um Kurse oder Einzelunterricht in den Räumlichkeiten des Tempels der Erleuchtung zu besuchen. Diese Schulungen sind kostenlos, sie erfordern lediglich eure Bereitwilligkeit zu lieben und euer Bewusstsein zu entwickeln.

Wenn ihr so weit seid, öffnet eure Augen. Seid glücklich, dankbar und in Harmonie mit euch selbst und anderen. Ich danke euch, ihr Geliebten, dass ihr heute mit uns gereist seid. Wir übersenden euch unsere Liebe, Weisheit, Unterstützung und Einsicht. Wisset, dass ihr in den Geist Gottes eingehen könnt, wann immer ihr wollt. Je intensiver ihr dies mit dem Herzen tut, desto größere und weisere Wesen werdet ihr alle werden und umso eher werden wir in der Lage sein, uns von Angesicht zu Angesicht zu treffen. Und so sei es.

Aurelia: Ich danke dir, Adama, du bist so wunderbar! Und auch Danke an dich im Namen der Gruppe hier.

Adama: Ich bin euer Spiegel, meine Liebsten. Ihr seid alle ebenso wunderbar.

Anrufung der Goldenen Flamme der Erleuchtung

Glorreiche Goldene Flamme der Erleuchtung aus dem Herzen Gottes in der Großen Zentralsonne, ich rufe die Gegenwart des geliebten Gottes und der geliebten Göttin Meru in mein Herz, in meinen Geist und in meine Seele. Ich bitte darum, dass mein Wesen mit den kostbaren Ölen der Erleuchtung gesalbt werde und sie reichhaltig über mich ergossen werden, um alles in meinem Bewusstsein zu transformieren, das noch nicht göttliche Vollkommenheit repräsentiert.

Oh Flamme des Lichtes, so hell und strahlend,
oh Flamme Gottes, so wundervoll anzuschauen.
Unaufhörlich strömende Fontänen der Weisheit,
bringt mich zurück nach Hause zum Herzen der Sonne!

Komm jetzt mit der Gesamtheit deiner Kraft,
nimm meine Hand und öffne meine Augen.
Erfülle mein Leben mit deinen Wundern,
Erleuchtungsflamme, durchströme mich!

Ich wähle daher, mit Gott durch die Feuer der Liebe meines Herzens zu wandeln. Ich erkläre, dass ich Gott in Manifestation bin. Ich erkläre auch, dass es einen mächtigen Fluss schimmernden goldenen Erleuchtungslichtes gibt, der mich durchströmt und ich dieser Lichtfluss bin. Ich bin dieser Fluss aus goldenem Frieden.

Ich erkläre jetzt, dass mein gesamtes Bewusstsein, mein Wesen und meine Welt von Licht durchdrungen und in die Arme der Liebe eingehüllt ist. Die Welt, in der ich lebe, ist voller Licht und Liebe und der Sieg ist sicher. Mein eigener Sieg ist sicher, denn ich bin ein göttlicher Strahl der liebenden Erleuchtung, der Balsam wahrer göttlicher Heilung an jeden Teil meines Selbst aussendet, wie auch an jeden Mann, jede Frau und jedes Kind auf diesem Planeten.

Oh Flamme der Liebe, so wundervoll anzuschauen, verströme dein goldenes Licht heute in mir. Besiegle es und segne, heile und erleuchte mich und die gesamte Menschheit auf ewig im Lichte Gottes, das niemals versagt.

14. Kapitel

Die Flamme der kosmischen Liebe, eine Aktivität des dritten Strahles

und die Meditation
Die Reise zum Tempel der kristallrosafarbenen Flamme der Liebe

Adama gemeinsam mit dem Planetarischen Maha Chohan, Paul der Venezianer

Adama: Ich grüße dich, Aurelia, hier ist Adama. Es ist mein Eindruck, dass du und deine Freunde heute etwas über die allumfassende Flamme der Liebe erfahren möchten.

Aurelia: Ja, Adama, das ist mein Wunsch und auch der Wunsch derjenigen, die hier bei mir sind. Es gibt so viele Dinge, die über die Liebe gesagt und geschrieben worden sind, dennoch ist dieses Thema noch nicht vollständig verstanden worden, selbst von den Initiaten nicht. Wir, als Menschen auf der Oberfläche, und ganz gleich wie sehr wir danach streben, im Liebesbewusstsein zu sein, fallen immer noch oft zurück in die Dualität und Bewertung. Bitte sprich nochmals zu uns über die Liebe, damit unsere Herzen sich noch einmal mit dem köstlichen Nektar dieser Schwingung füllen können.

Adama: Meine geliebten Schwestern und meine geliebte Familie, ich liebe euch alle sehr. Alle von uns in Telos sind dankbar für all diejenigen, die sind wie ihr, die sich wünschen, die Mysterien der Liebe auf einer noch viel tieferen Ebene zu verstehen. Lasst euch nicht entmutigen, euer Verständnis darüber ist noch dabei, sich zu entwickeln, und indem ihr fortgesetzt danach strebt, diese wundervolle Energie zu verkörpern, verstärkt es sich auch weiterhin in eurem Inneren. Eines Tages in nicht allzu weit entfernter Zeit, wird es uns ein großes Vergnügen sein, euch in unsere Mitte zurück einzuladen, in das Land der Liebe und des Lichts. Danke, dass ihr mir diese Gelegenheit gebt, über die Liebe zu sprechen. Obwohl ich ein Meister des Blauen Strahles bin, bleibt das Reden über dieses Thema der Liebe immer eines meiner liebsten Themen.

Zuallererst lasst mich euch einige grundlegende Informationen geben. Die Flamme der Liebe ist eine der sieben Flammen Gottes, die auf diesem Planeten für die Menschheit aktiv sind. Die Farbe der Liebe erstreckt sich in einer großen Vielfalt an Nuancen, Tönen und Farben, die von einem sehr hellen Rosa bis hin zum tiefsten goldrubinfarbenen Licht reichen, und dies in tausenden von

Liebesstrahl-Kombinationen. Liebe ist der Stoff und die Schwingung, welche die gesamte Schöpfung Gottes in perfekter Weise, Harmonie und majestätischer Schönheit funktionieren lässt. Meister Paul der Venezianer, hat jetzt das Amt des Chohans des dritten Strahles der Liebe inne und ist selbst zur Verkörperung der reinen Flamme der Liebe Gottes auf dem Planeten geworden.

Der dritte Strahl ist mit dem Herzchakra verbunden und verstärkt die Liebe des göttlichen und des menschlichen Selbst. Seine göttlichen Qualitäten beinhalten unter vielen anderen die Allgegenwärtigkeit, das Mitgefühl, die Gnade, die Barmherzigkeit und den Wunsch, ein Gott der lebendigen Handlung durch die Liebe des Heiligen Geistes zu sein.

Durch diese große Meisterschaft der Ewigen Flamme kosmischer Liebe hat dieser Meister auch das Amt des Maha Chohan für diesen Planeten inne. In dieser Position innerhalb der Hierarchie ist er derzeit dafür zuständig, die Art Energie zu verkörpern, die euch als Amt des Heiligen Geistes bekannt ist. Dies ist ein sehr komplexes und wundervolles Amt in der Hierarchie, und es könnte viele Kapitel eines Buches füllen. Was ich euch jetzt ankündigen möchte, ist, dass dieser große Meister soeben unsere Zusammenkunft betreten hat und uns alle – während wir reden – mit seiner Präsenz segnet. Heißt ihn in eurem Herzen willkommen. Er segnet euch mit seiner Ausstrahlung reiner Liebe.

Es gibt mehrere spirituelle Zentren oder Tempel der Liebesflamme auf dem Planeten. Wir haben einen großen Tempel der Liebe hier in Telos und es gibt Tempel der Liebe in allen subterranen und ätherischen Lichtstädten, nicht nur auf diesem Planeten, sondern überall in diesem und in anderen Universen. Paul der Venezianer, gemäß seiner letzten Inkarnation ein früherer Franzose, ist der Hüter eines ätherischen spirituellen Zentrums des dritten Strahles unterhalb des Château de Libertée in Südfrankreich. Er hat ein weiteres spirituelles Zentrum beim Tempel der Sonne in New York City. Es gibt auch noch ein spirituelles Zentrum der Elohim der Liebe, von Heros und Amora – Zwillingsflammen der Liebe – in der Gegend von Lake Winnipeg in Manitoba, Kanada, und einen weiteren ehrfurchtsgebietenden Tempel in St. Louis, Missouri, USA, der von den Erzengeln des dritten Strahles erschaffen wurde und gehütet wird, welche auch Zwillings-flammen der Liebe sind – Chamuel und Charity.

Lasst mich jetzt einen Moment lang über die Liebe als einzig wahre und beständige Kraft in der gesamten Schöpfung sprechen. Anschließend wird Meister Paul der Venezianer von mir dazu eingeladen, ein paar Worte an euch zu richten.

Liebe ist kein Wort. Sie ist eine Essenz, eine Kraft und eine Schwingung. Sie ist Leben! Liebe ist das kostbarste Element und die unschätzbarste Schwingung in der gesamten Existenz, eine ewige dynamische Lebenskraft. Sie ist das goldene Gefährt, das die Zeit durchdringt und den Raum auflöst. Liebe ist die primäre Lichtsubstanz, aus der alle Dinge erschaffen werden. Sie ist die vereinigende Kraft, die alle Dinge zusammenhält. Liebe beinhaltet einfach alles. Genügend Liebesintensität kann alles heilen und transformieren. So wie es keine wirkliche Trennung zwischen eurem menschlichen Selbst und eurem großen kosmischen Selbst gibt, gibt es auch keine Trennung zwischen eurer menschlichen Liebe und der Christusliebe. Es gibt lediglich eine Differenz in Intensität und Schwingung. Die Christusliebe ist verkörperte menschliche Liebe, um ein paar Millionen Mal verstärkt.

Es gibt inkarnierte Menschen, die Liebe als Schwäche wahrnehmen. Liebe ist bestimmt keine Schwäche, sondern die größte Stärke. Liebe ist das wichtigste göttliche Attribut, das ihr jemals kultivieren und entwickeln könnt.

Ihre Stärke kann alles überdauern, alles freudvoll machen und alle Dinge bereichern. Liebe ist eine konstante Kraft, aus der ihr Lebensenergien und Harmonie gewinnen könnt; ihre heilende Zärtlichkeit durchdringt alles und berührt jedes Herz. Wenn jemand diese große gottgegebene Liebesfähigkeit entwickelt, wird er die Kraft haben, all das zu erschaffen und ins Dasein zu rufen, was seine geklärte spirituelle Vision der Liebe beinhaltet.

Für diejenigen, welche die Feuer der Liebe vervollkommnet haben, kann Furcht nicht länger existieren. Euer Höheres Selbst besitzt die Fähigkeit, augenblicklich riesige Mengen menschlicher Negativität in reine Liebe und reines Licht zu transformieren. Wenn das Erlangen dieser großen Gabe der Liebe zum einen Hauptziel und Wunsch in eurem Leben wird, wenn es zu einem brennenden Verlangen geworden ist, das sich nicht länger verleugnen lässt, dann wird die Erfüllung kommen. Dieser Mensch wird der Empfänger einer Liebe, die so groß ist, dass um ihn Bereiche der Glorie erschaffen werden, und nichts weniger als reine Liebe kann ihn jemals mehr berühren.

Denjenigen, die diese göttliche Gabe der Liebe erlangen, öffnen sich die Lichtreiche weit und alle Kräfte werden ihnen wieder geschenkt. Schönheit, Jugendlichkeit und Vitalität in all ihrer göttlichen Perfektion, Kraft und Fülle in grenzenloser Majestät, die Allwissenheit aus dem Geist Gottes und alle wieder erlangten spirituellen Attribute in vollem Ausmaß sind die Gaben der vollkommenen Liebe.

Betet aus ganzem Herzen zu Gott und eurer göttlichen Präsenz, dass ihr euch selbst dieser göttlichen Liebe öffnet. Lasst diese Liebe wieder das Lied der Verehrung und Dankbarkeit in eurem Herzen singen. Lasst zu, dass euer Herz kontinuierlich durch eure Herzenslieder der immer währenden Freude und Dankbarkeit angehoben wird, und diese großartige Liebe wird die eure werden. Wo immer ihr seid, alle Kräfte und Schätze der höheren Reiche werden in Himmel und auf Erden immerdar und ewiglich über euch ausgeschüttet werden.

Diese himmlischen Schätze sind die göttlichen Gaben und Qualitäten, die jemand entwickelt, sobald er die versteckten gottgegebenen Potenziale innerhalb seines Selbst freisetzt, innerhalb seines heiligen Herzens, das der Sitz der Göttlichkeit ist. Diese Gaben und Kräfte, die Gott für euch alle zur Verfügung hält, sind sein Plan für eure vollständige Wiederherstellung als göttliche Wesen, und er wartet geduldig darauf, dass ihr sie vollständig annehmt. Für jeden Einzelnen wird ein kosmisches Bankkonto geführt, in das eure Einlagen deponiert oder abgebucht werden. In der nächsten Welt wird niemand hinsichtlich seiner Besitztümer oder seines menschlichen Lernens oder auf Grund seiner irdischen Position oder seinem Titel bewertet. Ein Mensch wird daran gemessen, was er hinsichtlich seiner spirituellen Entwicklung erlangt hat; wozu er als göttliches Wesen geworden ist. Dies ist der einzige Maßstab und dies ist die Gesamtsumme von allem, was er gedacht, gefühlt und getan hat. Dieses große Gewand des Christuslichtes reiner Liebe, eine Erscheinung von strahlender Kraft und Schönheit, wird von innen heraus entwickelt, wenn jemand damit beginnt, für sich selbst seine Schätze im Himmel zu sammeln. Die glorreiche weiße Kleidung des Lichts, die euch geschenkt werden wird, steht für die anfallenden Zinsen, die aus den Einlagen entstehen, die aus Liebe, Mitgefühl, Gnade, Zärtlichkeit, Dankbarkeit und Lob erlangt wurden.

Wenn ihr an euch selbst appelliert, diese Christusliebe zu verkörpern, freut euch an diesen großartigen, dynamischen Schätzen der Erfüllung, da der Himmel seinen Reichtum und die vielen Zinsen auf euer kosmisches Bankkonto einbezahlt, und zwar in hundertfacher Vervielfältigung! Ja, und sogar noch viel mehr!

Um euch eine Vorstellung davon zu geben: Die meisten Seelen der Menschheit haben derzeit eine Liebesflamme, die in ihrem Herzen in einer Höhe von 15mm bis 30mm brennt. Viele von euch, die sehr an sich gearbeitet haben und hingebungsvoll gewesen sind, haben ein höheres Maß erlangt, doch ihr habt noch immer einiges an Wegstrecke zurückzulegen. Wenn die Feuer der Liebe in euren Herzen eine Flamme entfachen, die 2,75 Meter hoch ist, werdet ihr wissen, dass ihr das Maß erreicht habt, um auf den „Schwingen des Lichts" nach „Hause" getragen zu werden und unter den Unsterblichen angenommen zu werden.

Aurelia: Toll, das klingt wundervoll, Adama! Ich möchte das erreichen. Danke, dass du uns noch einmal erinnert hast. Ich habe schon von dieser wundervollen Liebe gehört, doch ich habe sie noch nicht vollständig verstanden. Was hält uns davon ab, aus diesem brennenden Wunsch der Realisierung vollkommener Liebe heraus in die Ganzheit unserer Göttlichkeit hinein zu explodieren?

Adama: Da gibt es mehrere Faktoren und ich werde ein paar davon ansprechen. Den Rest könnt ihr euch dann selbst zusammenreimen. Von den Dingen, die ich nennen werde, betreffen euch nicht alle persönlich, doch im Allgemeinen werden einige in unterschiedlichem Maße auf die meisten Menschen zutreffen. Zunächst geht es um mangelnde Aufmerksamkeit und Motivation hinsichtlich solcher Versprechungen. Ein Mangel an Ausdauer, genügend Zeit und Energie in eure spirituelle Entwicklung zu investieren, lässt euch in einem Stadium spiritueller Lethargie und in einer spirituell negativen Haltung verharren. Eure Wünsche nach Liebe und Aufstieg befinden sich noch in einem lauwarmen Zustand.

> *Solange es kein brennender Wunsch in eurem Herzen*
> *und in eurer Seele geworden ist,*
> *so groß, dass ihr nicht länger ohne ihn leben wollt,*
> *könnt ihr nicht genügend*
> *Liebe, Kraft und Energie erzeugen,*
> *um diesen Evolutionsstand zu erlangen.*

Ich würde sagen, dass die meisten von euch an einer Art spiritueller Trägheit leiden. Ihr seid alle viel zu beschäftigt damit, zu „Tun", anstatt zu „Werden". Für viele von euch, die sich ihre spirituellen Ziele gesetzt haben, gilt, dass sie immer nach der nächsten Entschuldigung suchen, um ihre Verpflichtung sich selbst gegenüber aufzuschieben. Und dies, ohne zu erwähnen, wie viele von euch sich noch nicht die Zeit genommen haben, sich ernsthaft mit sich selbst auseinander zu setzen und ihre spirituellen Ziele für die gegenwärtige Inkarnation aufzuschreiben. Habt ihr beharrlich darüber nachgedacht, wie ihr diese Ziele erreichen werdet? Wie viele von euch besitzen ein volles Verständnis dessen, warum ihr euch entschieden habt, zu dieser Zeit hier zu inkarnieren?

Wir raten euch, alle eure Erledigungslisten zu zerreißen und eure Energie in die Entwicklung und Integration der Liebe eurer Göttlichkeit zu investieren. Dies braucht Zeit, Selbstliebe, Bemühung und eine fortwährende Verpflichtung; es geschieht einfach nicht von alleine. Ihr habt schon in zu vielen Lebenszeiten eure Evolution „auf gut Glück" verlassen und seid immer noch hier in Schmerz und Verlangen gefangen. Ehrlich, derzeit gibt es nichts Wichtigeres für euch alle zu tun. Erinnert euch, alles was ihr heute und morgen tut und was ihr gestern getan habt, hat nur eine sehr kurzfristige Auswirkung auf euer Leben. Aber was ihr als göttliche Wesen in eurer Inkarnation einer menschlichen Erfahrung *werdet*, wird bei euch bleiben, bis in alle Ewigkeit. Was ist nun also wichtiger?

Jetzt werdet ihr zu mir sagen: „Aber Adama, wir müssen unseren Lebensunterhalt verdienen und uns um unsere ganzen Verpflichtungen aus unserem 3-dimensionalen Leben kümmern."

Und ich sage zu euch: „Ja, das müsst ihr, und es ist wichtig für euch, euer tägliches Leben aus einer makellosen spirituellen Perspektive heraus zu führen." Dass ihr euren Charakter formt und eure versteckten göttlichen Qualitäten entwickelt, geschieht im Kontext mit eurem täglichen Leben.

Wenn ihr die Prioritäten für eure Ziele richtig setzt und lernt, eure Zeit angemessen zu verwalten, werdet ihr von euren sozialen und anderweitigen Aktivitäten genau diejenigen loslassen, die aus unserer Perspektive eine reine Verschwendung eurer Zeit und Energie sind. Alle unter euch wären in der Lage, täglich mindestens eine Stunde oder sogar noch länger ihr spirituelles Leben und in ihre Zukunft zu investieren und für die Kommunikation mit ihrem göttlichen Selbst. Es ist für euch alle unerlässlich, damit zu beginnen, eure Zeit effektiver einzuteilen. Dies ist Teil des Werdegangs von einem Meister der Weisheit. Seid kreativ! Wie könnt ihr erwarten, euch in Liebe und Göttlichkeit mit einem Aspekt eurer Gottheit zu vereinigen, wenn ihr kein echtes Interesse daran habt, dem Zeit zu widmen, um euch damit anzufreunden?

Ihr könnt beginnen, weniger zu reden und mehr über die Wunder und den Glanz des Gottes in euch nachzusinnen. Meditiert und kontempliert über eure innere Göttlichkeit, während ihr eure Naturspaziergänge macht. Verkürzt eure Fernseh- und Plauschzeiten, denn diese dienen eurer spirituellen Evolution nicht allzu sehr. Die meisten von euch könnten weniger Zeit in Läden verbringen. Fast alle von euch sind kaufsüchtig geworden und kaufen beständig mehr Dinge, als sie wirklich brauchen, die sich dann nur im Durcheinander ihrer Heimstätten anhäufen. Dies wird viel Geld sparen, das ihr dann für wichtigere Zwecke einsetzen könnt. In den Lichtreichen sind wir alle sehr erstaunt und verblüfft wahrzunehmen, wie sehr ihr vom Kaufen und vom Bummeln durch die Läden abhängig geworden seid und wie diese ganze Generation ständig nach neuem Kram schaut, den man kaufen kann. Ihr wisst, was ich meine, nicht wahr? Es gibt noch viele weitere Faktoren, die ich über eure menschlichen Gewohnheiten anführen könnte, die euch an die 3. Dimension gebunden halten, doch ich überlasse es euch, den Rest davon selbst herauszufinden.

Nehmt euch Zeit für einen Rückblick auf euer Leben und um herauszufinden, warum ihr hier seid und wohin ihr geht. Nehmt euch Zeit, einen spirituellen Plan für euch selbst zu entwickeln und ich verspreche euch, dass ihr dies niemals bereuen werdet.

Es gibt drei Arten von Menschen: Diejenigen, welche die Dinge geschehen lassen, diejenigen, die zuschauen was passiert und diejenigen, die keine Ahnung haben von dem, was passiert ist. Wenn ihr in dieser Lebenszeit den Aufstiegszug bekommen wollt, müsst ihr euch in die Kategorie der Macher einreihen. Dies bedeutet, dass ihr aktiv kreieren und alles verfolgen müsst, was dafür notwendig ist, in diesem Lebensfluss zu den Hallen des Aufstiegs Zutritt zu erlangen – zu dieser außergewöhnlichen Gelegenheit für den Aufstieg – wenn es das ist, was ihr wollt. Andernfalls wird es für euch in diesem Zyklus einfach nicht geschehen. Es wird nicht durch eure Vereinszugehörigkeit geschehen, sondern durch eure beständigen Anstrengungen und eure Entschlossenheit, dies zu erlangen.

Ihr werdet euch auch täglich dem Prozess der Reinigung und Umwandlung verpflichten müssen, bis er buchstäblich geschieht. Ganz gleich, durch welche Prozesse ihr bereits hindurchgegangen sein mögt, um eure Schulden gegenüber dem Leben auszugleichen, wenn die Feuerflammen eures Herzens hoch genug schlagen, steht diese Liebe bereit, um euch mit Leichtigkeit und Gnade durch alle potenziellen Leiden hindurchzuleuchten.

Aurelia: Du bist sehr klar und konkret in deinen Erklärungen.

Adama: Das bin ich, denn vielen von euch rennt die Zeit davon. Ihr habt zu lange gezögert, und ihr habt jetzt noch weniger als 7 Jahre, um die Reise anzutreten, mit der ihr es pünktlich zur großen, für 2012 geplanten, Aufstiegsparty schaffen könnt. Die meisten von euch unterschätzen die Ernsthaftigkeit und die Größenordnung der Verpflichtung, die notwendig ist, um einen physischen Aufstieg auf bewusster Ebene zu vollziehen. Natürlich wird es später immer noch weitere Gelegenheiten geben und 2012 ist nicht das Ende, sondern ein Beginn eines Aufstiegszyklus für den Planeten. Diejenigen, die jetzt noch zögern, mögen die Anforderungen nicht mehr rechtzeitig erfüllen können und sicherlich werden sie dies sehr bereuen.

Nun bitte ich Meister Paul der Venezianer, der das Amt des Maha Chohan (repräsentativ für den Heiligen Geist) für den Planeten inne hat, zu euch zu sprechen.

Paul der Venezianer: Liebe Kinder meines Herzens! Ich grüße euch in der Flamme der Liebe. Mögen die Segnungen der Gnade des

Heiligen Geistes mich immer in euren Herzen willkommen heißen, in euren Gefühlen und in eurer ureigensten Seele! Sanft wie eine reine weiße Taube, die sein Bewusstsein symbolisiert und die Gnade und Demut des Heiligen Geistes seines heiligen Liedes, werden diese Segnungen oft von eurem westlichen Verstand übersehen. Wenn ein Wesen an den Ort der „lauschenden Gnade" gelangt, wenn all die ruhelosen Energien seines Selbstes gestillt sind, dann strömen Schönheit, Gnade, Segnungen und die Gegenwart des Heiligen Geistes ein. Indem die Schwingen der weißen Taube sie empor tragen, manifestiert sich ihre Freiheit durch das „Sein", nicht so sehr durch Affirmationen oder Tun.

Wenn jemand entsprechend der Führung des göttlichen Selbst lebt und dient, liegen Glücklichsein und Erfüllung in diesem Dienst. Wenn jemand neue Impulse setzt, entsteht auch zunehmender Schmerz und beides ist essenziell für ein reifes Bewusstsein.

Wenn der Lebensstrom des Schülers ernst und aufrichtig ist, bemüht er sich, stets am rechten Ort zu sein, an dem die Weisheit der ICH BIN - Gegenwart seine Anwesenheit wünscht. Das Leben wird dann immer kooperieren und seinen Lebensfluss dahin führen, wo er den größten Dienst erweisen und die größte Weiterentwicklung für ihn stattfinden kann.

Unsere Worte sind Kristallgefäße, die Liebe und Frieden in das äußere Bewusstsein derjenigen unter euch gießen, die auf den inneren Ebenen eine Erinnerung an die spirituelle Freundschaft und die innige Gemeinschaft mit uns haben. Durch die magnetische Kraft der Dreifaltigen Flamme innerhalb des Herzens kann die Aufmerksamkeit der Meister der höheren Reiche zur umfassenderen Unterstützung zu euch herangezogen werden.

Eine der Hauptquellen für das Unglücklichsein, die Frustration und das Leiden der Menschen, ist die mangelnde Bereitwilligkeit, den göttlichen Weisungen der eigenen individuellen ICH BIN - Gegenwart und der Führung der aufgestiegenen Heerscharen des Lichts nachzukommen. Es gibt immer eine Entscheidung zwischen freudvoller, bereitwilliger, erleuchteter Gehorsamkeit, gemäß den Weisungen dieser Präsenz und dem willkürlichen und ignoranten Missbrauch des freien Willens, um Unvollkommenheit zu erschaffen. Es wird zur persönlichen Entscheidung und Angelegenheit zwischen jedem Einzelnen und Gott.

So lange bis jedes Mitglied der menschlichen Rasse jedoch bereit ist, den Willen Gottes zu erfüllen und nach den Gesetzen der Liebe zu leben, wird es weder dauerhaftes Glücklichsein noch die Freude siegreichen Erlangens erfahren, was wiederum Frieden, Fülle, grenzenlose Liebe und spirituelle Weite mit sich bringt, doch dem äußeren Verstand noch unbekannt ist.

Die bewusste Verbindung mit der eigenen individuellen ICH BIN - Gegenwart wurde nicht unmittelbar zerstört und der Mensch kann eine solche Rückverbindung auch nicht unmittelbar wieder herstellen. Dazu braucht es Geduld, Ausdauer, Entschlossenheit, Reinheit der Motivation, eine gut entwickelte Unterscheidungskraft und eine konstante Wachsamkeit an der Tür zum Herzen dieser Präsenz.

Die Gegenwart Gottes wartet; sie wartet auf die Gelegenheit durch euch zu dienen. Dieser herrliche, liebende, allmächtige Vater des Lebens ist stets bereit, wenn er gerufen wird. Er antwortet mit einer Schar an Wesen, die seine mächtige Präsenz vertreten und die durch seine Liebe erschaffen und vorbereitet wurden.

Liebe Kinder des Vaters und der Mutter des Lebens, könnten eure Augen doch nur die Anwesenheit der heiligen Präsenz sehen, wenn eure unschuldigen Körper sich morgens aus den Betten erheben und sich dem Tageswerk zuwenden, ihr würdet diese Grobheit des äußeren Selbst erkennen, welche die Präsenz warten lässt. Unter dem Druck der unwichtigen Dinge wartet die Gottespräsenz immer noch auf die Gelegenheit, eure Kelche mit Gnade, Frieden, Fülle, Heilung und Liebe zu füllen, während manchmal ein Tag, eine Woche oder sogar ein ganzes Leben verstreicht.

Meine geliebten Kinder, während ihr durch den Schleier der menschlichen Erfahrung voranschreitet, denkt daran: Wenn ihr jeden Morgen eure Füße auf den Boden setzt, wartet die Gegenwart Gottes darauf, euren Tag mit der Gesamtheit eurer Göttlichkeit anzufüllen, wenn ihr euch nur dafür entscheidet, sie einzuladen! Denkt heute daran - während ihr diese Zeilen lest – dass die Gegenwart Gottes darauf wartet, jeden Einzelnen von euch mit der Gesamtheit der Liebe und des Friedens über alles Verständnis hinaus zu segnen. Ruft diese Präsenz jeden Tag und in jeder Stunde des Tages an, damit Liebe, Frieden und Harmonie euch erfüllen und euer Leben begnaden können, um Leichtigkeit und Perfektion zu erfahren.

Verhaltensregeln für einen Schüler des Heiligen Geistes

Der Maha Chohan

1. Werdet euch stets eures Strebens danach bewusst, den vollen Ausdruck der Göttlichkeit zu verkörpern und unterstellt euer gesamtes Sein und euren gesamten Dienst diesem Streben.

2. Lernt die Lektionen der Friedfertigkeit. Fügt weder durch Worte, Gedanken noch durch Gefühle jemals irgendeinem Teil des Lebens ein Übel oder Schaden zu. Wisset, dass entsprechende Handlungen und physische Gewalt euch auf der Ebene des Schmerzes, des Leidens und der Sterblichkeit verharren lassen werden.

3. Wühlt nicht gedankenlos oder absichtlich im Meer der Emotionen eures Nächsten herum. Wisset, dass ein von euch in seinem Geist entfachter Sturm früher oder später auf die Ufer eures eigenen Lebensstromes treffen wird. Bringt allem Leben stets Ruhe, Liebe, Harmonie und Frieden.

4. Löst euch von der persönlichen und planetaren Täuschung. Gestattet euch niemals, euer niederes Selbst mehr zu lieben, als die Harmonie des Universums. Wenn ihr Recht habt, gibt es keinen Grund, darüber lautstark zu jubeln. Wenn ihr einen Fehler macht, bittet um Vergebung.

5. Wandelt sanft über die Erde und durch das Universum, wohl wissend, dass der Körper ein heiliger Tempel ist, in dem der

Heilige Geist wohnt und jeglichem Leben überall Frieden und Erleuchtung bringt. Bewahrt euren Tempel stets respektvoll und in geklärtem Zustand, da ihr dies zum Wohle der Heimstätte des Geistes der Liebe und der Wahrheit tut. Respektiert und ehrt in sanftmütiger Würde alle anderen Tempel, wissend, dass oftmals in einem ungehobelten Äußeren ein großes Licht brennt.

6. Nehmt in der Natur die Schönheiten und Gaben ihres Reiches in milder Dankbarkeit in euch auf. Entweiht sie nicht durch niederträchtige Gedanken, Töne, Gefühle oder durch physische Handlungen, die ihre unschuldige Schönheit rauben. Ehrt die Erde, „die Mutter", die der Gastgeber für euren evolutionären Pfad ist.

7. Bildet euch weder Meinungen noch bietet welche an, es sei denn, ihr seid dazu eingeladen; dann jedoch auch nur nach einem Gebet und einer stillen Bitte um Führung. Sprecht, wenn Gott es wählt, etwas durch euch zu sagen. Zu allen anderen Zeiten ist es das Beste, nur wenig zu sprechen oder in friedfertiger Stille zu verharren.

8. Lasst euer Herz ein Lied der Dankbarkeit und Freude für Gott singen. Seid stets dankbar für alles, was ihr empfangen habt und für alles, was ihr im gegenwärtigen Moment besitzt. Tretet in den Fluss des Lebens ein, in den Fluss der Liebe und der Fülle, die im heiligen Herzen liegen.

9. Seid sanft in euren Worten und euren Handlungen, doch voller Würde, die stets die Präsenz des lebendigen Gottes begleitet, der im Tempel eures Seins lebt. Legt ständig alle Fähigkeiten eures

Seins und das Innere eures Wesens der Gotteskraft zu Füßen, wenn ihr in Mitgefühl auf diejenigen trefft, die in Bedrängnis sind.

10. Sprecht eure Worte mit Sanftmut, Bescheidenheit und in liebendem Dienst. Gestattet nicht, dass aus dem Eindruck der Bescheidenheit irrtümlich Lethargie wird, denn der Diener des Herrn ist wie die Sonne im Himmel, ewig, umsichtig und sie strömt beständig die Gaben der Liebe an diejenigen aus, die ihre Herzen öffnen, um sie zu empfangen.

Meditation

Die Reise zum Tempel der kristallrosafarbenen Flamme der Liebe

Adama

Dieser Tempel ist einer der ätherischen Tempel des Liebesstrahles, bewacht und erhalten durch die Liebesflamme der Erzengel des dritten Strahles, Chamuel und Charity. Er liegt über St. Louis im US Bundesstaat Missouri, im südlichen Teil Nordamerikas. Ein Bogen aus göttlicher Liebe bildet eine Brücke zwischen diesem spirituellen Zentrum und dem der Elohim des dritten Strahles, Heros und Amora, das in den ätherischen Sphären bei Lake Winnipeg in Kanada liegt.

Vom Liebesstrahl dieses besonderen Tempels geht ein Strom an Schöpferkraft aus. Die Flamme der Liebe aus diesem spirituellen Zentrum fördert den Edelmut des Herzens, die Freigebigkeit, die Vergebung und die Gnade. Die starke Energie der Liebe schwemmt einfach alles andere hinweg und hilft den Menschen, die diesen Tempel besuchen, dabei, mehr von den Qualitäten der Liebe für sich selbst und für die Welt aufzunehmen. Der Altar und die Flamme dieses spirituellen Zentrums sind dem Lebensstrom aus dem Herzen des Schöpfers gewidmet, der zum Herzen Christi und weiter zum Herzen der Menschheit fließt.

Nun, meine Geliebten, kommt mit mir in diesen besonderen Tempel der Liebe, begleitet von der Energie des Heiligen Geistes durch die Liebe von Meister Paul der Venezianer.

Schließt eure Augen und nehmt einige tiefe Atemzüge. Bekräftigt euren Wunsch, in dem von uns für euch bereitgestellten ätherischen Vehikel mit uns zu kommen. Ihr kommt in eurem Vehikel des Lichtkörpers. Ihr mögt eine bewusste Erinnerung daran haben oder auch nicht, der Nutzen ist dabei derselbe. Wendet die Gabe eurer Vorstellungskraft an, um zu erfahren, was wir euch zeigen, und die Reise wird in eure Seele und in euer Zellgedächtnis eingeprägt werden. Wenn es nötig ist, werdet ihr in der Lage sein, Zugang zu den Energien zu erhalten, die ihr durch diese Erfahrung empfangt; wenn auch nicht unbedingt die Erinnerung an alle Einzelheiten bleibt.

Wisset auch, dass, je mehr ihr auf diese Art reist, der Schleier der Illusion mit jeder Reise dünner wird, der eure Erinnerungen und eure Wahrnehmung der höheren Schwingungen blockiert. Bittet euer Höheres Selbst, diese Reise für euch zu erleichtern und öffnet euer Herz, damit dies auf den inneren Ebenen bestmöglich geschehen kann.

Wir reisen nun von eurem Heim durch den Raum nach Mount Shasta, hinein in den Berg zum prächtigen Tempel der kristallrosafarbenen Flamme der Liebe. Nehmt den Duft der kristallrosafarbenen Blütenblätter der Liebe wahr, die euch umgeben; nehmt ihn wahr noch bevor ihr dort ankommt. Indem so eine kleine Gruppe das Privileg genießt, persönlich von dem planetaren Repräsentanten des Heiligen Geistes selbst begleitet zu werden, seid ihr wunderbar gesegnet. Dies ist tatsächlich ein sehr seltenes Vorkommnis. Lasst mich jetzt allen hier in diesem Raum Anwesenden mitteilen, dass es eure Liebe ist und eure treue Hingabe an euren Pfad, der ihm gestattet, euch diese Gnade zu erweisen.

Atmet ein, meine Geliebten. Entspannt euch und lasst diese Erfahrung in vollem Umfang zu. Vertieft eure Atmung, so dass ihr so tief einatmen könnt, wie es nur möglich ist, um den tiefsten Eindruck für eure Seele mit zurückzubringen. Dies wird euch dabei helfen, euren Pfad auf harmonischere und direktere Weise zu bereichern. *Kurze Pause.*

Nun sind wir hier vor diesem großen durchscheinenden, kristallrosafarbenen, vielschichtigen Kuppelgewölbe. Es ähnelt nichts, was ihr in eurer äußeren Welt jemals zuvor gesehen habt. Es gibt im Vokabular eurer Sprache keine Worte, um die Struktur zu beschreiben, die so wunderschön und elegant ist und durch die Schöpferkraft der Liebe der Erzengel Chamuel und Charity erstellt wurde.

Gebündelte Strahlen aus reiner Liebe strömen vom zentralen Punkt der Kuppel aus, um die Liebe des Schöpfer in alle Richtungen hunderte Kilometer weit in die Atmosphäre auszustrahlen. Es ist ein wundervolles Verströmen und ein unvergesslicher Anblick, ihr Lieben!

Gestattet euch selbst, auf dem samtigen kristallrosafarbenen Teppich, der euch zu Füßen liegt und zum Eingangsportal des Tempels führt, zu schreiten. Weil wir in Begleitung des Maha Chohan selbst sind, wird es für euch nicht erforderlich sein, eure Eintrittsberechtigung vorzuzeigen, um den Tempel zu betreten. Da die Schwingung der Erzengel derart hoch und außergewöhnlich ist, kann keiner Seele der Zutritt gewährt werden, die nicht in der Lage ist, beständig ein Minimum der 4-dimensionalen Liebes- und Harmoniefrequenz aufrechtzuerhalten und die nicht von einem der Meister der Weisheit begleitet wird.

Wenn ihr euch dem Eingang nähert, verneigen sich mehrere ungefähr 4 Meter hohe Engel des Liebesstrahles vor dem großen Licht des Maha Chohan. Sie verneigen sich auch vor meinem und eurem Licht und bitten euch, einzutreten.

Jeder von euch wird von einem dieser Tempelhüter begleitet. Dieser Tempel ist 3 Mal größer als der Vatikan der katholischen Kirche in Rom und enthält viele Bereiche verschiedene dimensionaler Energien für die zahlreichen Aktivitäten des Tempels.

Ihr werdet zu einem Bereich darin gebracht, der angenehm für euren gegenwärtigen Entwicklungsstand des Herzens ist. Ihr durchquert nun einen großen Korridor, der von tausenden Engeln der Liebesflamme in allen Größen erfüllt ist. Diese engelhaften Wesen reichen vom kleinsten Cherubim bis zum größten Seraphim. In der Tat sind hier alle zwölf Chöre des Königreiches der Engel aus allen Dimensionen vertreten.

Beim Durchschreiten des Korridors schießen zahlreiche Fontänen und Kaskaden aus reiner Liebesenergie an verschiedenen Plätzen in die Höhe. Die Energien, die von diesen Fontänen und Kaskaden ausströmen, singen ihre Lieder der Liebe und Dankbarkeit fortwährend an das Herz des Schöpfers, an das der Mutter und an all die verschiedenen Reiche, die sich auf diesem Planeten in allen Dimensionen entwickeln. Dies schließt auch die Menschheit an der Oberfläche des Planeten mit ein. Wenn ihr es zulasst, können diese Melodien der Liebe viel von den Schlacken auflösen, die euer Herz über eine sehr lange Zeit hinweg angesammelt und mit sich getragen hat. Lauscht und lasst eure Herzen mit den Energien der Lieder der Liebe eins werden, die den Wassern des ewigen Flusses der Liebe entströmen.

Reine weiße Tauben der Liebe, viel größer als diejenigen, die ihr auf der Oberfläche kennt, senden euch ihre heilende Schwingung. Nehmt euch Zeit, sie zu betrachten, zu fühlen und die Wunder aus Gottes Liebe zu beobachten, die nur darauf warten, über jene ausgegossen zu werden, die das Leben lieben und die ewigen Gesetze der Liebe befolgen. Niemand drängt euch. Erinnert euch, ihr seid hier in einem Bereich ohne Zeit. Lauscht auch den Liedern der Liebe einer Vielzahl an Blumen, Pflanzen und Früchten des dritten Strahles, die diesen Tempelpfad mit ihrer Gnade umgeben. Gestattet euch, Heilung aus der Süße des Duftes und der Melodien zu empfangen. Auch die Tauben möchten sich mit eurem Herzen verbinden, um euch die Reise zurück zur „Sonne eurer Präsenz" zu verschönern. Diesen Korridor entlangzugehen, der die Energien der magischen reinen Liebe birgt, ist Teil eurer Erfahrung hier. Wenn ihr irgendeine Frage habt, so hat jeder von euch seinen persönlichen Ratgeber aus dem Reich der Engel, der bereitwillig darauf wartet, eure Fragen zu beantworten. *Pause.*

Nehmt nun einen Eingang auf der rechten Seite wahr. Euer Begleiter bittet euch, ihm in die Halle der ewigen Flamme kosmischer Liebe zu folgen. Dies ist eine weitere unauslöschliche Flamme, die fortwährend brennt, um den Schöpfer zu ehren, den Vater allen Seins. Durch ein kosmisches Gesetz sollen alle Planeten, welche die Liebe und die Energien des Schöpfers empfangen, ihm täglich einen Anteil davon zurückgeben, der aus dem Herzensfeuer derjenigen entspringt, die diesen Planeten bewohnen. Da die Menschheit der Oberfläche es seit Äonen, während sie in kriegerischen Handlungen und Trennung lebte, abgelehnt hat, dies zu tun, haben wir in Telos, und viele andere Wesenheiten aus der Inneren Erde und aus anderen unterirdischen Städten, dies für euch mit übernommen. Wir werden dies auch weiterhin tun, bis zu dem Tage, an dem alle von euch genügend spirituelle Reife erlangt haben, um in der Lage zu sein, diese Ebene der Gnade und Dankbarkeit dem Schöpfer gegenüber selbst zu erwidern.

Diejenigen, die im Rahmen ihres Dienstes im kristallrosafarbenen Tempel dienen, nähren auch die ewige Flamme der Liebe durch die Feuer ihres Herzens. Wenn wir von der "unauslöschlichen Flamme" reden, meinen wir damit, dass das einzige Element, das die Feuer der Liebe nährt und pflegt, damit die Flamme fortwährend lodern kann, das Feuer der Liebe aus den Herzen derjenigen ist, die in diesem Tempel dienen. Tatsächlich erschaffen alle Aktionen, die mit den anderen Liebestempeln gleicher Energie verbunden sind, ein Netzwerk aus Liebe, das die gesamte Erdenzivilisation und die vielfältigen hier lebenden Königreiche nährt.

Diese Flamme, die stets so sanft und doch so machtvoll ist, hat eine Höhe von zirka 30 Metern und einen Durchmesser von knapp 3 Metern. Die Quelle ihrer Stärke ist die Kraft des Sanftmutes. Sie birgt Glückseligkeit, Freude und Spiel in sich. Sie enthält alles nur Erdenkliche, das der Schöpfer seiner Schöpfung und den vielen Kindern seines Herzens nur schenken kann. Sie ist grenzenlos.

Nehmt euch nun Zeit, dies alles ganz tief einzuatmen. Verbindet euch innig mit dieser Flamme und erlaubt ihr, eure Herzen bis zum Überquellen zu anzufüllen. Entspannt euch in den Armen der Liebe. Wie wundervoll! *Pause.*

Wenn ihr das Gefühl habt, dass euer Herz nun ganz erfüllt davon ist, könnt ihr zur Kristall-Merkabah zurückkehren, die draußen auf euch wartet, um euch in euren physischen Körper zurückzubringen. Erweist für Meister Paul der Venezianer, in einer Haltung tiefer Erkenntlichkeit euren Dank für die Gnade, die er euch heute erwiesen hat und auch in Zukunft denjenigen erweisen wird, die diese Informationen studieren. Wenn ihr bereit seid, öffnet eure Augen und kehrt in euren Körper zurück.

Mit diesen Worten beenden wir nun unsere Meditation. Ich bitte euch sehr, bewusst dorthin zurückzukehren, wann immer ihr das Gefühl habt, die Feuer eures Herzens in größerem Ausmaß anfachen zu müssen. Wir in Telos lieben euch sehr. Unsere Liebe wird jeden eurer Schritte bis zum Ende eurer Reise begleiten.

Aurelia: Im Namen der kleinen Gruppe hier danke ich dir zutiefst, Adama, für alles was du für uns alle tust und ich danke auch dem Meister Paul der Venezianer für die Liebe, die Gnade und die Segnungen, mit denen er uns heute beschenkt hat.

Adama: Gern geschehen, meine Lieben!

Wenn ein Wesen an den Ort

der „lauschenden Gnade" gelangt,

wenn all die ruhelosen Energien

seines Selbstes gestillt sind,

dann strömen Schönheit, Gnade, Segnungen

und die Gegenwart des Heiligen Geistes ein.

Indem die Schwingen der weißen Taube sie empor tragen,

manifestiert sich ihre Freiheit durch das „Sein",

nicht so sehr durch Affirmationen oder Tun.

Maha Chohan, Paul der Venezianer

15. Kapitel

Die Aufstiegsflamme der Reinigung und Transformation, eine Aktivität des vierten Strahles

und die Meditation
Die Reise in den Aufstiegstempel von Telos

Adama gemeinsam mit Serapis Bey

Frieden und Liebe aus dem Herzen von Lemuria, hier ist Adama, gemeinsam mit dem Chohan des vierten Strahls, unserem geliebten Serapis Bey. Ich bringe euch die Segnungen meines Lichtes und des Sieges, der darin liegt. Wir entbieten euch unser innigstes Willkommen.

Heute ist es unser Wunsch, über die Aufstiegsflamme zu sprechen, eine sehr wundervolle Aktivität des heiligen Feuers, die euren Pfad zu eurem Ziel des Aufstiegs vereinfachen kann. Wenn ihr ein besseres Verständnis darüber erlangt, wie man diese glorreiche Flamme der Reinigung bewusst nutzen kann, könnt ihr diesen Reinigungsprozess für alle eure Chakren anwenden, für die Aktivierung eurer DNS und ihr könnt die Zellen eurer verschiedenen Körper auf den physischen Aufstieg vorbereiten. Dies ist großartig, meine Freunde, um es gelinde auszudrücken.

Im Land Ägypten, entlang den Ufern des Nils, existiert ein Brennpunkt der Großen Weißen Bruderschaft des Lichts, welcher der Bewahrung der kosmischen Aufstiegsflamme gewidmet ist, die den „Weg zurück nach Hause" für jeglichen Lebensstrom darstellt. Jetzt und hier bei uns anwesend ist Meister Serapis Bey, der Hüter und Lenker oder auch Chohan dieses großartigen Aufstiegstempels in Luxor. Er hält diese Position im Dienste unseres Planeten seit der Zerstörung von Atlantis inne.

Heute ist er mit seinem Team von Meistern zu uns gekommen, die sich ebenfalls auf diesen Dienst spezialisiert haben. Es ist bekannt als die „Aufstiegsbruderschaft". Alle diese Meister dehnen nun das Elixier ihrer Herzensliebe durch die reinigenden Feuer der Aufstiegsflamme aus. Atmet sie ein, meine Lieben, dies ist ein Geschenk an euch. Diese hingebungsvollen Wesen haben seit mehreren Jahrhunderten eng mit unserem Bruder Serapis Bey zusammengearbeitet und die Evolution der menschlichen Rasse geplant für die Zeit, die jetzt endlich gekommen ist. Ihr Dienst am Leben besteht im Einbringen ihrer Energien in die Vorbereitung für die Anhebung unseres Planeten und des Bewusstseins der Menschheit für den planetaren Aufstieg in den kommenden Jahren.

Der Aufstiegstempel in Luxor erhält das Pulsieren der Aufstiegs-flamme in der Erdatmosphäre und unser Aufstiegstempel in Telos stützt diese heilige Flamme auf genau die gleiche Weise. Stellt euch zwei Tempel vor, die im Bewusstsein und in der Energie vereinigt sind und die täglich und stündlich alles auf Erden zu Gunsten der aufsteigenden Menschheit segnen.

In jedem Frühling wird diese heilige Flamme frei und weiträumig von den Wesenheiten des Naturreiches genutzt, um zur Erneuerung und Wiederherstellung der Schönheit der Natur überall beizutragen. Jede Erdenseele, die es sich wünscht und sich darum bewerben möchte, ihren Inkarnationszyklus durch den Aufstiegsprozess zu beenden, wird unter die Führung der Aufstiegsbruderschaft und des Christus-Amtes gestellt.

Vor ein paar hundert Jahren wurde ein großer Anteil der Aktivitäten und Aufzeichnungen, welche die große Pyramide an ihrem Ort so lange Zeit hatte, entweder nach Telos verlagert oder dort dupliziert. Diese Verlagerung wurde damals ausgeführt, weil die Spirituelle Hierarchie dieses Planeten zukünftige potenzielle Probleme in dieser Gegend des Globus voraussehen konnte. All die Aufzeichnungen und Energien dieses heiligen Brennpunktes konnten nicht im Rahmen möglicher regionaler oder globaler Kataklysmen aufs Spiel gesetzt werden, die sich damals am Horizont abzeichneten. So ist jetzt also Telos zum Haupt-brennpunkt für diesen Planeten geworden – in völliger Vereinigung und Kooperation mit den großen Meistern von Luxor. Wir alle arbeiten in vollendeter Harmonie zum Wohle des Kollektivs zusammen. Dies ist eine der 5-dimensionalen Auf-zeichnungen.

Es wurde entschieden, dass ein Teil dieses wichtigen planetaren Brennpunktes im Untergrund sicherer sein würde und dort in seiner ursprünglichen Reinheit und Heiligkeit durch eine große Anzahl von aufgestiegenen Wesen - so wie wir alle in Telos – am Besten in seiner ursprünglichen Reinheit und Heiligkeit gehütet werden könnte.

Obwohl es den Anschein haben mag, als ob es jetzt zwei Aufstiegsbrennpunkte auf diesem Planeten geben würde, sage ich, dass es für uns in Wirklichkeit nur ein einziger ist. In der Dimension, in der wir existieren, gibt es Zeit und Raum nach dem Verständnis der meisten von euch einfach nicht. Alles ist eins. Nach dem Untergang von Atlantis und Lemuria fuhr die Oberflächenbevölkerung damit fort, sich gegenseitig zu bekriegen – bis zum heutigen Tage. Darum, meine Lieben, bewahrt eure Hoffnung und euren Mut. Ihr wisst, dass dies nicht viel länger toleriert und dieses Bewusstsein zu Ende gehen und geheilt werden wird.

In Telos haben wir bald nach der Zerstörung der beiden Kontinente freiwillig die Aufgabe übernommen, die Aufstiegsflamme zum Wohle der Menschheit zu bewahren, um einen großen Dienst für diesen Planeten zu leisten und um ihr Fortbestehen zu sichern. Da wir dies tun wollten, wurde uns die Gelegenheit für einen solch großen Dienst gewährt. Aus der Liebe unserer Herzen übergeben wir heute unsere eigene Gelegenheit auch an euch, diese wundervolle Flamme in eurem eigenen Herzen für euren eigenen Aufstieg anzunehmen und auszudehnen. Wir sagen euch, dass das Herz zuerst aufsteigt und dann der Rest folgt.

Auch wenn letztendlich jeder diesen Status auf seine ganz eigene Weise erreichen wird, gibt es doch Standards und Lichtfrequenzen, die niemals von irgendeinem von uns umgangen werden können, wenn wir unseren Stand des Erreichten aufrechterhalten wollen. Das Gleiche gilt für all jene, die den Aufstieg anstreben, und ihr müsst bereit sein, all die für euer Heimkommen erforderlichen Schritte zu unternehmen, damit ihr fähig werdet, diese Frequenz als euren permanenten Seinszustand aufrechtzuerhalten.

Aurelia: Wird ein großer Prozentsatz der Menschheit bis 2012 aufsteigen?

Adama: Wie viele Menschen mit dem Planeten um das Jahr 2012 aufsteigen werden, ist noch nicht bekannt. Wir schätzen, dass es ein paar Millionen sein werden aus der Gesamtbevölkerung, aber diese Zahl unterliegt jederzeit dem Wandel der individuellen und kollektiven Entscheidungsmöglichkeit. Wir hören oft die selbsternannten „Lichtarbeiter" sagen, dass zum Jahr 2012 die gesamte Menschheit bedingungslos in die 5. Dimension aufsteigen und dass niemand zurückbleiben würde. Und wir entgegnen euch: „So nicht". Letztendlich wird niemand zurückgelassen werden, aber jeder muss zuerst seine eigene innere Arbeit tun, bevor er in die großen „Hallen des Aufstiegs" eingeladen werden kann.

Auch wenn der Menschheit eine weitaus größere Unterstützung angeboten wird, als dies jemals zuvor im gesamten Universum der Fall war, und der Aufstiegsprozess nun leichter wurde als jemals zuvor, wird keiner von euch in den Aufstiegsprozess hineingehoben werden, bis er nicht alle Anforderungen erfüllt und die entsprechende Bewusstseinsfrequenz erreicht hat; ganz egal, wie lange dies in Zeitzyklen gemessen auch dauern mag. Für diejenigen, die noch immer einen großen Widerstand verspüren mag es noch einige Inkarnationen länger dauern.

Von denjenigen, die den Aufstieg anstreben, wird erwartet, dass sie alle ihre irrigen Glaubenssysteme heilen und transformieren und Liebe, Friedfertigkeit und die Wahrheit ihrer Göttlichkeit im Herzen annehmen. Macht euch klar, dass das Jahr 2012 nicht das Ende des Aufstiegszyklus des Planeten darstellt, sondern ganz einfach einen wunderbaren Anfang. Der volle planetare Prozess für die Erde zur Erfüllung ihrer vollendeten Glorie und Bestimmung ist ein Plan, der sich über tausend Jahre erstreckt. Im Jahr 2012 ist es die Erde selbst, die ihren glorreichen Aufstieg ins Licht vollzieht, gemeinsam mit denjenigen, die alle notwendigen Anforderungen dafür erfüllen.

In den Jahren nach 2012 werden alle auf der Erde inkarnierten Seelen ihre Evolution fortsetzen und erst aufsteigen, wenn sie auf ihrer Seelenebene dazu bereit sind. Für einige mag dies 6 Monate dauern, für andere wiederum 2, 5 oder 8 Jahre und viele werden auch in den nächsten 20 bis 50 Jahren oder danach aufsteigen.

Ihr werdet euch auch vollständig in dem zum Aufstieg führenden Einweihungsprozess engagieren und alle Vorbereitungen für diese Graduierung erfolgreich absolvieren müssen. Die Reise jedes Einzelnen ist einzigartig, und obwohl der Einweihungsprozess für alle ähnlich ist, entfaltet er sich unterschiedlich für jede Seele, entsprechend ihres eigenen göttlichen Pfades.

Es ist wahr, dass jeder ohne Ausnahme zu dieser Zeit die Gelegenheit für den Aufstieg angeboten bekommt, doch seid euch auch bewusst, dass nicht jeder diese Gelegenheit in Anspruch nehmen wird. Jene geliebten Seelen, die sich weiterhin entscheiden, Trennung zu erfahren oder die für diesen evolutionären Schritt noch nicht bereit sind, werden die Gelegenheit erhalten, ihre Evolution in ihrer ganz eigenen Schrittgeschwindigkeit an einem anderen Ort fortzusetzen. Die Gnade des Aufstiegs wird ihnen dann zu einer späteren Zeit wieder gewährt werden, wenn sie darum bitten. Letztendlich wird jeder zur Liebesfrequenz des Herzens des Schöpfers zurückkehren. In dieser Hinsicht wird niemand zurückgelassen werden. Als geliebte Kinder eures Schöpfers entstammt ihr der herrlichen Liebesschwingung und zu dieser Liebesschwingung ist es euch auch bestimmt, zurückzukehren.

Aurelia: Adama, kannst du uns eine Beschreibung dieser Flamme geben?

Adama: Diese Flamme enthält die Frequenz und Farbe von allen anderen Flammen. Ihr nehmt sie als ein brillantes, leuchtendes, weiß schillerndes Licht wahr, das im Kontakt alles verzehrt, was geringer ist als die Perfektion der Liebe. Ihre Kraft und Brillanz ist grenzenlos. Sie erhält ganze Welten in perfekter Harmonie und Schönheit.

Jene, die sie anrufen und mit ihr arbeiten, müssen sich auf einen Wandel gefasst machen. Einmal durch diese Flamme berührt, werden sie niemals mehr dieselben sein. Jeder kann natürlich damit arbeiten, aber in ihrer gesamten Intensität enthält sie die

Kapazität zur vollständigen Transformation des Einzuweihenden, der das Portal zum Aufstieg erreicht hat. Wenn ihr schließlich bereit seid, diesen Evolutionssprung zu vollziehen, werdet ihr in die Frequenz dieser herrlichen Aufstiegsenergie eingetaucht werden. Dies wird euch zum finalen Schritt hinführen, an dem die Feuer dieser Liebe alle menschlichen Begrenzungen verzehren werden, euer gesamtes Bewusstsein wieder hergestellt wird und euer Körper wieder völlig unsterblich sein wird. Ihr werdet dann eingeladen werden, euch als Aufgestiegener Meister zu den „Unsterblichen" zu gesellen und in das glorreiche Stadium spiritueller Freiheit und in die bewusste Rückverbindung mit eurem Schöpfer und mit allem, was in dessen Herzen existiert, einzutreten. Meine Freunde, so machtvoll ist die Aufstiegsflamme.

Aurelia: Wie können wir bewusst diese Frequenzebene erreichen und sie aufrechterhalten?

Adama: Diese Information ist den Menschen auf der Erde schon seit langer Zeit zugänglich gemacht worden, wieder und wieder, und in diesem Zeitalter ganz besonders durch eine breite Vielfalt an Schriften und Channelings. Sie ist euch bereits in so vielen Formen, Farben und derart einfach präsentiert worden, aber ihr erkennt sie nicht. Solange nicht die Lehren und Weisheitsschlüssel, mit denen ihr in Kontakt kommt, voll und ganz gelernt und durch das Herz integriert werden und ihr einfach dazu „werdet", bleiben sie „nur Informationen" im Wirrwarr eures Verstandes - Informationen, die ihr bald vergessen habt. Ultimativ bringt dies der Evolution eures Bewusstseins keinen Vorteil. Wir kennen Menschen, die hunderte von spirituellen Büchern gelesen haben und dadurch enormes Verstandeswissen erlangt haben, aber solange sie dieses Wissen nicht zur Verkörperung ihrer Göttlichkeit integriert haben, bleibt ihr spiritueller Fortschritt unbedeutend. Tatsächlich werdet ihr mit derart vielen Informationen überflutet – durch so viele Bücher, die ihr lest und durch so viele Seminare und Vorträge, die ihr besucht. Für viele von euch sind diese Inhalte bis zum heutigen Tag einfach „Informationen" geblieben, die euer Verstand nicht verarbeiten und erst recht nicht integrieren kann. Lediglich euer Herz kann dies tun, nicht der menschliche Verstand.

Gestattet mir, euch nochmals kurz in Erinnerung zu rufen und zu wiederholen, was wir bereits zuvor und auch andere schon erwähnt haben, in der Hoffnung, dass, wenn wir dies nur oft genug wiederholen, es letztendlich tief genug in euch eindringen wird, dass ihr in der Lage sein werdet, die Frequenz eurer Bemühungen aufrechtzuerhalten, die ihr in eure Evolution einbringt. Wir haben oft gesagt, dass „Aufstieg" nicht so sehr das Tun von vielen Dingen erfordert, sondern dass es viel mehr um das Werden geht, um das Annehmen, um das „sich daran erinnern", dass ihr euer Leben als die Götter und Göttinnen leben sollt, die ihr seid. Es bedeutet, das vollständige Annehmen der Göttlichkeit, die bereits in eurem Inneren durch die Ausdehnung eures Bewusstseins als Wesen der Liebe existiert, und es bedeutet auch, aus der Weisheit des Herzens heraus zu leben. Es ist wirklich so einfach, ihr Lieben. Wenn ihr dies „werdet", dann braucht ihr nichts anderes mehr. All dies existiert und lebt bereits in euch. Ich erinnere euch nochmals daran, dass es außerhalb des Selbst nichts gibt.

Hier sind einige der wesentlichen Punkte oder Richtlinien,
die es bezüglich eures Einweihungspfades zu verstehen
und beachten gilt, die sich auf den Lehrplan der Erde
gemäß den Aufstiegs-Aufzeichnungen bezieht.

•Dieser Prozess umfasst die vollständige Klärung und Heilung von allem, was eurer Veränderung, eurem Wiedererwachen und eurem Aufstieg in die Arme Gottes und der Liebe im Wege steht. Außerdem die Wiederherstellung eurer Göttlichkeit und eurer Erinnerungen, damit ihr erneut als göttliche Kinder eures Himmlischen Vaters und Schöpfers leben und die Welt der „Einheit" betreten könnt.

•Erkennt, dass jede Dimension eine bestimmte Frequenz repräsentiert. Die 5. Dimension wird euch zugänglich, wenn ihr – und nur dann – diese Frequenz in eurem Bewusstsein erlangt habt und die Fähigkeit besitzt, sie zu allen Zeiten aufrechtzuerhalten.

•Lebt aus dem Herzen. Sprecht und handelt, wie es ein Meister tun würde, stets aus einem Zustand des „Seins" heraus. Stellt euch beständig folgende Frage: „Was würde ein Meister in dieser oder jener Situation tun oder sagen?" Dann wendet euch nach Innen und lauscht der Antwort. Wenn sie nicht ganz klar ist, nehmt euch Papier und Stift zur Hand, entzündet eine Kerze, wenn ihr möchtet und richtet eure Absicht darauf aus, die Antwort in euch finden zu wollen. Der Meister in euch ist ständig bereit und aufmerksam und wartet stets auf euer Erkennen.

•Lasst das 3-dimensionale Bewusstsein der Trennung, der Dualität, der Polarität und des Dramas in all seinen unzähligen Formen los. Hört damit auf, an zwei Kräfte zu glauben und eure Macht und kostbare Energie an die Kraft der Illusion dieser 3- dimensionalen Dichte abzugeben. Gestattet euch selbst, alles beiseite zu legen, was ihr bis jetzt gelernt habt und was euch nicht die erwünschten Resultate beschert hat. Seid bereit, erneut zu lernen und habt den Mut, in die unbekannte Realität der Liebe und der Magie einzutreten. Erkennt, dass Liebe die einzig wahre existierende Kraft ist und beginnt, euer Leben in dieser Schwingungsfrequenz aus eurem Innersten heraus zu leben.

•Lasst alle Bewertungen und Erwartungen über euch selbst und andere los, und auch darüber, wie das Leben sich für euch entfalten sollte. Gestattet euch selbst, in tiefer Freude und Dankbarkeit, all die Wunder und die ganze Pracht des „DU" im Glanze seiner Göttlichkeit wahrzu-nehmen und anzunehmen, und akzeptiert es, das große Abenteuer zuzulassen, dass sich alles vor euren Augen entfaltet und transformiert.

•Nehmt das Banner der Demut und der Überantwortung an die heiligen Versprechen an. Wenn ihr nicht wisst, was damit gemeint ist – all dies steht in euren ureigensten Zellen und eurer DNS geschrieben, und ebenso in vielen Kammern eures heiligen Herzens. Seid bereit, euch die Zeit zu nehmen, um nach Innen zu gehen und dort einige Nachforschungen anzustellen.

•Schafft eine bewusste Vereinigung zwischen eurer großen ICH BIN - Gegenwart und der Erfüllung eures göttlichen Plans. Der Aufstieg ist die Vereinigung, das Hineinschmelzen eurer herrlichen ICH BIN – Gegenwart in die göttliche Vereinigung. Damit ihr in der Lage seid, diesen glorreichen Aspekt eurer selbst zu verkörpern, ist es notwendig, dass ihr euch selbst mit diesem Aspekt, mit dem ihr verschmelzen wollt, vertraut macht. Wie könntet ihr erwarten, aufzusteigen und euch mit einem Aspekt des Selbst zu vereinigen, wenn euch das Interesse fehlt, sich mit ihm zu befassen, ihn kennen und verstehen zu lernen? Es ist für uns einfach unglaublich, welche Antworten wir bei Channeling-Sessions bekommen, wenn wir die Leute fragen, was der Aufstieg für sie bedeutet. Wir bekommen Antworten wie „Dimensionswechsel", „in der Lage zu sein, alles zu manifestieren", „nicht mehr durch Geld begrenzt zu werden", „in der Lage zu sein, zu teleportieren" und so weiter. Auch wenn diese Dinge zu den Gaben und Resultaten des Aufstiegs gehören, bilden sie jedoch nicht die Basis. Die Basis seid IHR, das Erfassen eurer Göttlichkeit und zu dieser Göttlichkeit in eurem täglichen Leben zu werden.

•Nehmt ein friedfertiges Bewusstsein ein, indem ihr die Heiligkeit aller Lebensformen achtet, die diesen Planeten mit euch teilen und ebenso das göttliche Recht jeder Person, die hier lebt.

•Lasst die alten Programme los, die euer Leben bestimmen und alle negativen Emotionen, die in eurem Bewusstsein und in unterbewussten und überbewussten Erinnerungen gespeichert sind, einschließlich der Tilgung aller Schulden, die ihr dem Leben gegenüber auf euch genommen habt. Ihr habt zu diesen Themen bereits viele Lehren erhalten.

•Wenn ein Individuum fühlt, dass es in der Vergangenheit eine schwere Schuld dem Leben gegenüber auf sich geladen hat, wird es oft regelrecht besessen von der Vorstellung, schweres Karma zu tragen. Es erschafft dann eine gewisse Lethargie in seinem fühlenden Körper, die den Wunsch nach dem Beginn des Ausgleichs der Schulden blockiert und ihm das Gefühl der Überforderung gibt; einem das Gefühl, dass es bereits zu viel ist, nur darüber nachzudenken.

•Wenn Menschen daran glauben, dass sie ihre Schuld ins Licht geben können und in den Geist der Erlösung von der Schuld durch das heilige Feuer gelangen können, führt dies zu einer großartigen, freudvollen Befreiung, die ihr gesamtes Sein durchdringt. Dieses Gefühl der Freude im Bewusstsein schafft eine Tendenz in der Energiespirale, welche die Schuldaufzeichnungen beinhaltet, Formbarkeit zu erschaffen und die Person derart zu befreien, dass sie sich schneller und mit größerer Leichtigkeit und Gnade durch alle Einweihungen hindurch bewegen kann.

•Die wesentlichen Eigenschaften, die am meisten dazu beitragen, sich durch die Ausbalancierung seiner Schattenkreationen zu begeben, sind zweifaltig. Die Haupteigenschaft liegt darin, alles, was ihr tut, jederzeit und in jedem einzelnen Moment des Tages, egal, was es ist, in einer Haltung der Liebe für euch selbst, für den Planeten, für andere Königreiche, die den Planeten mit euch teilen und in Dankbarkeit für die Schöpfung selbst anzunehmen. Und zweitens wird euch die Haltung der Dankbarkeit ebenfalls immens helfen.

•Haltet den aufrichtigen Wunsch für euren Aufstieg und eure Unsterblichkeit aufrecht und seid in eurem eigenen Herzen bereit, diesen Pfad bis zum Ende zu gehen! Solange ihr in eurem Bewusstsein keinen aufrichtigen Wunsch nach dem Aufstieg und der Unsterblichkeit aufrechterhalten könnt und nicht bereit seid, die alten Lebensweisen der 3. Dimension, die euch und die Menschheit so lange in Schmerz verharren ließen, loszulassen und den Pfad zu gehen, der euch von den Meistern der Weisheit, die diesen Pfad vor euch beschritten haben, gezeigt wird, könnt ihr kein wahrer Kandidat für den Aufstieg auf den inneren Ebenen werden.

Im Streben nach dem Aufstieg muss die Kraft der Liebe zur glühenden Inbrunst werden, welche die Elemente der sterblichen Schöpfung zum Schmelzen bringt und die den Aufstiegskandidaten in das große kosmische Becken der unsterblichen Liebe und des Lichts vorwärtstreibt.

Serapis Bey: Für diejenigen, die sich selbst als Wahrheitssucher bezeichnen und die sich nach Kontakten mit der Hierarchie des Lichtes und der Großen Weißen Bruderschaft sehnen, ist es erforderlich, dass sie sich direkt unter die Führung und Anleitung der großen Meisterlehrer begeben. Der Pfad der Meisterschaft, der Errungenschaft, der Freiheit, des Sieges und des Aufstiegs kann nur durch den Einweihungsprozess beschritten werden. Für alle großen Meister, die jemals hier auf diesem Planeten oder anderswo aufgestiegen sind, ist stets die Aufstiegsflamme der wichtigste Schlüssel geblieben, der für alle Seelen die Tür zur Unsterblichkeit öffnet. Ich habe die Aufstiegsflamme sehr lange Zeit über gehütet und gelenkt, und befand mich inmitten dieser Flamme, um Wege und Mittel für die Menschheit zu erschaffen, durch die sie wieder, wenn sie sich von der Überidentifizierung mit ihren Sinnen gelöst hat, in ihren göttlichen Zustand zurückkehren könnte. Seit dem „Fall der Menschheit" hätte es für die Menschen keinen Weg mehr nach Hause gegeben, wenn es nicht die wachende Bruderschaft der Aufstiegsflamme gegeben hätte. Habt ihr jemals in eurem tiefsten Schlupfwinkel eures Seins erwogen, wie es wäre, wenn es keinen Weg zurück nach Hause gäbe? Bis zum heutigen Tage sind wir – viele von uns – Gefangene der Liebe auf diesem zeitweise dunklen Stern geblieben. Die lemurianische Bruderschaft des Lichtes von Telos hat sich letztendlich unserer Nachtwache für den Aufstieg des Planeten angeschlossen. Gemeinsam haben wir die Flamme der Liebe und des Lichtes im Namen der Menschheit für tausende von Jahren gehalten und tun dies bis zu dem Tag, an dem ihr reif genug sein werdet, um wieder an dieser planetaren Verantwortlichkeit teilzuhaben.

Ich habe mich dem verschrieben, euch durch die Feuer der Klärung gehen zu sehen. Und auch der Vorstellung, dass ihr, die ihr euch um den Aufstiegsstatus beworben habt, standhaft und aufmerksam bleibt, bis der glorreiche Sieg zu eurer Wirklichkeit wird. Wir alle sind Herzensfreunde aus vielen Zeitaltern.

Zitat von Meister Jesus / Sananda

„In der überragenden Glorie dieser Stunde kann ich nicht umhin, jedes geliebte Kind Gottes eindringlich darum zu bitten, sich auf diesen glorreichen Moment vorzubereiten! Wenn die Stunde kommt und der Ruf des Vaters des Lichtes euer Herz erreicht, werdet auch ihr um den vollständigen und wahren Zweck der menschlichen Inkarnationen wissen. Sie dienen der Vorbereitung eures Bewusstseins, zu einer Sonne des Lichts in euch selbst, befreit vom Rad der Wiedergeburt, und zu einem Meister der Energie und Schwingung, zu werden."

Diejenigen, die gerne die Aufstiegstempel in Luxor und Telos besuchen möchten, sind aufgerufen, in ihrem Bewusstsein diese aufsteigende, lebhafte und freudige Energie, welche die Aufstiegsaktivität ausmacht, mit sich zurückzunehmen. Diese Flamme wird in die elementare Substanz der inneren Körper eindringen wie auch in die physische Form und gleich einem „Sauerteig im Brot" wirken, wenn sie ernsthaft angerufen wurde. Indem die reine weiße Flamme durch die Substanz der Körper des Anwärters dringt – physisch, mental, emotional und ätherisch – beschleunigt sie die Schwingung der Atome jedes einzelnen Elektrons, das sich dann schneller um seinen eigenen zentralen Pol herum bewegt. Dies führt zum Abwerfen aller unreinen, unausgeglichenen Substanzen um das Elektron herum und es beschleunigt den Rhythmus aller Vehikel. Diese Vehikel werden dann noch sensitiver gegenüber den feineren Schwingungen der höheren Sphären. Ihr Bewusstsein richtet sich verstärkt auf die Wahrheit aus, der Zug der Schwerkraft verringert sich und ebenso nehmen die vielfältigen, verzerrten und irrigen Glaubenssätze ab.

Um in den Zustand der Selbstmeisterung, der göttlichen Weisheit, des Friedens, der Harmonie, der perfekten Gesundheit, der Grenzenlosigkeit und der allgegenwärtigen Fülle aufzusteigen, muss der Kandidat für das große Geschenk des Aufstiegs lernen, sich vollständig auf die Gegenwart Gottes im Herzen zu verlassen. Die Lehren der Aufstiegsbruderschaft dienen dazu, das Bewusstsein von der äußeren Welt „nach Innen" zu kehren, bis aus dem Herzzentrum – dem Sitz eurer Göttlichkeit – willentlich alles hervorgerufen werden kann, was notwendig ist, um die Fülle eurer göttlichen Essenz in physische Manifestation zu bringen. Alles muss durch die aufsteigenden Feuer dieser königlichen Flamme geklärt und transformiert werden!

Meditation - Die Reise in den Aufstiegstempel von Telos

Adama zusammen mit Serapis Bey

Gemeinsam mit unseren geehrten Gästen, die heute Abend hier bei uns sind – zwölf Mitglieder der Aufstiegsbruderschaft von Luxor –, laden wir euch ein, mit uns auf eine Reise in den Aufstiegstempel von Telos zu kommen. Wenn ihr diese Einweihung wie ein Meister wünscht, bekräftigt dazu die Absicht in eurem Herzen, gemeinsam mit eurem Höheren Selbst und euren Geistführern, für diese Erfahrung mit uns zu kommen.

Eine Merkabah aus schillerndem weißen Licht aus der 5. Dimension nähert sich nun, um diejenigen in ihren ätherischen Körpern mitzunehmen, die sich dafür entschieden haben. Betretet nun durch eure Absicht dieses Vehikel aus Licht und nehmt Platz. Wir bitten euch darum, euch durch innere Zentrierung vorzubereiten und euch zu gestatten, die Entfaltung der heiteren und freudigen Energien der Aufstiegsflamme bereits jetzt in eurem Inneren wahrzunehmen. Wir bitten euch darum, die gesamte Reise hindurch so tief wie möglich zu atmen, um möglichst viel von den Energien der Aufstiegsflamme mit zurück in eure äußere Bewusstheit zu bringen. Dies ist eine weitere Gelegenheit für euch selbst, eine tiefere Ebene des Reinigungsprozesses für jede Zelle, jedes Atom und jedes Elektron all eurer Hauptkörper und subtileren Körper zu erfahren.

Da wir nicht besonders weit weg waren, sind wir auch schon da. Öffnet euch selbst so bewusst wie möglich für diese Erfahrung und genießt sie! Dieser Tempel ist als große, sehr hohe, vierseitige Pyramide erbaut, die in weißem Licht erstrahlt. Wenn ihr schon in der Pyramide in Ägypten gewesen seid, werdet ihr erkennen, dass sie nicht genau gleich ist, aber in vielerlei Hinsicht ähnlich. Natürlich sind die 5-dimensionalen Aspekte jener beiden Aufstiegspyramiden um vieles glorreicher, eleganter und prachtvoller in ihrer Natur, als die Aspekte ihres 3-dimensionalen Gegenstückes im Außen, das eure Augen in Ägypten schauen können. Die Pyramide in Telos besitzt kein 3-dimensionales Gegenstück, so wie die Pyramide in Luxor, ihre Kraft und Schönheit sind einfach atemberaubend. Steigt aus der Merkabah und folgt uns in die „Halle der Umwandlung", in der jeder von euch einem Ratgeber der Aufstiegsbruderschaft vorgestellt wird, der euch durch eure Erfahrung hier hindurch begleiten und assistieren wird.

Nehmt die Luft, die Energien, die Kraft und die Brillanz dieses heiligen Ortes wahr. Wir ermutigen euch auch, eurem Begleiter Aufmerksamkeit zu schenken und ihm jegliche Frage zu stellen, über die ihr gerne Klarheit wünscht. Dies ist eure Erfahrung, ihr Geliebten, und ihr erschafft sie wie immer ihr sie wünscht. Unsere Rolle besteht einfach nur darin, euch mit unserer Liebe und Weisheit zu begleiten. Mitunter seid ihr fast geblendet von einer derartigen Brillanz und dies ist gut. Ihr schreitet nun durch einen Korridor von exquisiter Schönheit, der zur Kammer des atomaren Beschleunigers führt. Erfüllt weiterhin eure Lungen und euer Bewusstsein mit dieser Schönheit und Freude. Während ihr hier entlangschreitet, seht ihr viele Wesen, die in diesem Tempel dienen oder ihn besuchen und die euch bemerken und mit ihrem Lächeln und ihren Gesten der Freundschaft grüßen. Alle von ihnen heißen euch auf ihre eigene Weise willkommen und übermitteln euch ihren Segen. Die Hallen dieses Tempels stehen in der Regel allen offen, deren Kandidatur für den Aufstieg angenommen wurde.

Die Hüter der Kammer des atomaren Beschleunigers entbieten euch ihr Willkommen und ihr betretet nun diese großartige Halle gemeinsam mit eurem Begleiter. Ihr seht einen sehr großen Raum, der mehrere hundert kleine schimmernde weiße kristalline Pyramiden enthält, die das Hauptzentrum der großen Flamme im Mittelpunkt des Raumes umkreisen. Ihr seid nahezu überwältigt vom Zauber und der Pracht der unauslöschlichen Flamme des

Aufstiegs, die hell vor euch lodert. Sie ist fast 60 Meter hoch und misst an der Basis 30 Meter im Durchmesser. Ihre Kraft ist überwältigend und ihr wisst, wenn ihr diese Flamme erst einmal in euren energetischen Feldern tief greifend erfahren habt, könnt ihr nicht mehr dieselben sein, es sei denn, ihr würdet wählen, bewusst auf eure vorherige Resonanzebene zurückzukehren. Trotz des großen Andrangs zur Flamme hin, geht keinerlei Lärm von ihr aus, nur melodische Musikklänge, die in ihrem Energiefeld erzeugt werden. Nehmt auch die süßen Düfte wahr, die eure Schwingungsanhebung unterstützen und die ebenfalls den Energien der Aufstiegsflamme entspringen.

Gemeinsam mit eurem Begleiter geht ihr nun um die Basis der Aufstiegsflamme herum, um euch mit allen spirituellen Gaben anzufüllen, die ihr heute hier empfangen könnt, bis euer Begleiter, der bereits eine der kleineren Pyramiden für euch ausgewählt hat, euch einlädt, in eure nächste Erfahrung zu gehen. Jede dieser kleinen Lichtpyramiden enthält in ihrem Inneren einen atomaren Beschleuniger, auf dem ihr ganz bequem sitzen könnt und der euch dabei helfen wird, eure Schwingung auf die Ebene anzuheben, die für euch angenehm ist. Diese Beschleuniger sind derart, dass sie euch den gesamten Weg hinauf zur Aufstiegs-frequenz und zur Unsterblichkeit anheben könnten, aber die heutige Erfahrung ist vorerst genug. Ihr seid in Wahrheit hier, um einen „kleinen Schubs" auf eure nächste Ebene zu erhalten. Dieser ist für jeden unterschiedlich. Das Ausmaß der Beschleunigung, die jeder von euch erhalten wird, hängt ganz von dem Stand eurer Einweihungen und von der Bereitschaft auf eurem Weg ab.

Macht euch keine Sorgen, so gerne es einige von euch auch hätten, bereits jetzt den vollständigen Aufstieg zu erfahren - ihr werdet nicht verschwinden; und wir garantieren euch, dass ihr in guter Verfassung in euren physischen Körper zurückkehren werdet; aufgeladen mit einer neuen und reineren Schwingung in eurem Aurafeld. Dann wird es an euch liegen, diese Erfahrung zum bestmöglichen Nutzen eurer Fähigkeiten als weiteren gewonnenen Schritt nach Vorne einzusetzen, oder ganz schnell wieder zu vergessen, was ihr hier empfangen habt und zu eurem Status quo zurückzukehren. Das alles liegt bei euch – wir sind nur eure Vermittler.

Was ist ein atomarer Beschleuniger? Lasst uns dies für diejenigen, die noch nicht mit dem Konzept vertraut sind, über das Meister Saint Germain ausführlich in seinen Channelings des vergangenen Jahrhunderts gesprochen hat, nochmals kurz beschreiben. Er ist einer derjenigen, die diese Technologie entworfen haben. Der atomare Beschleuniger tut genau das, was sein Name aussagt. Es handelt sich um einen kristallinen Sitz bzw. Stuhl, der eine Technologie aufweist, welche die Frequenz der Aufstiegsflamme für diejenigen erzeugt, die darauf sitzen. Wie viele eurer Instrumente, besitzt er eine Kontrollskala, und während ihr mit dieser Aufstiegsflamme meditiert und die Liebe eures Herzens in sie hineingebt, werdet ihr von eurem Begleiter mit exakt dieser Frequenz angefüllt, die euch im jetzigen Moment am Besten dient; und eure Begleiter sind sehr wohl geschult, was die Anwendung angeht.

Diese Technologie ist in eurer Dimension noch nicht verfügbar. Sie hat die Fähigkeit, jedes Element in Perfektion zu bringen, das auf einer Frequenz vibriert, die geringer ist als die Essenz reiner Liebe des Schöpfers. Man kann tatsächlich und auch symbolisch sagen, dass diese Technologie die Fähigkeit besitzt, unedle Metalle in reinstes Gold umzuwandeln. Mit anderen Worten: Dies wird – wenn die Zeit für euren Aufstieg gekommen ist – euren sterblichen Körper mit all seinen Unvollkommenheiten und Begrenzungen in einen unsterblichen, ewigen, solaren Lichtkörper umwandeln, mit all der Majestät und dem Glanz, die mit diesem Prozess einhergehen.

Atmet weiterhin tief ein und aus, während ihr auf dem euch zugewiesenen Platz in Kommunikation mit eurer göttlichen Essenz und dem Schöpfer seid. Bekräftigt eure Ziele für den Aufstieg in diesem Leben und öffnet euer Herz für Gott. *Pause zur Verinnerlichung.* Wenn ihr fühlt, dass es nun gut ist, schaut eurem Begleiter in die Augen und empfangt die Liebe, die er euch durch seine Augen sendet und bringt eure Dankbarkeit zum Ausdruck. Wenn ihr euch bereit fühlt, erhebt euch und lenkt euer Bewusstsein auf das Verlassen der Kammer, in der ihr euch befindet, gemeinsam mit eurem Begleiter, und kehrt zurück zur Merkabah, die euch hergebracht hat. Wir bringen euch nun zurück in diesen Raum, mit einem Aurafeld und Herzen, das von einer neuen Liebe und einer neuen Lichtschwingung erfüllt ist. Es liegt jetzt wirklich bei euch, dies aufrechtzuerhalten und auszuweiten.

Kehrt nun zurück in euren Körper zu eurem Tagesbewusstsein und dankt Gott für diese Erfahrung und Gabe, die ihr eben empfangen habt, und seid glückselig und freudvoll. Wir lieben euch tief greifend und diese Liebe begleitet euch an jedem Tag eures Lebens, wenn ihr euch dies wünscht.

Der atomare Beschleuniger / Aufstiegssitz

Ein Werkzeug, um ein Gefäß für den Lichtaufbau zu erschaffen

Seid gegrüßt, ihr Lieben, hier ist Adama, gemeinsam mit Meister Saint Germain.

Ich würde gerne mit euch über den atomaren Beschleuniger sprechen, den viele von euch bereits als den Aufstiegssitz kennen und der auf den inneren Ebenen für verschiedene Zwecke verwendet wird. Unter euch gibt es viele, welche die Lehren der früheren Mitteilungen von Saint Germain studiert haben, in denen dieses Konzept mehrmals erwähnt wurde; was jedoch noch nicht vollständig verstanden wurde. Gestattet uns nun, euch ein umfassenderes Verständnis dieses wundervollen Werkzeugs zu vermitteln, ihr Lieben, so dass ihr es nutzen könnt, um euch und anderen auf dem Weg zu helfen. Während ich spreche, ist die Energie des Meisters Saint Germain hier bei mir präsent und wir beide sprechen nun im Kollektiv zu euch mit unseren vereinigten Energien. In den Lichtreichen gibt es ein derartiges Einheitsbewusstsein, dass wir unsere Energien sehr leicht vermischen können, und wir genießen dies sehr.

Der atomare Beschleuniger oder Aufstiegssitz ist ein Geschenk an die Erde und die Menschheit aus dem Herzen des geliebten Meisters Saint Germain. Der atomare Beschleuniger ist ein Werkzeug, um dem Aufstiegskandidaten beim Anheben seiner Schwingung zu helfen. Er enthält die Frequenzen des reinen Lichtes der Aufstiegsflamme. Man kann ihn auch nutzen, um die Schwingung schrittweise und vorsichtig zu erhöhen. Wenn die

Skala auf „volle Kraft" steht, kann er jemanden buchstäblich in die Schwingung des Elektronenkörpers empor katapultieren, um einen vollständigen, augenblicklichen und permanenten Aufstieg in die Lichtreiche, in ein 5-dimensionales Bewusstsein zu erlangen.

In der Vergangenheit und Gegenwart haben viele Kandidaten, während sie auf einem dieser Sitze saßen und für ihre irdische Graduierung bereit waren, auf den inneren Ebenen ihre gesamte und majestätische Aufstiegszeremonie in die Lichtreiche vollzogen – geehrt und unterstützt durch eine große Zusammenkunft von Meistern und Wesen aus vielen Dimensionen. Wenn der Knopf auf „volle Kraft" gestellt wird, werden alle in den Aufzeichnungen des Kandidaten verbleibenden Energien, die geringer sind als reines Licht und reine Liebe in der Intensität der Aufstiegsfrequenz aufgelöst. Der Kandidat wird sofort transformiert und wieder mit der Gesamtheit seiner göttlichen Essenz verbunden, mit allen damit verbundenen spirituellen Gaben und Attributen, die dann wieder hergestellt werden. Dies ist die wahre und andauernde Zeremonie der göttlichen Vereinigung, ihr Lieben! Dies ist die große alchemistische Hochzeit mit dem Selbst, nach der sich so viele von euch sehnen! Auch wenn dies nicht der einzige Weg ist, auf dem man seinen Aufstieg vollziehen kann – es gibt tatsächlich noch andere Möglichkeiten – dies ist der am meisten verbreitete Weg.

Um dieses Geschenk empfangen zu können, muss man definitiv spirituell auf allen Ebenen bereit sein, andernfalls könnte das Resultat katastrophal sein. Ihr könnt darauf vertrauen, dass keiner von uns dies jemals jemandem anbieten würde, der noch nicht das volle Ausmaß der nötigen Einweihungen erlangt hat, um eine derartige Segnung empfangen zu können. Es gibt auf diesem

Planeten einige wenige dieser Aufstiegssitze an verschiedenen spirituellen 5-dimensionalen Zentren der Großen Weißen Bruderschaft. Wir haben einen in Telos und Saint Germain hat einen in Jackson Peak, Wyoming. Es gibt auch einen im Himalaja und noch andere in weiteren spirituellen Zentren.

Unser Channel Aurelia wurde vor einigen Jahren angeleitet, einmal im Monat Freunde zu sich nach Hause einzuladen und das Ritual einer Aufstiegszeremonie durchzuführen – für diejenigen, deren Wunsch es war, ihre Verpflichtung diesem Ziel der Spirituellen Hierarchie des Planeten und ihrer spirituellen Präsenz gegenüber zu vertiefen. Jedes Mal, wenn Aurelia diese Zeremonie mit einer Gruppe durchgeführt hat, kam eine große Gruppe von uns dazu, um zu assistieren. Meister Saint Germain kam immer mit seiner tragbaren Version eines atomaren Beschleunigers, der aus einer kleinen ätherischen Schachtel anstelle eines Sessels besteht, die er unter dem Stuhl positioniert, der in eurer Dimension diesem Zweck dient.

Jedes Mal kontrolliert Saint Germain selbst die Intensität und die Geschwindigkeit, die der einzelne Kandidat empfangen kann, um seine Schwingung ohne signifikantes Unbehagen oder Störung des derzeitigen Levels auf die nächste Ebene anzuheben. Diese tragbare Beschleunigungsbox ist nichts geringeres als eine weitere vollständige Version des atomaren Beschleunigers, die bei Zeremonien an Orten zum Einsatz kommt, an denen Menschen der Oberfläche gewählt haben, ihre Aufstiegsarbeit zu tun. Aurelia hat diese Aufstiegszeremonie seit 1994 geleitet, damals noch in ihrem Heim in Montana. Sie hat diesen Dienst für den Planeten und die Menschheit seit damals regelmäßig fortgeführt. Sie hat diesen Lichtdienst mit allen Gruppen geleistet, die nach Mount Shasta gepilgert sind und ebenso in mehreren anderen Ländern der Welt, während sie ins Ausland reiste, um Vorträge und Seminare zu halten.

Die Wohltaten und die Kraft der Impulsgebung

Wir haben bemerkt, wie kraftvoll und schön sich die Energien über die Jahre hinweg aufgebaut haben. Mit jedem Ritual, das Aurelia ermöglicht hat, haben sich die bestehenden Energien durch die vorherigen Rituale und durch die hinzukommenden neuen Energien verstärkt. Mit großem Interesse und Dankbarkeit beobachten wir, dass nach vielen Jahren regelmäßiger Durchführung dieses Rituals, der durch die Zeremonie erschaffene Lichtkelch starke Impulse aufgebaut hat und sich jedes Mal, wenn diese heilige Zeremonie durchgeführt wird, in seiner Intensität und Schönheit, gemessen an dem vorherigen Ritual, nahezu verdoppelt. Dieses Ritual hilft nicht nur den Menschen, die an der Gruppeneinweihung teilnehmen, sondern es erzeugt auch ein Netzwerk aus Licht, das fast den gesamten Planeten umfasst.

Nahezu alle von euch erzielen nicht den rapiden Fortschritt auf ihrer spirituellen Reise, den sie gerne hätten oder erhalten nicht die schnellen Resultate, die sie gerne durch ihre irdischen Bemühungen erlangen möchten – hauptsächlich deshalb, weil sie es nicht gewohnt sind, die Impulse zu setzen, die nötig sind, um ihre Ziele zu erreichen. Ihr benötigt eine stärkere Impulsgebung, um in eurer Welt genügend Energie anzusammeln und um das zu erschaffen, was immer ihr möchtet.

Selbst die Wesen, welche die „Dunkelkräfte" darstellen,
verstehen dieses Prinzipsehr gut und sind weitaus aufmerksamer,
was die Impulsgebung der Dunkelheit angeht, als die Lichtarbeiter
hinsichtlich der Impulsgebung für den Lichtaufbau.

Die Selbstzufriedenheit, welche die meisten von euch haben, ist einer der Hauptfaktoren für die tiefe Dunkelheit, Dichte und Schmerz gewesen, in die dieser Planet für so lange Zeit verfallen war. All diejenigen von uns, die zu Meistern geworden sind, haben sich sehr um den Lichtaufbau gekümmert, um die Fähigkeit der Manifestation dessen zu erlangen, was auch immer wir wünschen. Anfangs, im Jahre 1994, als Aurelia begann, ihre kleinen Zeremonien mit vier oder fünf Personen durchzuführen, war der mit jeder Zeremonie manifestierte Lichtkelch noch sehr klein und nicht annähernd so kraftvoll, wie er jetzt geworden ist. Doch Aurelia setzte den Lichtaufbau Jahr um Jahr fort, obwohl sie nicht wirklich genau wusste, welches Ausmaß er bereits erlangt hatte.

Zu jeder Zeremonie kommt Meister Saint Germain mit seiner ätherischen atomaren Beschleunigungsbox - unsichtbar für diejenigen, die nicht hellsichtig sind – und platziert sie unter dem für diesen Zweck eigens bestimmten und dekorierten Stuhl. In unseren Reichen betrachten wir diese Box als physische Schachtel, hergestellt durch Technologie der 5. Dimension und durch gewisse Kristallarten. Sie besitzt sogar Skalen, die man an- und ausschalten kann, gerade so wie die Technologien in euren Reichen, nur dass unsere viel weiter entwickelt und fortschrittlicher sind als eure.

Wenn die Gruppe dann bereit ist und die absichtsvolle Anrufung durch Aurelia erfolgt, schaltet Meister Saint Germain den atomaren Beschleuniger an. Was geschieht dann? Der Stuhl wird von einer Aufstiegsfrequenz umgeben. Die auf dem Stuhl sitzende Person erhält das meiste dieser Aufstiegsfrequenz, entsprechend ihrem Evolutionsstand und ihrer Empfangskapazität. Dieser Prozess muss aufgezeichnet und überwacht werden, da die der kleinen Box entströmende Energie der Aufstiegsflamme euch buchstäblich unsichtbar werden lassen könnte und ihr könntet sehr schnell verschwinden, wenn sie auf „volle Kraft" eingestellt werden würde. Seid versichert, dass, so lange für euch die richtige Zeit für die Erhebung in die Glorie der Aufstiegsflamme noch nicht gekommen ist, ihr jedes Mal, wenn diese Zeremonien ausgeführt werden, nur Bruchteile davon erhalten werdet.

Die Aufstiegsflamme hilft euch immer mehr bei eurer Bewusstseinsentwicklung, euch selbst zu klären und unterstützt euch auch jedes Mal, wenn ihr dies durch dieses heilige Ritual beabsichtigt, bei der Anhebung eurer Schwingungen. Es ist sehr schön, wenn ihr dieses Ritual durchführt; wenn ihr es nur aus unserer Perspektive sehen könntet! Ihr unterstützt euch gegenseitig bei diesen Treffen und haltet die Energie füreinander aufrecht. Wenn jeder Einzelne an die Reihe kommt, auf dem Stuhl Platz nimmt und seine Aufstiegsabsicht vor seinen Freunden und vor Gott bekundet, und dass er bereit ist, zu tun, was immer notwendig ist, damit dies geschehen kann, passt Meister Saint Germain die Skala seines Beschleunigers an, damit dieser euer Kraftfeld mit dem richtigen Maß an Aufstiegsfrequenz durchströmen kann, das für euch in diesem gegenwärtigen Moment angemessen ist.

Jedes Mal, wenn ihr aus dem Herzen heraus auf dem Stuhl eure Absicht bekundet, erschafft ihr eine Explosion aus Liebe und Licht, was ein wundervoller und unvergesslicher Anblick ist. Aus diesem Grunde ist jedes Mal, wenn ihr diese Zusammenkünfte abhaltet, immer eine große Anzahl von Lichtwesen anwesend, die aus den vielen Reichen dieses Planeten und von vielen anderen Planeten und Sternensystemen stammen, und sie sind entzückt, dies zu sehen und möchten Zeuge dieser wundervollen Lichtexplosion werden, die von Mitgliedern der Oberflächen-Menschheit erschaffen wird. Sie bringen euch auch stets ihre Liebe, ihre Unterstützung und ihre Annehmlichkeiten.

Wie ihr eure Zeremonie gestalten könnt

Arrangiert ein Gruppentreffen. Jede Person kommt an die Reihe, sich auf den vorgesehenen Aufstiegsstuhl zu setzen und bekundet die Absicht - am Besten laut und aus ganzem Herzen – ihrer Ziele für diese Lebenszeit und für ihren Aufstieg. Sprecht das heiligste Gebet, das euer Herz euch vorgibt bzw. mit dem es euch inspirieren kann. Jede Person hält in ihrer Hand einen speziellen Kristall, der von demjenigen zur Verfügung gestellt wird, der die Zeremonie anleitet, und setzt sich für ungefähr drei bis fünf Minuten auf den Aufstiegsstuhl. Nachdem die Zeit um ist, gibt die Person durch ihre Augen ein Zeichen des Abschlusses und die Gruppe singt 3 Mal AUM, um dabei zu helfen, die Energie für die noch auf dem Stuhl sitzende Person im Physischen zu verankern. Dann kehrt die Person auf ihren Platz zurück und die nächste Person, die sich bereit fühlt, ist an der Reihe. Die Leute müssen nicht unbedingt in einer festen Reihenfolge drankommen. Alles geschieht fließend und jeder ist dann an der Reihe, wenn er fühlt, dass er bereit ist. Gewöhnlich kommt der Zeremonienleiter als letzter an die Reihe, aber dies ist keine Vorgabe.

Wenn alle dran waren, laden Saint Germain und ich selbst, Adama, euch ein, ein Elixier zu trinken, das mit der Frequenz des goldenen Lichtes aufgeladen ist, welches durch uns eingebracht wurde. Der Zeremonienleiter gießt wohlschmeckenden Apfelsaft oder einen anderen Saft in kleine Gläschen und verteilt sie an die Gruppe. Dann spricht er eine kurze Anrufung, um darum zu bitten, dass diese prickelnde Flüssigkeit, die jeder nun in den Händen hält, mit der Frequenz des goldenen Lichtes versehen werden möge. Jede Person hält in ihrer rechten Hand einen Moment lang das mit dem Saft (oder Wasser, wenn es keinen Saft gibt) gefüllte Glas, damit Saint Germain die Flüssigkeit individuell mit der Frequenz aufladen kann, die am Besten für die jeweilige Person geeignet ist.

Dann, wenn das Signal dazu erfolgt, trinken alle langsam die Flüssigkeit, die nun zu einem äußerst heiligen Elixier geworden ist, und drücken ihre tiefste Dankbarkeit für die reichen Segnungen, mit denen sie alle beschenkt worden sind, aus. Dieses Elixier ist ebenso wirkungsvoll wie eines der Elixiere, die wir euch auf der inneren Ebene geben können. Es besitzt den selben Wirkungsgrad. Ihr habt vielleicht schon in einem unserer früheren Bücher gelesen oder auch davon gehört, dass, als David Lloyd das Elixier trank, das ihm von Saint Germain vor vielen Jahren in Mount Shasta verabreicht wurde, er vollständig verschwand und vor den Augen der Menge in die Lichtreiche aufstieg und dadurch großes Aufsehen unter den Anwesenden erregte.

Wisset, ihr Lieben, dass David seinen Aufstieg auch auf andere Weise hätte vollziehen können, doch es war seine auf der inneren Ebene getroffene Entscheidung, auf diese spezielle Weise aufzusteigen und dieser Wunsch wurde ihm gewährt. Es geschah, weil für ihn der Zeitpunkt des Aufstiegs gekommen war. Wir könnten für euch das Elixier auch derart aufladen, dass ihr ebenfalls verschwinden würdet, doch dies entspricht nicht dem Plan der Gegenwart. Wir werden dies nicht tun, selbst wenn ihr uns darum bittet! So lange nicht, bis es für euch an der Zeit ist, und glaubt uns, dass uns schon mehrere darum gebeten haben. Es tut uns für die Freunde leid, die darum gebeten haben, aber es ist unerlässlich, den für euch richtigen Zeitpunkt abzuwarten. Wisset, dass in Zukunft eine Zeit kommen wird, in der sich Gruppen-aufstiege ereignen werden, und in einigen Fällen wird es vor den Augen anderer geschehen, die dies bezeugen werden. Diese Zeit ist gar nicht so weit weg, doch ihr werdet noch einige Jahre darauf warten müssen. Wisset auch, dass diese Form des Aufstiegs niemals jemanden überraschend treffen wird. Es wird geschehen, weil ihr darauf vorbereitet seid und weil ihr genau dieser Art von Aufstieg zugestimmt habt.

Wenn ihr eure Zeremonie mit dem atomaren Beschleuniger durchführt, kontrolliert Meister Saint Germain stets die exakte Energiemenge, die jeder Einzelne erhält, entsprechend dem Schwingungslevel, mit dem er in der Lage ist, umzugehen. Wir wollen ganz sicher nicht, dass einer von euch vorzeitig verschwindet! Manche von euch zögern noch oder sind zu schüchtern, wenn es darum geht, aus offenem Herzen heraus vor euren Brüdern und Schwestern frei zu sprechen. Wisset, ihr Lieben, in den Lichtreichen gibt es keine Geheimnisse; alles ist offenbar. Es ist das Beste, euch daran zu gewöhnen, wenn ihr wirklich die Absicht hegt, hierher zu kommen. Dann wird es später leichter für euch. Wenn ihr erst einmal in die höheren Dimensionen gelangt seid, kann nichts mehr zurückgehalten werden. Es ist eine sehr gute Übung, die Fähigkeit zu erlangen, euer Herz vor euren Brüdern und Schwestern zu öffnen und nichts zurückzuhalten. Ihr braucht euch nicht für das zu schämen, was ihr tut! Es ist gut! Es erzeugt jedes Mal eine Explosion aus Licht, und euer Licht wird noch verstärkt, in dem ihr euch gegenseitig unterstützt und Impulse für das Licht auf eurer „Reise zu den Sternen" setzt.

Wir laden euch nun ein, euch in euren Städten zu Gruppen zusammenzuschließen, mindestens ein Mal im Monat, um als Brüder und Schwestern eure Wünsche und Absichten hinsichtlich eurer spirituellen Ziele zu bekräftigen. Lasst zu, dass mit jeder Zeremonie und den Absichten jedes Einzelnen Impulse gesetzt werden. Stellt euch vor, wie kraftvoll dies sein kann! Ihr erzeugt dadurch kleine Netzwerke aus Aufstiegslicht überall auf dem Planeten, die immer kraftvoller werden, je mehr Personen daran teilnehmen. Diese Verstärkung des Lichtes wird immer mehr Kraft erlangen, indem die gesamten erzeugten Energien sich bündeln und vereinen.

Dies ist die Verstärkung des Lichtes und der Aufstiegsflamme, die nötig ist, um diesen Planeten und die ganze Menschheit, die sich für den Aufstieg entscheidet, in einem großartigen wirbelnden Tornado an Aufstiegslicht voranzutreiben, der alle Dunkelheit auf diesem Planeten auflösen und für jeden Mann, jede Frau und jedes Kind die Würde ihrer Göttlichkeit wieder herstellen wird.

Auf diese Weise wird die Dunkelheit vollständig ausgeräumt und durch einen großartigen Sieg des Lichtes verzehrt. Doch ihr müsst euren Teil in eurer Dimension dazu beitragen, geliebte Kinder unseres Herzens. Es wird nicht einfach automatisch ohne euren Beitrag und eure Teilnahme geschehen, einfach nur, weil ihr es euch wünscht. Wir aus Telos haben so viel Freude an euren Zeremonien der Liebe und der Absichtsbekundung. Seid versichert, dass wir und Saint Germain bestimmt jedes Mal bei euch sein werden und euch unterstützen und lieben auf eurem Weg zu eurem eigenen siegreichen Aufstiegstag.

Adama: Möchtet ihr noch etwas dazu sagen oder habt ihr noch irgendwelche Fragen dazu?

Aurelia: Dies ist das unglaublichste Angebot, das du uns hinsichtlich unserer Gruppentreffen auf der ganzen Welt jemals gemacht hast. Dieses Erfahren der verschiedenen Aufstiegsfrequenzen durch die Aufstiegszeremonien und das Einnehmen von spirituellen Elixieren. Du bietest uns eine stetige Frequenzerhöhung durch dieses schöne Ritual an, nicht wahr?

Adama: Das tun wir, und ihr könnt dies so oft durchführen, wie ihr möchtet. Es liegt bei euch, ob ihr dies als Werkzeug nutzen möchtet, um euren Weg zu erleichtern. Es ist ein Werkzeug, dessen Energien sich immer stärker aufbauen, wenn ihr zusammenkommt. Viele möchten aufsteigen, doch sie vergessen oft, ihre Absicht zu bekunden und sind auch nicht immer bereit, die erforderlichen Anstrengungen zu unternehmen, die notwendig sind, um vollständige spirituelle Freiheit zu erlangen.

Wenn ihr zusammenkommt und eure Absichten bekundet, werden diese in eurem Leben verstärkt. Diese Treffen können als wundervolle Möglichkeiten dienen, um Zeit unter Gleichgesinnten zu verbringen. Ihr könnt auch hinterher an einem gemeinsamen Essen teilnehmen, wenn ihr möchtet. Dies ist die lemurianische Art, Dinge auf sehr einfache Weise zu tun, ohne viel Aufwand und große Umstände, ganz einfach, indem wir die Götter und Göttinnen sind, die wir sind. Wir laden euch ein, es uns gleich zu tun. Zieht euren Vorteil aus den Werkzeugen, die euch bei der Anhebung eures Bewusstseins auf sehr einfache und vergnügliche Weise helfen werden.

Und so sei es, geliebte Kinder unseres Herzens. Seid in Frieden und Liebe mit euch selbst. Bald werden wir euch in die Arme der Liebe schließen.

Zu eurer Information: Wir werden ein kleines Büchlein herausgeben, in dem sich noch mehr Details über diese Aufstiegsaktivierung befinden werden. Es wird bald verfügbar sein für diejenigen, die sich wünschen, Zeremonienleiter für diese Art Aktivität zu werden. Besucht die website: www.mslpublishing.com. Zunächst wird dieses Büchlein in Englisch erscheinen und dann auch in anderen Sprachen. (Erhältlich auf Deutsch im Lippert-Verlag).

In der überragenden Glorie dieser Stunde

kann ich nicht umhin, jedes geliebte Kind Gottes

eindringlich darum zu bitten,

sich auf diesen glorreichen Moment vorzubereiten!

Wenn die Stunde kommt und der Ruf

des Vaters des Lichtes euer Herz erreicht,

werdet auch ihr um den vollständigen und wahren Zweck

der menschlichen Inkarnationen wissen.

Lord Sananda

16. Kapitel

Die Flamme der Auferstehung, eine Aktivität des sechsten Strahles

und die Meditation
Die Reise in den Tempel der Auferstehung in der 5. Dimension

Adama gemeinsam mit Jesus/Sananda und Lady Nada

Gruppe: Was plant Adama heute Abend für uns?

Aurelia: Ich hatte heute Nachmittag eine Unterredung mit Adama, weil ich keine Ahnung hatte, worüber wir heute Abend reden werden. Adama würde gerne über die Flamme der Auferstehung sprechen und über die Heilungseigenschaften dieser Flamme. Diese wunderbare Flamme ist der Mehrheit der Menschen in dieser Dimension noch nicht so gut bekannt, selbst denen noch nicht, die schon davon gehört haben. Meist wissen sie nicht, wie sie diese Flamme nutzen können. Die Flamme der Auferstehung ist eine der sieben Hauptflammen Gottes, die den Menschen auf diesem Planeten seit Anbeginn der Zeit zur Verfügung gestanden haben. Sie hat ihre ganz eigene Tätigkeit, trägt jedoch außerdem noch einen Heilungsaspekt in sich.

Die ganze Welt ruft derzeit dringend nach den verschiedenen Heilungsmöglichkeiten. Das Wort „Heilung" hat eine breit gefächerte Bedeutung und umfasst viele Aspekte und Ebenen. Bevor wir wieder ganz werden und die Gesamtheit des Lichtes des „ICH BIN" ausdrücken können, müssen wir alle Aspekte von uns selbst auf immer tieferen Ebenen bis hin zur Vollendung heilen. Wisst ihr, die Menschen haben in der 3. Dimension auf so viele unterschiedliche Weisen etwas über Heilung gehört, doch die wahrhaftige Heilung ist wenig verstanden worden. Tatsächlich wäre es – um zu verinnerlichen, was es mit wahrer Heilung auf sich hat – weise, in größerem Maße die Attribute der sieben Hauptflammen Gottes zu verstehen, die konstant diesen Planeten fluten, um ihn zu nähren, wieder aufzuladen und das Leben zu erhalten.

Das Verständnis, das Adama euch heute Abend vermitteln möchte, bezieht sich auf die Heilung auf einer höheren Ebene, auf echte Heilung - nicht nur auf eine temporäre Lösung - und für diese echte Heilung werdet ihr später eine dauerhaftere Lösung entwickeln müssen. Die Flamme der Auferstehung und des Wiedererwachens ist ein weiteres herausragendes Werkzeug; sie ist umsonst, leicht anzuwenden und sehr effektiv. Leider wird sie von der Mehrheit der Menschen nicht sehr häufig angewendet, weil sie in Vergessenheit geraten ist.

Die smaragdgrüne Schwingung des fünften Heilungsstrahles und die Energien des Großen Jadetempels sind ein Werkzeug, doch es gibt noch viele andere, die ebenso ehrfurchtsgebietend sind. Je bewusster wir uns dieser Werkzeuge werden, die uns derzeit zur Verfügung stehen und je intensiver wir sie nutzen, desto mehr können wir unser Leben in Leichtigkeit und Gnade transformieren. Nun möchte uns also Adama ein größeres Verständnis über die Flamme der Auferstehung vermitteln und uns auch etwas über die Elektronen erklären und darüber, wie wir unser Bewusstsein durch die Anwendung der sieben heiligen Flammen Gottes und durch den richtigen Gebrauch der Elektronen anheben können. Die Flamme der Auferstehung bereitet uns auf Seelen- und Körperebene auf die Unsterblichkeit vor – und damit meine ich sehr wohl auch die physische Unsterblichkeit, wenn sie das ist, was gewählt wurde. Sie ist auch eine Flamme, die euch darauf vorbereitet, die vollständige Transformation durch die Aufstiegsflamme zu erlangen.

Lasst mich die „Flammen" in ein paar kurzen Worten erklären. Auf diesem Planeten gibt es sieben Flammen, die hauptsächlich aktiv sind und welche die Menschheit während ihrer Evolution und ihrem Dasein hier empfangen haben. Natürlich gibt es in höheren Dimensionen noch viel mehr als diese sieben, mittlerweile begrüßen wir die Energien von zwölf Flammen. Dies bedeutet, dass fünf weitere Flammen jetzt langsam für uns nutzbar werden, während wir immer mehr in der Lage sind, unser Bewusstsein dem spirituellen Schlaf zu entheben, in dem wir so lange verharrten. Darüber hinaus gibt es noch hunderte weitere Flammen. Für heute allerdings lasst uns bei dieser einen wunderbaren Flamme bleiben. Wir könnten natürlich Stunden und Tage lang über jede dieser sieben Flammen sprechen, allein schon deshalb, weil sie alle so wundervoll sind.

In der Schöpfung gibt es viele unterschiedliche Attribute Gottes und jedes einzelne wird von seiner ganz eigenen energetischen Schwingung und Tätigkeit repräsentiert, welche wir als „Flammen" oder „Strahlen" bezeichnen. Es gibt dafür auch noch andere Namen, dabei ist es gar nicht so wichtig, wie wir die Dinge nennen, weil es darum geht, die Anwendung und den Einfluss auf unser Leben zu verstehen. Die sieben Hauptflammen werden auch Regenbogenstrahlen genannt und sie stehen mit allem in der gesamten Schöpfung in Verbindung.

Die Woche hat sieben Tage, es gibt sieben Noten in einer Musik-Oktave, sieben Hauptchakren, sieben endokrine Drüsen, im Körper befinden sich sieben Hauptorgane bzw. Systeme und so weiter. Die Liste kann sehr lang werden; ihr versteht, was ich meine. Jeder einzelne dieser Strahlen repräsentiert eine spezielle Farbschwingung und ist mit einem der bereits erwähnten Begriffe verbunden. Zum Beispiel ist an jedem Wochentag eine der Energien aus den Strahlen verstärkt, die mit seiner Schwingung einhergeht. Jede Note einer Musik-Oktave stellt eine bestimmte Farbe und Strahl-Energie dar. Jede der sieben Drüsen und jedes der sieben Hauptorgane in eurem Körper, jedes einzelne der sieben Hauptchakren, ist mit einem der Strahlen oder Flammen verbunden und mit der Energie, durch die sie in diesem Bereich, an diesem Tag verstärkt wird.

Die Flamme der Auferstehung trägt auch die Energie der Transformation, um uns dabei zu helfen, uns ins 5-dimensionale Bewusstsein hinein zu bewegen. Auf der ätherischen Ebene und in allen Dimensionen erbaut man wunderschöne Tempel, um jede einzelne der vielen Flammen oder Attribute des Schöpfers zu verstärken. In Telos gibt es viele Tempel, um diese Flammen zu nähren und hunderte von Tempeln existierten in der Zeit von Lemuria, einzig und allein für diesen speziellen Zweck. Die

Flamme der Auferstehung ist etwas, das ihr für immer anwenden könnt, bis in alle Ewigkeit – und es wird stets zu eurem Nutzen sein.

Ich übergebe jetzt das Wort an Adama.

Adama: Seid gegrüßt, meine lieben Freunde, hier ist euer Freund und Mentor Adama. Es ist mir und meinem Team ein großes Vergnügen, heute ein weiteres Mal bei euch zu sein, um denjenigen Perlen der Weisheit und des Wissens zu bringen, die ihr Bewusstsein und ihr Verständnis von Gott mit all seinen wundervollen Attributen gerne erweitern möchten. Ich bin heute hier mit den Hütern der Auferstehungsflamme, Meister Jesus/Sananda und seiner geliebten Zwillingsflamme Nada, die in eurer Welt auch durch ihre letzte Inkarnation als Maria Magdalena vor 2000 Jahren bekannt wurde. Beide sind hier, um die Strahlkraft ihrer Liebe an euch alle auszusenden.

Was man euch bislang bezüglich der Wahrheit über Gott und eure Göttlichkeit in eurer kurzen Inkarnation auf diesem Planeten gelehrt hat, ist, verglichen mit dem, was ihr wissen solltet, sehr gering und begrenzt. Heute steht euch viel Wissen zur Verfügung, das es anzunehmen und zu verstehen gilt, damit die Entfaltung eures Bewusstseins und eure Rückverbindung mit allen Aspekten eurer Göttlichkeit stattfinden kann, und ihr dann wiederum eure spirituelle Freiheit wieder ausleben könnt.

Nahezu alle von euch haben tausende von Inkarnationen auf diesem Planeten erfahren, und es trifft auf die meisten von euch für eure gegenwärtige Inkarnation zu, dass ihr nur mit einigen wenigen dieser Perlen wahren Wissens konfrontiert worden seid. All das wird sich jetzt ändern; heute Abend werden wir eurem Bewusstsein einen weiteren spirituellen Schatz übermitteln, ein weiteres Werkzeug, um euch bei eurem Übergang in die spirituelle Einheit und Ganzheit zu unterstützen.

Die Auferstehungsflamme ist von ihrer Schwingung und Tätigkeit einer Heilungsflamme ähnlich; ihr Wirkungskreis ist sehr ausgedehnt und in der kurzen Zeit, die wir gemeinsam verbringen, können wir lediglich die Grundlagen besprechen. Ihre Tätigkeit ist von universeller Dimension, da sie sich auf vielen Ebenen und Frequenzen abspielt. Denkt an Meister Jesus vor 2000 Jahren – es war die Auferstehungsflamme, die er anwandte, um seinen eigenen Körper im Grabe nach dem Tod seines sterblichen Körpers wieder zu beleben. Dies allein schon sollte euch eine Ahnung davon geben. Wenn ihr über ihre größere Bedeutung kontempliert, stellt sich die Frage, was bedeutet Auferstehung wirklich? Was diese Flamme für den großen Meister vor 2000 Jahren getan hat, könnte sie genauso gut für euch tun – jetzt und hier. Die Eigenschaften dieser großen Flamme haben sich nicht verringert; im Gegenteil, sie hat zu dieser Zeit noch sehr viel mehr an Kraft zugelegt.

Meister Jesus/Sananda und seine geliebte Zwillingsflamme Nada sind gemeinsam die Chohans oder Hüter dieser heiligen Flamme. Beide sind sehr hochrangige aufgestiegene Wesen und stets bereit, euch beizustehen, insbesondere hinsichtlich der Wunder dieser heiligen Flamme. Denkt bitte auch daran, dass die Flamme auf diesem Planeten um die Osterzeit am aktivsten ist. Dies ist die beste Zeit, um den größten Nutzen aus ihr zu ziehen, wenn es darum geht, euer gesamtes Bewusstsein, Dasein und eure Welt mit dieser wundervollen Flamme zu durchdringen.

Obwohl diese Flamme zu allen Zeiten aktiv ist, verdoppelt sich in der Osterzeit ihre Energie zum Wohle von allen, die sich hingebungsvoll auf die Christusenergien ausrichten, die damals durch Meister Jesus/Sananda auf diesen Planeten zurückgebracht wurden. Die Auferstehungsflamme verkörpert als eine Energie des sechsten Strahles auch die Energien des selbstlosen Dienstes und der Fürsorge. Auch dies verkörperte und demonstrierte Jesus durch sein Leben und seinen selbstlosen Dienst an diesem Planeten vor 2000 Jahren. Er ist ohne Unterlass im Dienste des Planeten und der gesamten Menschheit bis zur gegenwärtigen Zeit hin geblieben und er wird dies auch in den kommenden Jahrtausenden fortführen.

Die Erfahrung mit der Auferstehungsflamme war für Meister Jesus nichts Besonderes; er wusste einfach, wie er diese lebens-spendenden Energien nutzen konnte. Und jetzt, da ihr euch alle auf eine höhere Ebene des Verstehens entwickelt habt, ist es auch für euch an der Zeit, sie selbst anzuwenden. Diese Flamme ist wundervoll und ich schätze mich sehr glücklich, euch dieses Wissen überbringen zu dürfen. Es stehen euch so viele Werkzeuge zur Verfügung, die ihr nutzen könntet, um euer Leben zu erleichtern, eure Transformation zu beschleunigen und ebenso euren evolutionären Pfad. Ihr müsst euch einfach ihrer bewusst werden und beginnen, sie in eurem täglichen Leben anzuwenden. Wenn ihr Heilung für euren Körper wünscht, verhilft euch die

Energie der Auferstehungsflamme dazu, indem sie eine viel höhere Frequenz in euren Körper einbringt, als ihr bereits in euch tragt. Eine zeitweise Heilung ist nicht das, wonach ihr wirklich strebt; ihr alle sucht dauerhafte, beständige und erhebende Heilung. Eine Art Heilung, die euch bewusster mit dem von euch verkörperten göttlichen Wesen rückverbinden wird, mit dem göttlichen Wesen, das in Wahrheit die Quelle von all dem ist, was ihr jemals möchtet und wünscht – ganz gleich was es ist. Ihr möchtet, dass die Heilung eure Göttlichkeit reflektieren und ihre Verkörperung erfahren kann, was ja eure grundlegende Natur ist. Das ist euer Geburtsrecht als Kind Gottes.

Als Meister Jesus sagte: „ICH BIN die Auferstehung und das Leben", sprach er nicht von seinem menschlichen inkarnierten Selbst. Er lehrte das göttliche Gesetz des großen „ICH BIN", das gleichermaßen im heiligen Herzen von euch allen lebt; im heiligen Herzen, das nichts anderes ist als euer göttliches Selbst und das nur noch nicht vollständig in eurem gegenwärtigen Bewusstseinszustand zum Ausdruck kommt. Jesus wusste, wie er dies zum Ausdruck bringen konnte, denn er war vollständig mit seiner göttlichen Essenz vereint. Erkennt, dass die Auferstehungsflamme eine Energie ist, die ihr leicht zu eurem Nutzen anwenden könnt, indem ihr euch auf sie fokussiert, sie anruft und beginnt, mit ihr zu üben. Seid kreativ!

Gruppe: Das hört sich für uns ganz schön ehrfurchtsgebietend an. Wir hatten noch nie von dieser Flamme gehört, bis Aurelia sie erstmals erwähnt hat. Wie können wir sie nun tatsächlich nutzen, so dass sie in unserem Leben wirkt?

Adama: Es handelt sich um eines der Hauptattribute Gottes. Ihr könnt eure Finanzen wieder aufleben lassen, euren Körper neu beleben, eure familiäre Harmonie und viele Dinge aufleben lassen, die ihr gerne in eurem Leben haben möchtet. Die Auferstehungsenergien sind in keiner Weise auf irgendetwas reduziert.

Ihr könnt die Worte „ICH BIN" nutzen, indem ihr wisst, dass dies der unbegrenzte Aspekt von euch ist, oder ihr könntet zum Beispiel sagen: „Durch Gott, den Herrn meines Seins, durchdringe ich nun jede Zelle, jedes Atom und Elektron meines physischen Körpers, meines Emotionalkörpers und all meiner subtilen Körper mit der Auferstehungsflamme. Es ist mein Wunsch, alle Aspekte meines Lebens zu heilen und zu beleben." (*Nennt dabei auch noch weitere Bereiche, die ihr persönlich fördern wollt, wie etwa Finanzen, Talente, Erinnerungen, Harmonie etc.*) Selbst der Himmel stellt keine Grenze dafür dar, wie ihr diese Energie nutzen könnt. Wenn ihr in eurem Leben in irgendeiner Form Mangel erfahrt, wenn euer Körper sich nicht in einem Zustand der Durchlichtung und Unsterblichkeit befindet, wenn ihr nicht absolute göttliche Schönheit, Jugend und Perfektion manifestiert, bedeutet das ganz einfach, dass die Elektronen, aus denen sich eure physische Struktur zusammensetzt, noch unter einer gewissen Verzerrung leiden. Ruft die Auferstehungsflamme an, euch zu helfen und beizustehen.

Gruppe: Wie oft sollen wir dies tun?

Adama: In eurer Dimension, in der sich die Energie im Vergleich zu der 5. Dimension, in der die Manifestation augenblicklich erfolgt, so langsam bewegt, ist es erforderlich, dass ihr euch auf das, was ihr erschaffen möchtet so lange fokussiert, bis es sich schließlich manifestiert und ihr Resultate erzielt. Es ist auch notwendig, eure liebevollen Gefühle auf das gewünschte Manifestationsobjekt zu fokussieren. Wenn ihr dies nicht stetig tut, sind eure Chancen für die gewünschte Manifestation eher dürftig. Es geht nicht darum, die Affirmationen ständig wie ein Papagei zu wiederholen, sondern den ganzen Tag über eure liebevollen Gedanken mit der absoluten Gewissheit auszusenden, dass sich eure Schöpfung durch eure Liebe und eure Absichten manifestiert.

Wenn ihr Affirmationen anwenden möchtet, die übrigens auch sehr hilfreich sind, dann tut dies nicht als Bittsteller, sondern als eine Äußerung liebender Absicht und mit der gesamten Intensität eures Herzens, um das Gewünschte mit soviel Zutrauen und Dankbarkeit wie möglich zu durchdringen.

Es ist immer hilfreich, die Auferstehungsflamme als leuchtende golden-orangegelbe Energie zu visualisieren, vergleichbar mit einem Sonnenuntergang im Sommer. Lasst sie real erscheinen. Belebt sie in Herz und Geist, denn, so wie ihr sie visualisiert, so wird sie dann auch. Wenn ihr Heilung wünscht, durchströmt das Problem, das ihr heilen möchtet mit dieser wundervollen Energie und achtet darauf, dass ihr sie lange genug aufrechterhaltet, um Ergebnisse zu erzielen.

Gruppe: Würdet ihr uns einen kurzen Überblick über diese sieben Flammen geben, um sie uns noch einmal kurz in Erinnerung zu bringen?

Adama: Es gibt die *Flamme der Weisheit und Erleuchtung*, die in verschiedenen Gelbtönen erstrahlt. Dann gibt es die *Flamme der*

Liebe, die mit vielfältigen rosa- und rubinroten Tönen in Verbindung steht. Es gibt die *Flamme des göttlichen Willens* in verschiedenen Blautönen. Dann gibt es noch die *Flamme der Heilung*, die in Resonanz mit Smaragdgrün in allen verschiedenen Varianten steht. Die *Aufstiegsflamme ist* Weiß und beinhaltet schwingungsmäßig alle anderen Flammen. Auf die *Auferstehungsflamme* richten wir heute unsere Aufmerksamkeit. Nicht zuletzt kennen die meisten von euch bereits die *Violette Flamme der Transformation*, die zu Beginn des letzten Jahrhunderts als eine große Dispensation durch unseren geliebten Saint Germain auf die Erde zurückgebracht worden ist.

Die Energien dieser Flammen sind auch mit jedem einzelnen Chakra verbunden. Indem ihr euer Bewusstsein entwickelt, werdet ihr letztendlich viele weitere Chakren entdecken, die dadurch aktiviert werden; und ihr werdet noch viel mehr entdecken als nur die sieben Flammen. Alle diese Flammen arbeiten sowohl individuell als auch synchron zusammen, wie ein Regenbogen aus Licht. Sie unterstützen und erhalten euch. Vergegenwärtigt euch auch die Flamme der Freude, die Flamme der Harmonie, die Flamme des Trostes und des Friedens etc. Die Reihe ist einfach endlos.

Nun möchte ich gerne die Elektronen erläutern.

Die kleinste Manifestation des Lebens kann als etwas gemessen werden, das die Menschen als Elektronen bezeichnen. Diese Elektronen repräsentieren Energiepartikel aus dem Körper des Urschöpfers, die sich ewiglich selbst erhalten, die unzerstörbar sind, aus sich selbst heraus leuchten und intelligent sind.

Elektronen bestehen aus reiner universeller Lichtsubstanz; sie antworten wie ein Blitz auf die kreativen Kräfte, sowohl von Gott wie auch von den Menschen. In unterschiedlichen Formen machen sie die Atome der physischen Welt aus. Der interstellare Raum ist mit dieser reinen „Lichtessenz" angefüllt. Die Anzahl der Elektronen, die sich miteinander in einem speziellen Atom verbinden, sind das Resultat des bewussten „Gedankens" und werden durch ihn festgelegt. Der Geschwindigkeitsgrad, in dem sie um den zentralen Kern herumwirbeln, ist wiederum das Ergebnis der „Gefühle" und wird durch diese bestimmt. Die Intensität der wirbelnden Bewegung innerhalb des zentralen Kerns ist der „Atem Gottes". Daher wird die konzentrierteste Aktivität der „göttlichen Liebe durchweg aus unterschiedlichen Manifestationen von Elektronen gebildet, die unterschiedlich qualifiziert wurden - als Energie, die eure Nahrung wachsen lässt, als jegliche Substanz, die ihr in der 3. Dimension vorfindet. Alles ist aus der gleichen Grundsubstanz gebildet, die man Elektronen nennt. Natürlich gibt es auch Menschen, die noch andere Namen dafür verwenden, doch es spielt keine Rolle, welchen Namen ihr dafür wählt. Alles ist aus dem Gleichen geschaffen, aus Urquellen-Energie – aus „Liebe".

Die Elektronen entspringen den ätherischen Bewusstseinsebenen als Energiepartikel und diese Energie ist neutral; sie steht vollständig im Dienst des Lebens. Sie nehmen erst dann Form an, wenn sie durch andere bewusste Lebensformen die Qualifikation dazu erhalten. Die Elektronen nehmen ganz unterschiedliche Formen, Zustände und Dichten an – entsprechend dem, wozu sie qualifiziert werden. Wenn ihr in eurer Welt Energie mit etwas belegt, was weniger ist als reine Liebe – wie z.B. Angst, Ärger oder Gier – missbraucht ihr die Elektronen und erschafft Verzerrungen in ihrer ursprünglichen Ausrichtung, dem Leben zu dienen. Diese Fehlschöpfung wird dann zu eurer eigenen und ihr müsst mit der Programmierung leben, mit der ihr die Elektronen qualifiziert habt – bis ihr letztendlich alle eure Schulden dem Leben gegenüber mit Liebe ausgeglichen habt und folglich alle von euch missbrauchten Elektronen gereinigt sind. Es ist genau dieser Prozess, den ihr als „den Ausgleich des Karma" bezeichnet habt.

Hört gut auf das, meine lieben Brüder und Schwestern,
was ich euch nun sagen werde. Es ist äußerst wichtig für euch,
dass ihr euch für alle Zeiten daran erinnert.

Gott gibt euch täglich eine unbegrenzte Menge an Elektronen, damit ihr euer Leben daraus formen könnt und ihr seid stets frei, euer Leben so zu gestalten, wie ihr es haben möchtet. Was ihr dann durch eure Gedanken, Absichten und Emotionen erzeugt, wird euer Leben stets reflektieren, eben das wie ihr die für euch ständig verfügbaren Elektronen nutzt. Die Menschheit hat die richtige Anwendung der Elektronen noch nicht begriffen oder, anders ausgedrückt, die richtige Nutzung der ihr zur Verfügung stehenden Energie. Es handelt sich um ein Wissen, das in Vergessenheit geraten ist. Durch euren Energiemissbrauch – so wie ihr ihn auf der Oberfläche dieser Erde betreibt – habt ihr sehr lange Zeit über viele Schmerzen und Schwierigkeiten für euch selbst erzeugt, für euren Planeten und auch für jeden anderen, der sich hier entwickelt.

Gruppe: Nutzen wir diese Energie fehlerhaft durch Selbstzweifel, Bewertung, Furcht, alle negativen Aspekte unserer Gefühle und durch Handlungen, die kein Ausdruck von Liebe sind?

Adama: Ja, die Elektronen möchten auf Liebe reagieren. Wenn ihr sie mit Schwingungen belegt, die nicht der Liebe oder der Freude entsprechen, werden sie auf gewisse Weise verzerrt, und diese Verzerrung wird zu eurer kosmischen Verantwortung. Was glaubt ihr, wie sich die Elektronen fühlen, die für Nuklearenergie oder andere Zerstörungsformen verwendet werden? Erinnert euch, sie tragen das Bewusstsein und die Intelligenz des Urschöpfers in sich. Da sie so bedingungslos dem Dienst am Leben verpflichtet sind, müssen sie allen dienen, in welcher Weise auch immer entschieden wird, ihre Energie zu nutzen, und diese Elektronen bleiben dann meistens in die Negativität eingebettet, manchmal über Äonen. Das ist nicht das, was sie wollen oder wofür sie erschaffen wurden, sie müssen sich dem dennoch unterwerfen.

Jeder kann Elektronen nutzen, um für sich selbst, für den Planeten und für alles in der Umgebung ein absolutes Paradies zu erschaffen oder er kann sie einsetzen, um sich selbst und die Welt zu zerstören. Dies ist das Experiment des freien Willens auf diesem Planeten. Nicht alle Planeten haben den freien Willen in diesem Ausmaß, in dem ihr ihn auf der Erde habt. Der Missbrauch des freien Willens ist für sehr lange Zeit eine sehr schmerzvolle Erfahrung für die Menschheit gewesen. Gerade darum ist es so wichtig, die richtige Nutzung vom Missbrauch der Elektronen abzugrenzen. Die Auferstehungsflamme kann euch helfen, die von euch missbrauchten Elektronen zurück in den Zustand der

Harmonie zu bringen. Alle Flammen Gottes bestehen ebenfalls aus Elektronen, wie alles andere auch.

Gruppe: Du sagst also, dass, wenn wir uns an Angst oder irgendwelchen negativen Gefühlen orientieren, die von uns gelenkte Energie verzerrt und missbraucht wird. Von der Schöpferquelle aus sind Elektronen mit Liebe inspiriert und leben durch Bewusstsein, fließen in uns und durch uns, damit wir sie nutzen können.

Adama: Genau, und das ist überall im gesamten Universum gleich. Die Elektronen repräsentieren die Energie, die ihr nutzt, um euer tägliches Leben zu gestalten. Wenn ihr Elektronen oder Energie missbraucht, erschafft dies Felder der Dunkelheit in euch und um euch herum. Wenn ihr diese dann missbraucht, um Angst in euch selbst zu erzeugen oder um diese Art Energie auf andere zu projizieren, sagen wir mal in Form von Zweifeln oder Bewertungen, werden die Elektronen eures eigenen Körpers verzerrt und erzeugen letztendlich Leid, Krankheiten, Mangel an Vitalität, Alterung und so weiter.

Gruppe: Wie hängt die Auferstehungsflamme damit zusammen, wenn wir uns auf die Meisterschaft zubewegen, an Weisheit gewinnen und aus unseren Erfahrungen Verständnis erlangen?

Adama: Zuerst einmal müsst ihr verstehen, dass die Auferstehungsflamme nicht die einzige Flamme ist, die das Leben nährt. Seid euch wirklich bewusst darüber, dass ihr Gottes Energie nicht frei missbrauchen könnt, ohne Konsequenzen zu erleiden. Wenn ihr beginnt, Gottes Energie mit Liebe zu erfüllen, dann fangen die Elektronen an, auf ganz andere Weise zu fließen und Harmonie zu erzeugen, weil dies ihrer Natur entspricht. Eure Natur ist Göttlichkeit und ihre ist es ebenso.

Gruppe: Viele Lebenszeiten hindurch haben wir Muster des Verlassenseins, des Betrugs und der Ablehnung mit uns getragen. Wie kann jemand die Auferstehungsflamme nutzen, wenn er mit solch tief sitzenden Aspekten des Selbst arbeiten möchte?

Adama: Zunächst werdet ihr mit euren Emotionen arbeiten müssen und euch eurer Gedankenmuster bewusst werden. Ihr könnt die Auferstehungsflamme anrufen, damit sie euch beisteht, wieder Harmonie in euer Leben zu bringen und alle eure Angelegenheiten zu heilen. Wenn ihr damit beginnt, eure Energie oder die Elektronen auf die Flammen Gottes auszurichten, werden die Elektronen sich in einer anderen Richtung drehen, im Uhrzeigersinn, statt gegen den Uhrzeigersinn. Ihr könnt die Auferstehungsflamme bewusst einsetzen, um all eure Körpersysteme zu reinigen und die Schwingung in ihnen zu erhöhen, in eurem Emotionalkörper, in eurem physischen Körper und in eurem Mentalkörper, und so die Schwingung von Verzerrungen, Leiden und Mangel zu überwinden.

Diese innere Arbeit sollte als Gewohnheit im Herzen angenommen werden, als ein Prozess der Entfaltung, als fortschreitende Handlung und nicht als etwas, was ihr nur so ab und zu einmal tut. Dies ist die wichtigste Arbeit und das wichtigste Ziel, das ihr euch für euer Leben setzen könnt. Es ist der Schlüssel zu eurer spirituellen Freiheit, nach der ihr euch so sehr sehnt. Ihr könnt ein ganzes Leben lang mit der Auferstehungsflamme arbeiten und sie wird euch immer euren Weg erleichtern und ein mehr an Wundern in eurem Leben erschaffen.

Wie viele Menschen sprechen den Satz, den euch Meister Jesus vor 2000 Jahren gegeben hat: „Ich bin die Auferstehung und das Leben"? Dies war ein Mantra, welches er durch seinen großen göttlichen Lehrer und Lenker übermittelt bekam, als er in den Jahren vor seinem öffentlichen Wirken durch Indien reiste. Versteht, dass er die Auferstehungsflamme auf seinem Lebensweg in einem solchen Ausmaß anwandte, dass er nach seinem physischen Tod genügend Energie in seinem Kausalkörper angesammelt hatte, um in der Lage zu sein, seinen eigenen Körper durch die konstante Nutzung dieser Energie während seiner Lebenszeit wieder auferstehen zu lassen.

Es waren auch diese Energiereserven, aus denen er schöpfte, um viele der Wunder zu vollbringen, die euch bekannt sind, auch solche, die euch nicht bekannt sind. Eine seiner Aufgaben war unter anderem, die Auferstehungsflamme vollständig zu verkörpern, zu ihr zu werden und zu erreichen, was immer er wollte. Und dies tat er allumfassend und voller Gnaden.

Gruppe: Toll, Adama!

Adama: Dies ist etwas, was auch ihr erreichen könnt und dazu sind keine finanziellen Aufwendungen nötig. Die Gaben dieser Flamme sind nicht personenbezogen und nicht auf ein einzelnes Wesen limitiert, das vor 2000 Jahren gelebt hat, sondern sie stehen allen

Kindern des Schöpfers zu – jederzeit und überall. Manche Menschen nutzen sie für ihre Finanzen: „Ich bin die Auferstehung und das Leben meiner Finanzen". Wenn ihr beginnt, damit zu arbeiten, wird es viele Dinge geben, die zum Zweck des spirituellen Wachstums in euer Bewusstsein treten und euch gezeigt werden. Bevor ihr dies empfangen könnt, was ihr euch wünscht, sind vielleicht etliche Korrekturen in eurem Bewusstsein nötig. Indem ihr euch auf das Objekt eurer Wünsche fokussiert, wird euch gezeigt werden, was verändert werden muss und wenn ihr euer Bewusstsein ändert, wird sich auch euer Leben zum Besseren ausrichten.

Euer göttliches Selbst wird alle irrigen Glaubenssätze und Haltungen in eurer bewussten Wahrnehmung hervorbringen, die euren Manifestationen im Weg stehen. Diese werden euch bewusst und zum Erlangen größerer Weisheit gezeigt werden und es liegt bei jedem Einzelnen von euch, die Einsicht zu entwickeln, um sie zu erkennen, einzusehen und im Bewusstsein die notwendigen Veränderungen zu treffen. Wenn ihr euch über den fehlerhaften Umgang mit Finanzen in der Vergangenheit bewusst werdet, ruft die Violette Flamme der Transformation und die Flamme der Vergebung aus dem Herzen von Quan Yin an, gemeinsam mit der Auferstehungsenergie, die auch dabei helfen kann, die Energien der Vergangenheit zu klären und zu erkennen, was ihr daraus lernen könnt.

Die Auferstehungsflamme hat den Klang und die Farbe, die euch helfen können. Visualisiert die goldene strahlende sonnentypische Energie, sie geht mehr in Richtung Orange als Gold. Seht euch

316

selbst an einem Ort sitzen, der vollständig in die Energie der Auferstehungsflamme eingehüllt ist, während ihr eure spirituelle Arbeit in dieser Schwingung tut.

Wisst ihr, Altern und Degenerierung sind niemals natürliche Attribute des Lebens gewesen. Die Erscheinung eures physischen Körpers ist von dem Ausmaß an Licht abhängig, das ihr in euren niederen Gefährten mit euch tragt - im Emotionalkörper, im Mentalkörper, im ätherischen Körper wie auch im physischen Körper. Die natürliche Ausstrahlung von Licht durch diese Körpersysteme formt die schützende Mauer um euch, die auch als Lichthülle bezeichnet wird. Wenn sich die Elektronen in ihren bestimmten Organen und Zellen langsam bewegen, beziehen sie weniger Licht aus eurem Höheren Selbst, dann gibt es einen natürlichen Widerstand und der Lichtstrom beginnt, schwächer zu werden. Wie viel Vitalität ihr in eurem Körper habt und wie ihr euch fühlen werdet, hat etwas damit zu tun, wie schnell sich die Elektronen in eurem Körper drehen können.

Je mehr Toxine ihr in euch habt und je weniger Licht ihr halten könnt, desto langsamer kreisen die Elektronen und dies begünstigt den Alterungsprozess, Krankheiten, Fehlausrichtung und eine schlechte Funktion eurer Organe, Drüsen und Systeme und letztendlich eures gesamten Körpers. In Telos haben wir hauptsächlich deswegen Unsterblichkeit erlangt, weil wir gelernt haben, uns selbst und alles, was wir in unserem physischen Leben tun, in unserer geistigen Haltung und in unserem Emotionalkörper vollständig frei von jeglicher Negativität zu halten. Wir reinigen uns selbst regelmäßig mit den vielen

Werkzeugen, über die wir euch hier unterrichten. Unsere Elektronen kreisen in einer Geschwindigkeit, die unsere Körper immer jung und schön erhält. Unsterblichkeit ist gar nicht mehr ein solches Mysterium, wenn ihr erst einmal beginnt, sie zu verstehen, sondern sie ist eine Entfaltung des „wahren Lebens", das göttlich und natürlich ist.

Gruppe: Machen Meister jemals Fehler?

Adama: Ihr müsst realisieren, dass, wenn ihr über Meister und Meisterschaft sprecht, es immer unterschiedliche Ebenen gibt. Es gibt Meister der 4. Dimension; es gibt Meister der 5. Dimension und Meister aller Dimensionen. In allen Dimensionen erlangt jeder höhere Ebenen der Meisterschaft. Wenn ihr zum Beispiel über Meister der 4. Dimension sprecht – ja, sie können Fehler machen, aber es ist auch ihr Lernprozess, genau wie für alle von euch. Ihr lernt hauptsächlich durch eure Fehler. Die Fehler, welche die Meister machen, sind nicht sehr schwerwiegend, denn sie arbeiten immer mit größerer Weisheit und unter der Führung der Meister der höheren Dimensionen. In den höheren Ebenen tun wir die Dinge vereint in Gruppen, so dass wir immer in den Nutzen der Weisheit des Gesamten kommen und derer, die eine größere spirituelle Erkenntnis haben.

Ihr werdet für eure Fehler niemals verurteilt, ausgenommen ihr verurteilt euch selbst. Manche Menschen hegen so viel Widerstand, die Konzepte der göttlichen Gesetze zu lernen, dass sie sich auf Seelenebene entscheiden, an Krebs zu erkranken und daran zu sterben. Doch wenn jemand wählt (immer auf

318

Seelenebene), die gleiche Form von Krebs zu entwickeln, um sich selbst zu heilen und die Lektion daraus in diesem Leben zu lernen, kann er sich recht gut heilen und auf sehr natürliche Weise. Diese Menschen beginnen dann, ihre Ernährung umzustellen, sie ändern ihre Haltung dem Leben und anderen gegenüber, sie werden dankbarer für alles in ihrem Leben und erfahren Freude und Vergebung. Wenn sie dies mit einem Sinn für Erneuerung und Selbstliebe tun, kann wahre Heilung stattfinden. Alles kann geheilt werden, ALLES!

Was auch immer in eurem Leben geschieht, sagen wir, euer Haus ist einem Feuer zum Opfer gefallen oder ihr hattet einen Unfall und habt ein Bein verloren oder jemand ist blind geworden oder andere wieder haben große Geldsummen verloren oder sie leiden unter einer zerbrochenen Beziehung, ganz egal was es ist, ob die Herausforderungen sich jetzt als kleine oder große Dinge zeigen, wie wäre es, anstatt ärgerlich, deprimiert oder bitter zu sein, einfach zu sagen: „Was ist es, das ich daraus lernen und dadurch heilen kann?"

Sich den Lektionen zu stellen, durch deren Herausforderungen ihr lernen sollt, ist der Schlüssel für euch, sie schnell hinter euch zu bringen. Euer Leben könnte sich dann ändern und ihr müsstet euch nicht für den Rest eures Lebens mit den gleichen Situationen auseinandersetzen. Ihr könntet euch dann zu den nächsten Lektionen weiterbewegen, die euch mehr Freude bringen könnten. Die Lektionen müssen nicht immer schwierig sein; sie werden nur für jene schwer, die sich Inkarnation um Inkarnation dafür entscheiden, sie zu ignorieren.

Da gibt es jene, die Lebenszeit um Lebenszeit ihre Lektionen
weder sehen noch etwas von ihnen wissen, geschweige denn,
etwas mit ihnen zu tun haben wollten.

Dann kommt eine Zeit, in der das Leben euch einfach nicht länger erlauben wird, die Impulse eurer Seele zu ignorieren und dies ist dann eine Zeit, in der das Leben zumindest für eine Zeit lang ziemlich heftig werden kann. Es wird nicht erwartet, dass ihr euch in alle Ewigkeit mit euren Lektionen auseinandersetzen müsst. Ihr könntet schnell durch eure Lektionen gehen, wenn ihr erst einmal beginnt, euch die Manifestation des schönen Diamantlichtes vorzustellen, das ihr seid, um dann eure Erleuchtung zu erlangen. Die Lektionen, die ihr lernt, manifestieren sich vor allem deswegen, weil „ihr" diese Lektion erschaffen habt. Es ist nicht so, dass Gott euch all diese Lektionen schickt, um euch zu plagen. Durch eure richtige Anwendung oder den Missbrauch des „freien Willens" habt ihr bewusst oder unbewusst eure Realität erschaffen.

Indem ihr Verantwortung übernehmt und eure Lektionen anschaut und sagt: „Was ist es, das ich aus diesem von mir erschaffenen Chaos lernen soll und welche Segnungen liegen darin verborgen? Was ist das Geschenk?" Wisset, dass jegliche negative oder schwierige Situation, die ihr im Leben erfahrt, wieder zurück in etwas sehr Wundervolles umgewandelt werden kann, wenn man auf die richtige Weise herangeht. Selbst eine Krankheit oder ein finanzieller Verlust kann die Gelegenheit für die Manifestation weitaus größerer Segnungen in sich tragen, wenn ihr erst einmal euer Bewusstsein öffnet, um sie zu empfangen. Wie viele Menschen erlangen große Weisheit aus ihrer Krankheit oder aus der Beziehung, die zu Ende gegangen ist?

320

Es gibt beispielsweise noch viele Menschen, die in eurer Gesellschaft Tiere misshandeln, weil sie in ihrem Bewusstsein so weit von der Wahrheit ihrer Göttlichkeit und der Einheit allen Lebens abgekommen sind. Viele leben noch immer in der Illusion, dass Tiere unbedeutend sind oder nichts anderes als niedere Lebensformen, nicht wahr? Die Weise, in der ihr viele eurer Tiere behandelt, in der ihr in ihre Seelenerfahrungen eingreift, indem ihr sie schlachtet, aussetzt, einsperrt, an die Kette legt, mit ihnen Laborversuche durchführt etc. reflektiert nichts von den Qualitäten einer erleuchteten Gesellschaft.

Wenn Leute Tiere misshandeln oder verletzen, verleugnen sie, dass Tiere aus dem gleichen Grundstoff des Urschöpfers bestehen wie sie selbst, nämlich aus „Elektronen". Es ist allumfassend die gleiche Energie, aus denen eure Körper gemacht sind, euer Tische, eure Stühle und eure Computer. Wenn ihr erst einmal völlig versteht, dass alles was existiert von Gottes Energie lebt, und dass die Urschöpferenergie immer gleich ist, werdet ihr euch auch vollkommen darüber bewusst, dass ihr „niemals" irgendeinen Teil des Lebens verletzen könnt, ohne euch selbst gleichermaßen zu verletzen und dass ihr immer Zinsen dafür zahlen müsst.

Wenn ihr euch selbst oder irgendeinen Teil des Lebens verletzt, wird dies zu eurer eigenen Schöpfung, und die Energien, die für diese Schöpfung benötigt werden, erzeugen Felder der Dunkelheit um euch herum, die an irgendeinem Punkt von euch gereinigt werden müssen. Das ist es, was als Herausforderung oder als Karma in eurem Leben auf euch zurückkommt, um von euch angeschaut zu werden. Wann immer ihr einen Teil des Lebens verletzt, was auch immer es sein mag, verletzt ihr euch selbst umso mehr. Wenn die Menschheit dieses Prinzip erst einmal versteht, wird sie aufhören, Trennung zu erzeugen und wahrhaftig damit beginnen, auf dem Planeten in Liebe zu kreieren und alles wird zu seiner ursprünglichen Perfektion zurückkehren.

Gruppe: Lass uns auch hinzufügen, Adama, dass es nicht nur das Tierreich ist, sondern auch das Pflanzenreich, das Mineralreich, die Naturwesen und die Elementarwesen, die ebenso durch diese unwissenden Leute leiden. So viele Facetten der Gesellschaft rauben und plündern die Erde aus und deshalb leben wir nicht mehr nach den Gesetzen der göttlichen Gnade.

Adama: Oh, natürlich. Ich habe die Tiere nur als Beispiel angeführt. Was jene angeht, die den Planeten verschmutzen und ausrauben, meinen sie etwa, dass sie für ihre Handlungen keine Verantwortung übernehmen und die Konsequenzen tragen müssen? Für alle, die den Planeten ausrauben, verschmutzen, vergiften und die Wasserwege verdrecken, welche die Luft verpesten, die ihr zum Atmen braucht und die am Himmel Chemtrails erzeugen, um ganz bewusst euren Lebensatem zu vergiften, gilt, dass sie alle den Rückschlag ihrer eigenen Schöpfung erleiden müssen. Kein einziger, und ich meine wirklich keiner, kann jemals dem großen Gesetz der göttlichen Gerechtigkeit entkommen.

 So wie ihr sät, so werdet ihr ernten! Einige Wesen auf der Erde haben derzeit dem Planeten und ihren menschlichen Brüdern und Schwestern so viel Leid und Schmerzen zugefügt, dass es viele

Lebenszeiten der Härte und des Lernens der Lektionen der Liebe brauchen wird, um ihre Wege in einen hingebungsvollen Dienst dem Leben gegenüber umzulenken.

Gruppe: Es ist ziemlich sicher anzunehmen, dass solche Leute nicht allzu bald in die 5. Dimension aufsteigen werden.

Adama: Ganz sicher werden sie das nicht so bald tun. Nicht jeder wird bis 2012 das 5-dimensionale Bewusstsein durch den Aufstiegsprozess erfahren. Dieses Datum ist nur für diejenigen, die sich selbst dafür bereit machen. Der Rest der Menschheit wird zurückgehalten werden, bis alle notwendigen Anforderungen erfüllt sind, um eine solch große Gnade zu empfangen. Es wird erwartet, dass schon einige vor 2012 aufsteigen können, und andere werden zusammen mit dem Planeten aufsteigen. Und es gibt auch diejenigen, die in der 3. Dimension in ihren Körpern bleiben werden, weil sie noch nicht ganz soweit sind. Diese Seelen werden in der 3. oder 4. Dimension so lange zurückgehalten werden, wie sie dafür brauchen werden, sich für diese Ebene zu qualifizieren; selbst wenn es für sie 20, 30 oder 40 Jahre länger dauern wird. Ihr habt die gesamte Ewigkeit und niemand wird euch jemals zu etwas zwingen.

Gruppe: Ein weiteres Missverständnis, das auf der Oberfläche kursiert, ist, dass jeder in die 5. Dimension gelangen wird, wenn sich die Erde in den Aufstiegsmodus bewegt.

Adama: Jeder, der sein Bewusstsein zur bedingungslosen Liebe angehoben hat und emsig alle anderen Anforderungen für den

Aufstieg erfüllt hat, wird es sicher gemeinsam mit dem Planeten schaffen. Doch andere werden ihre Schöpfungen erst erfahren müssen und ihre Evolution fortsetzen, so lange, bis der „Groschen fällt" und sie sich auf das Bewusstsein von Liebe und Einheit anheben können. Viel Beistand und Gnade wird denjenigen zuteil werden, die sich jetzt für den Aufstieg entscheiden, doch jene, die es vorziehen, sich nicht für den Aufstieg zu entscheiden, werden es in diesem Zyklus nicht schaffen. Grundsätzlich sind die meisten Menschen auf dem Planeten gute und liebevolle Menschen, selbst wenn sie in spiritueller Hinsicht noch nicht erwacht sind.

Doch es gibt auch diejenigen, die auf diesem Planeten immer wieder viele Probleme erzeugt und anderen so viel Schmerz zugefügt haben, dass sie, selbst wenn sie für sich entscheiden würden, sich jetzt auf das Christusbewusstsein auszurichten, immer noch dem Rückschlag ihrer Fehlschöpfungen ins Angesicht blicken und ihn erfahren müssen. Für diese Seelen gibt es die Möglichkeit des Aufstiegs erst in einem anderen Zyklus. Tatsächlich wird jeder letztendlich zum Herzen des Schöpfers zurückkehren; es ist lediglich eine Zeitfrage. Für diese Menschen wird es dazu kommen, wenn sie sich entscheiden, ihre spirituelle Arbeit zu erfüllen und in ihrem Bewusstsein die notwendigen Veränderungen durchzuführen, damit der Aufstieg stattfinden kann.

Niemand ist davon ausgenommen, seine Fehlschöpfungen anzuschauen und all diese wieder zurück in die Liebe zu bringen. Die 5. Dimension ist ein Ort der Reinheit und der göttlichen Perfektion. Glaubt ihr, dass die Tore der 5. Dimension für jeden geöffnet werden, der versucht, mit seinem gesamten Gepäck an Karma, Negativität, Gewalt und Dunkelheit dort hineinzukommen? Ganz und gar nicht, dies würde die 5. Dimension verschmutzen und ernste Risse hervorrufen, und das ist doch genau der Umstand, von dem ihr euch lösen wollt.

Jeder, der es möchte, wird die Gelegenheit bekommen, in die 5. Dimension zu gelangen, doch seid euch bewusst, dass nicht jeder sich jetzt dafür entscheidet. Die wahrnehmbare Gelegenheit zum Aufstieg ist für alle da, doch ihr müsst realisieren, dass es viele gibt, die eine andere Entscheidung getroffen haben und dies wird geachtet und respektiert. Wenn diejenigen dann genug vom Rad der Wiedergeburt haben und davon, Schmerz und Leid zu erfahren, werden sie eine andere Entscheidung treffen. Sie werden sich ändern und letztendlich auch aufsteigen, denn jeder ist Teil des göttlichen Plans und ebenso ein Teil Gottes.

Ich lade nun alle ein, diese Entscheidung im Herzen zu treffen.
Möchtet ihr mitkommen oder noch einen
weiteren Zyklus darauf warten?

Nur weil die Korridore des Aufstiegs sich derzeit weit öffnen, bedeutet dies nicht automatisch, dass sie für immer offen bleiben werden. Die Korridore des Aufstiegs sind für die Oberflächenbewohner dieses Planeten eine sehr lange Zeit über verschlossen gewesen und keiner weiß, wann sie sich schließen oder erneut öffnen werden. Diese Entscheidung liegt nicht innerhalb unseres Ermessens. Wir können euch nicht sagen, was wir noch nicht wissen, doch wir wissen, dass die Gelegenheit nun da ist, und es könnte weitere tausende Jahre dauern, bis sich wieder eine derartige Gelegenheit bietet. Wir bitten euch dringlich, nicht länger in einem Stadium der Unentschlossenheit auf der Zaunlatte sitzen zu bleiben. Trefft die Entscheidung in eurem Herzen, ob ihr jetzt oder später kommen wollt und bleibt eurer Entscheidung verpflichtet.

Nun zu denjenigen, die tatsächlich ihre Entscheidung treffen, jetzt oder später mitzukommen. Lasst mich etwas klarstellen. Auf der Erde gibt es jene, wie zum Beispiel eure Senioren, welche die Entscheidung getroffen haben, den Aufstieg auf der inneren Ebene mit zu vollziehen, doch sie können sich in dieser Lebenszeit nicht mehr dafür qualifizieren, weil es für sie zu viel zu klären und zu verstehen gäbe. Es wäre zu schwierig für sie. Manche von ihnen haben ältere und kranke Körper und sie hatten noch nicht die Möglichkeit, sich diesem Verständnis vollständig zu öffnen. Auf Seelenebene sind es sehr gute Menschen, die niemandem Leid zugefügt haben. Viele von ihnen werden ihre Körper verlassen, doch dies bedeutet nicht, dass sie nicht aufsteigen würden. Für sie bedeutet die göttliche Gnade, dass sie in der „neuen Welt", in die wir uns hineinbewegen, eine weitere Inkarnationsmöglichkeit erhalten werden und den Aufstiegsprozess dann im nächsten Leben viel leichter und freudvoller vollziehen können. Dies ist die göttliche Gnade für sie.

Gruppe: Müssen diejenigen, die auf dem neuen Planeten Excelsior inkarnieren werden, ihre Arbeit abschließen, bevor sie sich zurück auf die 5-dimensionale Erde bewegen können?

Adama: Einige von ihnen werden auf Excelsior oder anderswo inkarnieren und einige von ihnen werden wieder hierher zurückkehren, weil der Inkarnationszyklus auf der Erde noch nicht vorbei ist. Es spielt wirklich keine Rolle, denn dieser wunderbare kleine Planet hat für die Heilung der Seelen, die hier so lange Zeit im Schmerz gelebt haben, sehr viel zu bieten und er ist mit der Erde eng verbunden. Diejenigen, die dort inkarnieren, werden von dort aus aufsteigen und dann mit uns allen zusammentreffen, denn all dies ist Teil desselben großen Aufstiegsplans.

Wenn die Menschen auf diesem Planeten sich in das 4- und 5-dimensionale Bewusstsein bewegen, werden sie weiterhin Kinder haben. Die meisten Zivilisationen der höheren Dimensionen haben Kinder, auf die eine oder andere Weise. Viele dieser Seelen werden das nächste Mal physisch aufsteigen, da sie bereits die Entscheidung getroffen haben, in ihrer nächsten Lebenszeit zum Aufstieg zu kommen. Für jede Seele wird sich die passende Gelegenheit bieten. Diejenigen, die auf Excelsior inkarnieren, werden dort definitiv eine wunderbare Gelegenheit haben, gerade so wie diejenigen, die für ihre Inkarnation hierher zurückkehren. Excelsior ist ein wundervoller und schöner kleiner Planet, welcher der Erde sehr ähnlich ist und noch keinerlei Negativität erfahren hat. Excelsior kann sehr stark mit Lemuria verglichen werden, mit dem Garten Eden, mit der wundervollen und gnadenvollen Art, wie es in der frühen Zeit von Lemuria vor dem Fall des Bewusstseins war. Viele Seelen von hier sind bereits in den letzten 20 bis 25 Jahren auf Excelsior inkarniert. Und alle Seelen dort, die von hier stammen, genießen ihre neue Heimstätte sehr.

Nun würde ich gerne näher auf die Anwendung der Auferstehungsflamme zur Verjüngung des physischen Körpers eingehen. Ich wollte heute Abend auch die Unsterblichkeit ansprechen, doch dies ist ein umfangreiches Thema. Bevor wir über die Unsterblichkeit sprechen ist es wichtig, die Anwendung der Auferstehungsflamme und ebenso aller anderen Flammen zu verstehen. Die Auferstehungsenergie ist ein eigener Schlüssel zur Unsterblichkeit des physischen Körpers. Wenn ihr die Anhebung mit eurem Körper gegenwärtig vollziehen wollt, ohne durch den Prozess des physischen Todes zu gehen, wird euch die Auferstehungsflamme in großem Maße dienen. Ihr seht also, wenn ihr ein wahres Interesse an eurer eigenen Evolution aufbringt und der Auferstehungsflamme gestattet, regelmäßig durch euren Körper zu lodern, werdet ihr beginnen, ein größeres Ausmaß an Harmonie, Schönheit und Vitalität zu verkörpern. Die Unsterblichkeit beginnt dann, sich immer greifbarer in eurem Lebensfluss zu zeigen.

Die Seele, die einen gewissen Reifegrad erlangt hat, sollte in Gesicht und Form im Laufe der Jahre umso schöner und einzigartiger werden. Dieser Alterungsprozess, den ihr durchlauft, indem ihr an Jahren älter werdet, wird sich in den kommenden Jahren auf ganz natürliche Weise ändern. Er ändert sich bereits jetzt für viele. Ihr werdet bald mehr Schönheit und Perfektion in eurem physischen Körper zum Ausdruck bringen, während ihr älter werdet. Bringt das euer Herz nicht zum Singen? Körperlich zu altern und an Vitalität zu verlieren, ist kein göttliches Attribut sondern eine Entartung. Wir möchten euch zu verstehen geben, dass die Auferstehungsflamme die Fähigkeit besitzt, den

Alterungsprozess umzukehren und euch leuchten zu lassen. Könnt ihr euch vorstellen, dass ihr, wenn jede Zelle, jedes Atom und jedes Elektron in eurem Körper durch die Auferstehungsflamme leuchten würde, ihr dann strahlen würdet? Euer Körper würde dann in seiner physischen Form die exquisite Schönheit eures göttlichen Selbst annehmen. Das ist es, was wir in Telos erreicht haben und dies war meine Hauptbotschaft für euch heute Abend. Da wir genetisch grundsätzlich alle gleich sind, könnt ihr alles, was wir erreicht haben, auch erlangen. Seid ihr bereit für die Meditation?

Meditation
Die Reise in den Tempel der Auferstehung
in der 5. Dimension

Adama zusammen mit Lord Sananda und Lady Nada

Wir laden euch nun ein, eine Bewusstseinsreise zu einem wundervollen Tempel in der 5. Dimension zu machen, dem Tempel der Auferstehung. Es ist ein sehr großer Tempel, wie alle 5-dimensionalen Tempel. Eine der Funktionen dieses Tempels besteht darin, die Menschheit mit den Energien der Auferstehung zu unterstützen, die ja auf vielen Ebenen stattfindet. In eurer zukünftigen Evolution werdet ihr nicht mehr danach streben, nur oberflächliche oder zeitweise Heilungen für all die verschiedenen Probleme zu manifestieren, die euch belasten, ob sie nun physischer, emotionaler, mentaler oder spiritueller Natur sind. Was ihr dann wirklich tun möchtet, ist, diese Energie in eure Körper und in euer Bewusstsein einzubringen, wohl wissend dass sie euch dabei helfen wird, eure Schwingungsfrequenzen über die

Frequenz eurer gegenwärtigen Lebensumstände hinaus anzuheben. Die Flamme der Auferstehung ist für euch jederzeit verfügbar; sie kostet nichts. Alles was es braucht, ist ein wenig von eurer Zeit, euren Fokus und eure Liebe, wenn ihr sie herbeiruft und mit ihr arbeitet. Verbindet euch nun mit eurer ICH BIN - Gegenwart in eurem Herzen, indem ihr einige tiefe Atemzüge nehmt. Bittet euren Lichtkörper, sich über euch zu legen und euch bewusst in den Tempel der Auferstehung zu bringen.; er weiß sehr genau, wie er euch dorthin bringen kann. Wenn ihr den Wunsch habt, mit uns auf diese Reise zu gehen, lade ich euch ein, nun die Absicht dazu in eurem Herzen zu bekräftigen. *Pause.*

Dieser ätherische Tempel ist sehr groß und strahlt schon aus der Entfernung wie eine goldene Sonne; er sieht aus, als sei er völlig von einem Schimmer aus goldenem Sonnenlicht umgeben. Stellt euch eine golden-kristalline sonnenähnliche Substanz vor, die mehr Orangetöne als Goldtöne hat, und sich in Form von Wänden und Etagen manifestiert. An verschiedenen Stellen reflektiert sie auch die Leuchtkraft anderer Flammen und anderer Farbschwingungen. Während eure göttliche Essenz euch in euren Lichtkörpern dorthin bringt, nimmt dieser Ort in eurem Bewusstsein Gestalt an. Seht euch nun selbst, wie ihr eine große Halle betretet - die „Halle der Auferstehung". Sie beinhaltet viele Bereiche, Portale und Kammern. Viele Wesenheiten aus unterschiedlichen Dimensionen kommen in diese Halle, die in einer sehr hohen Frequenz schwingt. Nehmt jetzt eine Gruppe von Wesen wahr, welche die Hüter des Tempels sind und die sich euch nähern, um euch willkommen zu heißen und euch auf eurer Reise hier begleiten.

Da ihr Wesen aus der 3. Dimension seid, werdet ihr jetzt in Kammern gebracht, die speziell für euren Evolutionsstand und eure Schwingungstoleranz entwickelt wurden. Dieser Tempel ist gut besucht, denn viele Seelen aus der gesamten Galaxie und jenseits davon kommen täglich hierher, um sich aufzuladen und um angehoben zu werden. Atmet diese wundervolle Energie der Goldenen Flamme ein und lasst sie jeden Partikel eures Seins durchdringen. *Pause.*

Diese Flamme der Auferstehung wird die Ausdehnung eures Bewusstseins, eures Verständnisses von Leben und Evolution auf eine höhere Ebene hin unterstützen, als ihr sie gegenwärtig in eurer derzeitigen Inkarnation kennt. Atmet ein und integriert das Bewusstsein und die Energie der Auferstehung. Atmet sie in jede Zelle ein, in jedes Atom und in jedes Elektron eures physischen Körpers. Wenn ihr die Auferstehungsflamme regelmäßig nutzt, wird sie sich weiter ausdehnen und dies auch in eurem Inneren bis in alle Ewigkeit tun. Auch Wesen aus den höheren Dimensionen nutzen sie, um immer mehr ihrer Göttlichkeit auferstehen zu lassen und anzunehmen. Die Möglichkeiten sind endlos.

Bleibt eine Zeit lang bei mir in der Halle der Auferstehung und bei denjenigen, die zum Tempel gehören und die euch voller Gnaden und freiwillig begleiten. Millionen von Engeln der Auferstehungs- flamme nähren die Menschheit und kümmern sich um sie, insbesondere um diejenigen, die darum bitten und bewussten Kontakt zu ihnen und dieser Flamme herstellen. Ihr habt nicht nur Zugang zu dieser Flamme, sondern könnt auch all die wundervollen Engel erreichen, die bereitwillig auch einzeln mit euch arbeiten, um euch zu nähren und zurück in eure spirituelle Freiheit zu bringen. Wenn ihr in dieser wundervollen goldenen

Halle steht, seht ihr zahlreiche Goldene Flammen der Auferstehung in allen Formen und Größen brennen, um der Erde und der sich entwickelnden Menschheit beizustehen. Sie brennen unaufhörlich, als weiterer Aspekt der „ewigen und unauslöschlichen Flamme des Lebens" aus der Schöpferquelle, um allem Leben und dem Planeten zu assistieren, und das nicht nur in der 3. Dimension, sondern auch in allen Dimensionen innerhalb und außerhalb der Erde, der Galaxien und des Universums.

Wenn ihr die Halle betretet und all die Wunder bestaunt, gelangt ihr auch zu einem speziellen Kreis, der für die Bewohner der Erdoberfläche reserviert ist. Dieser Kreis besteht aus Flammen in unterschiedlichen Größen und Formen, die einer Vielzahl an Blumen ähneln. Dies sind die Sitzgelegenheiten der Auferstehungsenergie und sie laden die Seelen der Tempelbesucher ein, Platz zu nehmen und still die Energien in ihre Körper aufzunehmen. Wählt nun einen dieser Sitzplätze aus und macht es euch bequem. Setzt euch einfach auf den Platz, der euch ruft und in den ihr euch, wie in eine Lotusblume, setzen könnt, doch eigentlich ist es eine Lotusflamme. Diese Goldene Flamme bringt euch vollständig zur Entfaltung, jeden Teil eures Körpers, damit eure Energien sich anheben können. Während ihr nun da sitzt und über die Wunder eurer Erfahrung kontempliert, atmet ein und absorbiert alles, was ihr nur könnt. Und fühlt, wie dies jeden Aspekt eures Seins durchdringt.

Nun nehmt euch etwas Zeit, um eine bewusste Bitte darüber auszusprechen, was ihr gerne klären möchtet und welche Bereiche eures Lebens die Auferstehungsenergie am meisten brauchen. Fokussiert euch weiterhin auf dieses große Geschenk, das euch zuteil wird, während ihr von den Engeln, die euch begleiten, genährt werdet und Liebe empfangt; sie gehen auf all eure

Bedürfnisse ein. Atmet weiterhin tief ein, damit ihr so viel wie möglich von dieser Energie in euren physischen Körper mit euch zurückbringen könnt. Je mehr ihr hineinbringt, umso stärker hebt sich eure Schwingung an.

Fühlt, wie sich euer Körper durch die Auferstehungsenergie verändert; werdet euch bewusst, wie sich das anfühlt und was es mit euch macht. Erwacht in diese Einzigartigkeit hinein und öffnet eure fühlenden Körper, damit sie mehr und mehr von allen Aspekten des Lebens wahrnehmen können. Fühlt die Freude, die sie in eure Herzen bringt. Absorbiert alles, was ihr nur könnt und fühlt, um wie viel leichter ihr nun auf diesem Sitz werdet. Es ist, als würden die Engel euch tragen. Bekräftigt eure Absicht, eure Schwingung auf die Schwingung dieser wundervollen Auferstehungs-flamme zu erhöhen, die euch buchstäblich aus ganz vielen misslichen Lagen herausheben kann, die ihr zu heilen und auszubalancieren versucht.

Zögert nicht, Meister Jesus/Sananda und seine geliebte Lady Nada einzuladen und euch durch ihr Zutun mit der Auferstehungs-flamme helfen zu lassen, denn sie sind die Meister dieser Flamme. Wenn Sananda als Jesus seinen eigenen Körper von den Toten auferstehen lassen konnte und dieselbe Energie nutzte, um auch Lazarus von den Toten auferstehen zu lassen, kann er euch ganz sicher in hohem Maße beistehen. Was er tat, könnt auch ihr tun, aber ihr müsst über einen gewissen Zeitraum hinweg euren eigenen Schwung aufbauen, ganz so, wie er es getan hat. Ihr könnt diese Flamme nutzen, um buchstäblich euren eigenen Körper in einen absolut göttlichen Zustand von Perfektion, Schönheit, Ausstrahlung, Leuchtkraft, Unsterblichkeit und Grenzenlosigkeit auferstehen zu lassen.

Wenn ihr das Gefühl habt, dass es nun gut ist, erhebt euch von eurem Sitz und kehrt wieder zurück, um mit uns erneut am Eingang der Halle der Auferstehung zusammenzutreffen. Wenn ihr dieses Gefühl der Vollständigkeit erlangt habt, kehrt zu eurem Tagesbewusstsein in euren Körper auf der Erde zurück. Die Verbindung wird bestehen bleiben. Nehmt diese Energie mit euch zurück und wisset, dass ihr jederzeit willkommen seid, um auf dem Sitz im Tempel der Auferstehung Platz zu nehmen – wann immer ihr wollt – ihr könnt jederzeit all die Wohltaten empfangen. Ihr könnt jeden Tag oder so oft ihr mögt hierher kommen.

Die Elixiere der Unsterblichkeit kommen von der Auferstehungsflamme.

Wir senden euch jetzt unsere Liebe, unseren Frieden, Harmonie und Heilung aus Telos und von allen Mitgliedern unserer Lichtgemeinschaft. Wisset, dass wir die ganze Zeit bei euch sind und wir sind euch so nah, wie euer Ruf. Wann immer ihr euch mit uns verbinden wollt, sind unsere Herzen offen dafür. Wir sind eure Brüder und Schwestern und wir lieben euch so sehr. Und so sei es.

Aurelia: Wir danken dir sehr, Adama, für diese wundervolle Botschaft und die Meditation und dafür, dass du uns mit der Auferstehungs-flamme und ihren vielen Attributen für unser Leben vertraut gemacht hast. Was für eine wunderbare Gabe und welch ein Segen! Es war einfach wundervoll. Auch drücken wir Sananda und Lady Nada unseren innigen Dank für ihre heutige Präsenz und ihre Liebe und Strahlkraft aus. Wir lieben euch so sehr, Adama, Sananda und Lady Nada. Danke vielmals, dass ihr die wunderbaren Lehrer seid, die ihr seid.

Adama: Es war uns eine Freude und ein großes Vergnügen. Wir haben uns sehr auf den Tag gefreut, an dem wir euch dies alles offenbaren konnten. Und wir lieben euch alle sehr. Wisst ihr, was immer jemand tut oder ablehnt, bleibt in unserem Reich niemals unbemerkt. Durch eure Arbeit und euren Fleiß erschafft ihr wundervolle Perlen der Liebe. Seid versichert, dass ihr eines Tages diese Perlen ernten werdet. Was immer ihr in Liebe erschafft, werdet ihr auch in Liebe ernten.

Wir sind hier in Telos sehr dankbar für diese Gelegenheit, gehört und gelesen zu werden und nicht zuletzt wieder eine Stimme auf der Oberfläche zu haben. Wir haben auf diese Gelegenheit eine sehr lange Zeit gewartet. Wir haben uns danach gesehnt, uns wieder von „Herz-zu-Herz" mit unseren Brüdern und Schwestern auf der Oberfläche zu verbinden. Die Brücken zwischen unserer und eurer Zivilisation sind nun erschaffen, aber auf unserer Seite sind sie viel stärker als auf eurer. Ihr müsst eure Brücken zu uns weiter verstärken. Zunächst müssen die Herzensverbindungen von eurer Seite aus noch von viel mehr Menschen geschaffen werden, bis wir uns berührbar unter euch mischen können. Wenn genügend Menschen bereit sind, unsere Lehren anzunehmen, werden wir unsere Präsenz visueller und öffentlicher bekannt machen.

Gruppe: Ja, wir können es kaum erwarten, noch mehr von euren Lehren zu hören. Danke nochmals, geliebte Freunde, es war wirklich jede einzelne Sekunde wert. Bis wir uns wieder treffen, seid gesegnet, Adama, Sananda, Lady Nada und auch alle anderen Mitglieder unserer telosianischen Familie.

Ihr müsst danach streben,

stets in einem Zustand der Harmonie

mit der gesamten Schöpfung und der Natur zu bleiben.

Denn ohne Harmonie entsteht Missklang,

und durch Missklang wiederum

entsteht Zerstörung.

Zohar

17. Kapitel

Die Flamme der Harmonie

Ein Hauptschlüssel, um die Aufstiegsqualifikation zu verkörpern

Abschließende Worte von Zohar

Aurelia: Zohar ist ein sehr alter Meister aus der Stadt Shamballa der Inneren Erde. Er sagte mir, dass er auf diesem Planeten sehr alt eingesessen sei und seit 250.000 Jahren im gleichen Körper lebt. Er ist ca. 4,5 Meter groß, sieht aus, als sei er um die 35 Jahre alt und hat leuchtendes weißes Haar. Er ergänzte die Aussage: Nicht die Art weißes Haar, die durch Alterung verursacht wird, sondern die Art, die aus der Intensität des weißen Lichtes im Herzen resultiert. Er ist ein Naturwissenschaftler und ein Wissenschaftler der Manifestation und er hat die meiste Zeit seines Lebens in Shamballa gelebt. Eines seiner

Lieblingsthemen ist, über die Qualität der „Harmonie" zu reden, die als ein Hauptschlüssel gilt, um den Bewusstseinsstand zu erlangen, der für die Zulassung zu den Aufstiegsfeierlichkeiten benötigt wird.

Er ist auch jemand, der durch seine Präsenz bei der Errichtung der Stadt Telos vor 12.000 Jahren – als die Lemurianer gerade dort hinzogen – alles mit Licht überstrahlte, sie geführt und ihnen assistiert hat. Er unterstützte und beriet sie auch schon die 5000 Jahre davor, als sie erstmals damit begannen, die Stadt bewohnbar zu machen, der Tatsache gewahr, dass ihr Kontinent dazu bestimmt war, unterzugehen.

Zohar sagte mir, dass am Anfang niemand in Shamballa sicher wusste, was von dieser neuen lemurianischen Zivilisation, die sich dem Agartha Netzwerk anschloss, erwartet werden konnte. In Shamballa wurde dann entschieden, dass es notwendig sei, die Neuankömmlinge sehr genau zu überwachen.

Zohar sagte mir, dass, nachdem er während der letzten 12.000 Jahre viel Zeit in Telos verbracht hat, er eine große Zuneigung für diese Stadt des Lichtes und der Liebe in sich trägt. Was die Lemurianer dort in so kurzer Zeit – verglichen mit anderen Zivilisationen der Inneren Erde, die schon viel länger da sind – erreicht haben, übersteigt bei weitem alle Erwartungen die irgendein planetarischer oder intergalaktischer Rat sich vor 12.000 Jahren vorstellen konnte.

Seine Worte lauten: „Ich habe in den letzten 12.000 Jahren viel Zeit in Telos verbracht, insbesondere zu Beginn. Ich habe diesen Ort ebenso sehr lieben gelernt, wie ich meine eigene Stadt Shamballa liebe. Selbst jetzt verbringe ich noch viel Zeit in Telos, doch nicht mehr aus den gleichen

Gründen wie zuvor. Nicht mehr, um ihren Fortschritt und ihre Entwicklung aufzuzeichnen, sondern ich gehe nun dorthin, weil ich diese wundervolle Lichtstadt und die Anwesenheit ihrer Einwohner einfach sehr liebe und genieße. Die Schönheit der Fülle, die Brüderlichkeit und Kreativität, die dort in solcher Perfektion existieren, bezeichnet dort besser als irgendwo anders die Wunder, welche Liebe und Harmonie erreichen können, wenn eine Zivilisation und ihre Leute sich als Kollektiv entscheiden, in Vollkommenheit die Liebe des Schöpfers zu verkörpern. Telos und seine Einwohner sind ein herausragendes kosmisches Beispiel für die Wunder, welche Liebe zustande bringen kann."

Er sagte mir auch, dass er in der Vergangenheit einige Male für kurze Zeit an die Erdoberfläche gegangen war und dass er es sehr genossen hat, die Oberflächenbevölkerung zu treffen und mit einigen von ihnen zu reden. Er fügte hinzu: „Mein Herz, ebenso wie das Herz eurer lemurianischen Familie von Telos, sehnt sich danach, wieder unter euch allen als Bruder wandeln zu dürfen und euch allen meine Führung und Weisheit darzubringen."

Zohar: Seid gegrüßt, meine geliebten Brüder und Schwestern, hier ist Zohar. Danke, Aurelia, dass du mich darum gebeten hast, in deinem Buch zu Wort zu kommen. Ich bin wirklich erfreut, meine Energie derart einzubringen. Lasst mich Folgendes sagen: Damit diese Welt letztendlich erleuchtet und ins Licht gehoben werden kann, ist es notwendig, dass jeder, der hier lebt, die Natur der „Harmonie" annimmt. Diejenigen, die dies nicht tun, werden von ihrer eigenen Arroganz heruntergezogen werden. Sie werden Krankheiten an sich ziehen, die von ihrem Lichtmangel erschaffen werden und sie werden ganz einfach sterben; hauptsächlich weil sie nicht in der Lage sein werden, in der neuen Welt glücklich zu sein. Versteht ihr?

Dies liegt nun in eurem Ermessen, ihr Lieben. Entweder entscheidet ihr euch dafür, es zu schaffen oder eben nicht. Das Ergebnis eurer Evolution hängt letztendlich von eurer eigenen Entscheidung ab, die ihr an jedem Tag und in jedem Moment des Tages trefft.

Die Oberflächenbevölkerung kommt jetzt dem nahe, was man einen „Zusammenschluss" nennt. Wisset, dass die Macht in dieser Welt eine Macht der Schattenseite ist, die der Illuminati, die mit allen Mitteln versuchen, „es" zu stoppen. Wisset, dass, je mehr sie versuchen ein Ende zu bereiten, desto mehr werdet ihr erkennen, dass ihr auf dem richtigen Weg seid und eurem Ziel näher kommt. Versteht ihr?

Die Regierungen auf eurem Planeten realisieren noch nicht, dass die Leute, die im Inneren leben, schon lange Zeit dort sind, viel länger als ihr begrenzter Verstand es sich je vorstellen könnte. Sie begreifen noch nicht, dass nicht sie es sind, die diesen Planeten besitzen und dass ihre Zeit der Regentschaft bald zu einem dramatischen Ende kommen wird. Ihre Illusionsblase wird bald zum Platzen gebracht werden und ihr Zyklus der Rechenschaft wird geboren werden.

Es ist nun an der Zeit, sich von all denen zu distanzieren, die nicht danach streben, Harmonie in ihren Leben anzunehmen.

Diejenigen, die den Wunsch haben, Harmonie zu verkörpern oder in der Familie von Telos angenommen zu werden, müssen Folgendes tun:

•Ihr müsst danach streben, stets in einem Zustand der Harmonie mit der gesamten Schöpfung und der Natur zu bleiben. Denn ohne Harmonie entsteht Missklang und durch Missklang entsteht Zerstörung.

•Ihr müsst ungeachtet dessen, was die Menschen tun oder sagen, „in Harmonie bleiben". Wenn jemand versucht, euch zu verletzen, dann segnet ihn und lasst ihn nicht Teil eurer Realität sein.

•Wenn ihr disharmonischen Situationen begegnet, dann distanziert euch. Ihr seid nicht verpflichtet, dort zu bleiben, wo keine Harmonie ist.

•Sucht stets nach Wahrheit und Harmonie und erlaubt euch selbst niemals wieder, von diesem Kurs abzuweichen oder ihr werdet euch selbst zerstören. Diejenigen, die weiterhin den neuen Energien, die jetzt den Planeten fluten, Widerstand leisten, werden dies nicht viel länger tun können. Die neuen Energien werden jetzt derart stark und intensiv, um die Veränderungen und Transformationen hereinzubringen, auf die ihr alle gewartet habt. Diejenigen, die ihnen Widerstand leisten, werden sich selbst zerstören.

•Ihr solltet nicht länger Gefühle des Missklangs und der Schuld nähren. Fühlt euch nicht schuldig für das, was ihr seid oder für das, wodurch ihr geht, um euer Gleichgewicht mit dem Leben zu erlangen. Strebt ständig danach, euch zu verbessern.

•Harmonie sollte das erste Attribut in eurem Leben sein und seid versichert, dass sie euren Zugang in die Hallen des Aufstiegs ebnen wird. Ihr werdet wissen, wenn ihr diesen Zustand erreicht habt, denn dann wird euch nichts mehr beunruhigen. Was immer die Menschen zu euch sagen oder euch antun, es wird euer Herz in keiner Weise betrüben.

•Jemand, der in vollkommener Harmonie weilt, ist absolut glücklich mit der Schöpfung. Er trägt vollkommene Akzeptanz in sich; Akzeptanz von allem was ist. Wenn ihr so werdet, seid ihr bereit für den Aufstieg.

Da ich durch meine Verbindung beinahe ein Telosianer bin, werde ich auch da sein, um euch zu grüßen und euren Sieg im Licht zu stützen. Namaste, meine geliebten Freunde, ich liebe euch alle so sehr!

Die Information über die Heilung durch den fünften Strahl und den Großen Jadetempel ist in Buch 1 der Telos-Serie enthalten. Die Information über den ersten Strahl des göttlichen Willens und über den siebten Strahl der Violetten Flamme der Transformation sind in Buch 2 der Telos-Serie enthalten. (Alle Bücher der Telos-Serie sowie das CD-Set Telos mit den gesamten Meditationen sind im Lippert-Verlag erhältlich).

Hinweis von Aurelia Louise Jones

Bitte nehmt zur Kenntnis, dass ich jeden Tag eine große Anzahl E-Mails aus vielen Ländern erhalte. Es ist für mich unmöglich geworden, selbst einen kleinen Prozentsatz dieser Post zu beantworten und gleichzeitig in der Lage zu bleiben, die für die Ausweitung der Mission und für meine persönlichen Belange notwendige Arbeit zu tun. Ich lese eure Briefe und würde gerne eure herzlichen Schreiben beantworten, aber das ist nicht machbar. Ich bitte um euer Verständnis und euer Mitgefühl. Mögen Frieden und Liebe mit euch sein.

....

**Bitte beachten Sie auch
die weiteren Bücher von Aurelia Louise Jones:**

Band 1 Telos,
272 Seiten, EUR 21,90/CHF 36,80, ISBN 978-3933470-19-5

Band 2 Telos,
296 Seiten, EUR 22,90/CHF 39,90 , ISBN 978-3-933470-16-4.

CD-Set mit allen Meditationen aus den Büchern Telos 1-3,
2 CD Set, EUR 29,90/CHF 49,90, *ISBN 978-3-933470-17-1.*

Broschüre über die Auswirkungen des Drogenkonsums,
EUR 9,90/CHF 17,80, *ISBN 978-3-933470-18-8.*

NEU: Portofreie Lieferung bei Bestellung beim Verlag (siehe Buchende).

....

Die Telos Weltstiftung

Mission

Wir sind eine nicht profitorientierte Organisation, die sich der Expansion der Information und der Lehren von Telos und der Vorbereitung auf das letztendliche Hervortreten unserer lemurianischen Brüder und Schwestern auf der Erdoberfläche widmet.

Ziele

Die Ziele der Stiftung sind folgende:

- Die Ausdehnung der lemurianischen Mission in Kanada und weltweit.
- Unterstützung der Schriften und Arbeit von Telos.
- Assistenz für andere Gruppen, besonders für internationale Gruppen, um Strukturen bereitzustellen und die Lehren von Telos zu fördern.
- Assistenz bei der Einrichtung von lemurianischen Websites in anderen Sprachen.
- Aufbau eines Zentrums zur Unterrichtung und Brüderlichkeit.
- Bereitstellung von benötigtem Kapital, um unsere Ziele zu erreichen.

Adresse:

Telos World-Wide Foundation, Inc.
Center 7400
7400 St. Laurent, Office 226
Montreal, QU - H2R 2Y1 - CANANDA
Tel: (001 International) 1-514-940-7746

E-Mail:

info@fondationtelosintl.com
info@telosmondiale.com
fondation@lemurianconnection.com

Web Sites:

www.fondationtelosintl.com
Www.telosmondiale.com/index.php

Telos Deutschland

www.lemurian-connection.de

Telos Frankreich

Gaston Tempelmann, president
www.telos-france.com

Weitere Bücher im R. Lippert-Verlag:

Bitte fordern Sie die kostenlosen Verlagsinformationen an (s.S. 6)!

Neu: Portofreie Lieferung bei Bestellung beim Verlag!

....

Die Arcturianer - 4 Bände von David K. Miller,

Band 1: Verbindung mit den Arcturianern

266S. , broschur EUR 21,90/CHF 40,80 ISBN 978-3-933470-21-8

Band 2: Die Lehren vom Heiligen Dreieck Buch 1
Buch incl. CD

266S., broschur, EUR 27,90/CHF 51,80 ISBN 978-3-933470-22-5

Band 3: Die Lehren vom Heiligen Dreieck Buch 2

272 S., br., Vierfarbtafeln, EUR 22,90/CHF 41,80, ISBN 978-3-933470-24-2

Band 4: Die Lehren vom Heiligen Dreieck Buch 3

296 S., br., EUR 22,90/CHF 41,80, ISBN 978-3-933470-25-6

....

Bücher von Dr. Joshua David Stone

*Die leicht zu lesende Enzyklopädie
des spirituellen Pfades*

Für diejenigen, die zwar die Absicht haben, die gesamte Geschichte der Spiritualität zu studieren, denen jedoch die Lebenszeit, die es benötigen würde, zu kurz ist, stellt diese Bücherserie ein großes Geschenk dar. Dr. Stone hat das Essentielle seiner ausgedehnten Forschungen und intuitiven Informationen zusammengetragen und beides zu einer einfachen und fesselnden Erforschung der Selbstverwirklichung verknüpft.

1. Band: Das komplette Aufstiegs-Handbuch

- Wie man den Aufstieg in diesem Leben erreicht
416 S., gebunden, EUR 29,90 / CHF 54,80 ISBN 3-933470-60-9

2. Band: Seelenpsychologie

- Psychologie der Seele
- Die spirituellen Schlüssel zum Aufstieg
- 448 S., gebunden, EUR 32,90 / CHF 59,80 ISBN 3-933470-61-7

3. Band: Der Pfad des Aufstiegs

- Ein Wegbegleiter
288 S., broschur, EUR 22,90 / CHF 39,80 ISBN 3-933470-63-3

4. Band: Aufgestiegene Meister weisen den Weg

- Leuchtfeuer des Aufstiegs
320 S., gebunden, EUR 27,90 / CHF 51,80 ISBN 3-933470-64-1

5. Band: Integrierter Aufstieg

- Offenbarungen für das neue Jahrtausend
448 S., gebunden, EUR 31,90/ CHF 56,80 ISBN 3-933470-65-X

6. Band: Aufstiegskurse

224 S., broschur, EUR 23,90/ CHF 40,80 ISBN 3-933470-66-8

7. Band: Spirituelle Achtsamkeit

im Angesicht des Terrorismus
- Enthüllte Wahrheit und Weisheit Gottes!
176 S., broschur, EUR 16,90/ CHF 29,80 ISBN 3-933470-67-6

8. Band: Verborgene Mysterien

448 S., gebunden, EUR 31,90/ CHF 56,80   ISBN 3-933470-68-4

9. Band: Wie man sich vom negativen Ego befreit

320 S., gebunden, EUR 26,90/ CHF 50,80 ISBN 3-933470-69-2

10. Band: Der Integrierte Lichtkörper

288S., broschur, EUR 23,90/ CHF 39,80 ISBN 3-933470-70-6

11. Band: Goldene Schlüssel für Aufstieg und Heilung

248S., broschur, EUR 24,90/ CHF 42,90 ISBN 3-933470-71-4

12. Band: Quan Yins Meisterprinzipien
für Gesundheit, Kraft und Fülle

224 S., broschur, EUR 19,90/CHF 32,80 ISBN 3-933470-72-2

13. Band: Sanandas Aufstiegslehren für das Neue
Zeitalter -Ein Wegweiser für Suchende

2 40 S., broschur, EUR19,90/CHF 35,80 ISBN 978-3-933470-73-7

....

Renate Lippert - Das Geheimnis der Bejahungen
- Ein täglicher Begleiter für das spirituelle Wachstum

96S., broschur, EUR 12,90/CHF 21,90 ISBN 3-933470-12-9

Eine umfassende Auflistung sehr wirkungsvoller Bejahungen für
die verschiedenen Bereiche des Lebens wie Gesundheit, Erfolg,
Wohlstand, Glück, spirituelles Wachstum etc. läßt dieses Buch zu
einem unverzichtbaren täglichen Begleiter werden.

Kiara Windrider - Das Portal zur Ewigkeit

Brosch. 400S., 13farbig, ISBN 3-933470-20-X EUR 24,90/CHF 49,90

"...Das Portal zur Ewigkeit ist genau das, was der Titel verspricht und bringt den Leser punktgenau in das Herz, die Gedanken und den Geist dessen, was IN EWIGKEIT EXISTIERT. Eine der intensivsten Beschreibungen einer Reise durch die großen Mysterien des Lebens, gleichzeitig jedoch auch eine der liebevollsten und sanftesten. Ein Muß für alle, welche die wahre Natur der Realität, des Aufstiegs, des Wachstums und des Seins erforschen wollen." *Rev. Janna S. Parker, Channel für Quan Yin*

CD 1 zum Buch "Das Portal zur Ewigkeit"
Geführte Meditationen:
Die Vipassana Meditation / Die Zeitlinien-Heilung.
In Deutsch gesprochen von Rudolf Lippert/ Musik Paul Armitage.
Preis: EUR 12,90/CHF 21,90 ISBN CD1: 3-933470-42-0

Saint Germain *Crea und Sananta*

broschur 128 S., EUR 15,90/ CHF 29,80   ISBN 3-933470-08-0
Durchgaben, Anrufungen und Meditationsübungen von SAINT GERMAIN. Eine Beschreibung des Wirkens dieses großen Meisters. Reinigung und Umwandlung mit der Violetten Flamme.

Sananda *Crea*

broschur 152 S., EUR 16,90/ CHF 29,80   ISBN 3-933470-02-1
Eine Zusammenfassung wertvoller Durchgaben und Meditations-übungen von SANANDA, die das Wirken dieses großen Meisters beschreibt.

LICHT - MEDITATIONEN Bd. 1+2 *Sananta*

mit Engeln und Aufgestiegenen Meistern, brosch.128 S., EUR 15,90/ CHF 29,80, ISBN Band 1: 3-933470-09-9 / ISBN Band 2: 3-933470-11-0

Licht - Meditationen auch geführt auf CD erhältlich.

Die regelmäßige Anwendung dieser Meditationen bewirkt eine Erhöhung der persönlichen Schwingung und unterstützt die eigene geistige Entwicklung. Diese Meditationen umfassen unter anderem Themen wie: Geistigen Schutz, Heilung, Reinigung, Erdung, Licht, Vergebung, Loslassen, Freude, Liebe, Frieden...

El Morya *Crea*

broschur 96 S., EUR 8,90/ CHF 16,80 ISBN 3-933470-01-3

Eine Zusammenfassung wertvoller Durchgaben und Meditations-übungen von EL MORYA, die das Wirken dieses großen Meisters beschreibt.

Maria - Die Ankunft des Lichtkindes *Sananta*

broschur 72 S., EUR 8,90/ CHF 16,80 ISBN 3-933470-00-5
Empfängnis, Schwangerschaft, Geburt
und Kindheit aus geistiger Sicht.

**Bitte fordern Sie unser kostenloses
Verlgasprogramm an!**

Lippert-Verlag, Hartgass 9
D-88639 Wald
Tel. 07578-2229, Fax -/933194
service@lippert-verlag.de